住房城乡建设部土建类学科专业"十三五"规划教材

现代物业管理专业适用
XIANDAI WUYE GUANLI ZHUANYE SHIYONG

物业企业财务管理

赵 艳 主 编
王 宇 副主编
张福荣 主 审

中国建筑工业出版社

图书在版编目（CIP）数据

物业企业财务管理：现代物业管理专业适用/赵艳主编. —北京：中国建筑工业出版社，2021.8
住房城乡建设部土建类学科专业"十三五"规划教材
ISBN 978-7-112-26409-4

Ⅰ.①物… Ⅱ.①赵… Ⅲ.①物业管理企业-财务管理-高等学校-教材 Ⅳ.①F293.347

中国版本图书馆CIP数据核字（2021）第146251号

本教材是住房城乡建设部土建类学科专业"十三五"规划教材，是高职院校现代物业管理专业的一门专业课程。本教材以物业管理企业为对象，系统地介绍了财务管理的基本理论、资金时间价值和风险价值、筹资管理、资金成本与资本结构、投资管理、物业企业营运资金管理、物业企业利润分配和财务报告与分析等财务管理内容。

本教材可作为高职院校现代物业管理专业教材，也可作为其他相关专业的选修课教学用书，还可以作为相关岗位培训教材或参考用书。

为更好地支持相应课程的教学，我们向采用本书作为教材的教师提供教学课件，有需要者可与出版社联系，邮箱：jckj@cabp.com.cn，电话：（010）58337285，建工书院http://edu.cabplink.com。

责任编辑：张　晶　牟琳琳
责任校对：党　蕾

住房城乡建设部土建类学科专业"十三五"规划教材
物业企业财务管理
（现代物业管理专业适用）
赵　艳　主　编
王　宇　副主编
张福荣　主　审

*

中国建筑工业出版社出版、发行（北京海淀三里河路9号）
各地新华书店、建筑书店经销
北京建筑工业印刷厂制版
河北鹏润印刷有限公司印刷

*

开本：787毫米×1092毫米　1/16　印张：13¼　字数：302千字
2021年8月第一版　　2021年8月第一次印刷
定价：35.00元（赠教师课件）
ISBN 978-7-112-26409-4
（37804）

版权所有　翻印必究
如有印装质量问题，可寄本社图书出版中心退换
（邮政编码100037）

教材编审委员会名单

主　任：何　辉
副主任：陈锡宝　武　敬　郑细珠
秘　书：陈旭平
委　员：（按姓氏笔画排序）
　　　　王　钊　邓培林　冯占红　刘　霁　刘合森
　　　　孙建萍　杨　晶　杨　锐　杨光辉　谷学良
　　　　陈林杰　陈慕杰　周建华　孟庆杰　章鸿雁
　　　　斯　庆　谢希钢

序　言

全国住房和城乡建设职业教育教学指导委员会房地产类专业指导委员会（以下简称"房地产类专指委"），是受教育部委托，由住房和城乡建设部组建管理的专家组织。其主要工作职责是在教育部、住房和城乡建设部、全国住房和城乡建设职业教育教学指导委员会的领导下，负责住房和城乡建设职业教育的研究、指导、咨询和服务工作。按照培养高端技术技能型人才的要求，围绕房地产类的就业领域和岗位群研制高等职业教育房地产类专业的教学标准，研制房地产经营与管理、房地产检测与估价、物业管理和城市信息化管理等房地产类专业的教学基本要求及顶岗实习导则，持续开发和完善"校企合作、工学结合"及理论与实践紧密结合的特色教材。

高等职业教育房地产类的房地产经营与管理和房地产检测与估价（原房地产经营与估价专业）、物业管理等专业教材自2000年开发以来，经过"优秀评估""示范校建设""骨干院校建设"等标志性的专业建设历程和普通高等教育"十一五"国家级规划教材、"十二五"国家级规划教材、教育部普通高等教育精品教材等建设经历，已经形成了具有房地产行业特色的教材体系。发展至今又新开发了城市信息化管理专业教材建设，以适应智慧城市信息化建设需求。

根据住房和城乡建设部人事司《全国住房和城乡职业教育教学指导委员会关于召开高等职业教育土木建筑大类专业"十三五"规划教材选题评审会议的通知》（建人专函［2016］3号）的要求，2016年7月，房地产类专指委组织专家组对规划教材进行了细致地研讨和遴选。2017年7月，房地产类专指委组织召开住房和城乡建设部土建类学科房地产类专业"十三五"规划教材主编工作会议，专指委主任委员、副主任委员、专指委委员、教材主编教师、行业和企业代表及中国建筑工业出版社编辑等参加了教材撰写研讨会，共同研究、讨论并优化了教材编写大纲、配套数字化教学资源建设等方面内容。这次会议为"十三五"规划教材建设打下了坚实的基础。

近年来，随着国家房地产相关政策的不断完善、城市信息化的推进、装配式建筑和全装修住宅推广等，房地产类专业的人才培养目标、知识结构、能力架构等都需要更新和补充。房地产类专指委研制完成的教学基本要求和专业标准，为本系列教材的编写提供了指导和依据，使房地产类专业教材在培养高素质人才的过程中更加具有针对性和实用性。

本系列教材内容根据行业最新政策、相关法律法规和规范标准编写，在保证内容正确和先进性的同时，还配套了部分数字化教学资源，方便教师教学和学生学习。

本系列教材的编写，继承了房地产类专指委一贯坚持的"以就业为导向，以能力为本位，以岗位需求和职业能力标准为依据，以促进学生的职业发展生涯为目标"的指导思想，该系列教材必将为我国高等职业教育房地产类专业的人才培养作出贡献。

全国住房和城乡建设职业教育教学指导委员会

房地产类专业指导委员会

2017年11月

前　言

本教材是住房城乡建设部土建类学科专业"十三五"规划教材，是高职院校现代物业管理专业的一门专业课程。为了满足高职院校相关专业教学的需要，突出职业教育对人才培养的实用性，特组织具有多年教学经验的教师编写本教材。本教材可作为高职院校物业管理专业教材，也可作为其他相关专业的选修课教学用书，还可以作为相关岗位培训教材或参考用书。

本教材根据我国高等职业教育的特点对教材的内容及结构进行了新的规划，力求使教材结构合理、难易适度、通俗易懂、便于学习。为了突出对人才培养的应用性、实用性的原则，组织编写教材内容时联系工作实际、突出运用，做到"适度、够用"。为方便学生学习，在每章中都列明学习目标并配有思考与练习题，目的是让学生明确学习目标与要点，培养学生应用专业知识分析和解决问题的综合能力。

本教材以物业管理企业为对象，系统地介绍了财务管理的基本理论、资金时间价值和风险分析、筹资管理、资金成本与资本结构、投资管理、物业企业营运资金管理、物业企业利润分配和财务报告与分析等财务管理内容。

本教材由黑龙江建筑职业技术学院赵艳担任主编，并对全书初稿进行修改和总纂。教材由黑龙江建筑职业技术学院张福荣担任主审。具体编写分工如下：第1章、第3章、第4章、第8章由赵艳（黑龙江建筑职业技术学院）编写；第5章、第6章由王宇（黑龙江建筑职业技术学院）编写；第2章由蒋丽波、王喜霞（黑龙江建筑职业技术学院）编写；第7章由曲庭顺（黑龙江建筑职业技术学院）、杨红君（和信行物业服务有限公司）编写。

本教材在编写过程中，参考了有关教材和资料，谨致谢忱！由于编者水平有限，书中疏漏与不当之处恳请广大读者批评指正。

目 录

1 总论 /001
- 学习目标 ··· 002
- 1.1 物业企业财务管理的内容 ··· 002
- 1.2 物业企业财务管理环境 ··· 005
- 1.3 财务管理的目标 ··· 012
- 本章小结 ··· 016
- 基础练习 ··· 016

2 资金时间价值与风险价值 /019
- 学习目标 ··· 020
- 2.1 资金时间价值 ·· 020
- 2.2 风险价值 ·· 026
- 本章小结 ··· 029
- 基础练习 ··· 030

3 筹资管理 /033
- 学习目标 ··· 034
- 3.1 筹资管理概述 ·· 034
- 3.2 物业企业资金筹集渠道 ··· 039
- 本章小结 ··· 046
- 基础练习 ··· 046

4 资金成本和资金结构 /049
- 学习目标 ··· 050
- 4.1 资金成本 ·· 050
- 4.2 杠杆原理 ·· 054
- 4.3 资本结构 ·· 061
- 本章小结 ··· 066
- 基础练习 ··· 066

5 投资管理 /069
- 学习目标 ··· 070
- 5.1 投资概述 ·· 070

	5.2 项目投资现金流量估算	073
	5.3 项目投资评价指标	081
	5.4 项目投资决策方法的应用	090
	5.5 物业企业其他投资	094
	本章小结	097
	基础练习	097

6 物业企业营运资金管理 /101

学习目标		102
6.1	营运资金概述	102
6.2	现金管理	103
6.3	应收账款管理	111
6.4	存货管理	122
6.5	物业维修基金管理	128
本章小结		131
基础练习		132

7 物业企业利润分配 /133

学习目标		134
7.1	物业企业利润的构成	134
7.2	利润的分配	136
本章小结		147
基础练习		148

8 财务报告与分析 /151

学习目标		152
8.1	财务报告概述	152
8.2	财务报表的编制	154
8.3	财务报告分析	172
本章小结		189
基础练习		189

附录 193

参考文献 202

总论 1

物业企业财务管理的内容　1.1
物业企业财务管理环境　1.2
财务管理的目标　1.3

通过本章的学习，认识物业企业财务管理基本内容及其重要的财务关系，了解物业企业财务管理的相关环境，掌握物业企业财务管理的目标。

1.1 物业企业财务管理的内容

1.1.1 物业企业的特点

物业管理是指物业管理经营者受物业所有人的委托，依照国家有关法律规范，按照合同或契约行使管理权，运用现代管理科学和先进维修养护技术，以经济手段对物业实施多功能、全方位的统一管理，并为物业所有人和使用人提供高效、周到的服务，使物业发挥最大的使用价值和经济价值。从事物业管理的单位或组织是物业企业。

物业管理经营者是指从事物业管理的企业或组织。物业所有者是指房屋所有权人，即业主；物业管理的管理对象是物业；物业管理的服务对象是人，即物业的所有权人和使用人。物业管理是集管理、经营、服务于一体的有偿经济活动。

物业管理按产业性质属于第三产业，即服务性行业，其基本出发点是根据社会生产力发展水平和人们对生活需求的变化，根据人文科学及共建和谐社会的要求，运用现代管理科学、环境生态科学等学科衍生出的先进的维修养护技术，运用经济手段管理房产物业，为业主、住户提供所需的全方位、多层次的管理服务。同时，物业企业运用物业独特的造型设计和整体规划，向居民展示物业的历史和本地区的文化、习俗。物业管理是集科学性与艺术性、实物管理与非实物管理为一体的特殊性质的服务。

在市场经济条件下，物业管理实行有偿服务，这也是物业企业生存的基本条件。这一经济性质为物业收费提供了依据，为维修、养护物业、延长物业使用寿命提供了经济保证。物业企业通过提供良好的服务以求提高业主的物业投资的经济效益。同时，物业管理工作又是一项具有较强环境效益和社会效益的服务。

1.1.2 物业企业的财务活动

企业生产经营过程是实物商品运动和资金运动相互统一的过程。企业生产经营过程一方面表现为实物商品或服务提供的运动过程；另一方面表现为其价值的运动过程，即表现为资金运动过程。资金运动以资金循环的形式存在，表现为一个周而复始的周转过程。它以价值形式综合地反映着企业的生产经营过程。企业的资金运动，构成企业生产经营的一个独立方面，具有自己的运动规律，这就是企业的财务活动。企业的资金运动，从表面上看是钱和物的增减变动，其实，钱和物的增减变动都离不开人与人之间的经济利益关系。企业财务是指企业在生产经营过程中客观存在的资金运动及其体现的经济利益关系。

财务活动是指资金的筹集、投放、使用、收回与分配等一系列行为，从整体上包括以下四个方面：

1．筹资活动

物业企业为了提供物业服务，必须占有或支配一定量的资金，无论是设立物业企业还是进行企业扩张，企业都需要从各种渠道以各种方式筹集资金，这是资金运动的起点。筹资是指企业为了满足投资和用资的需要筹措和集中所需资金的过程。

物业企业筹资可以有两种不同性质的资金来源：一是物业企业权益资金，目前我国大多数物业企业主要以吸收投资者直接投资和留存收益转增资本方式取得权益资金。少数规模较大的物业企业还可以通过发行股票方式取得权益资金，虽然这一方式还不普遍，但却是今后物业企业最有前途也将是最主要的权益资金来源。二是债务资金，目前我国大多数企业可以通过向银行借款、利用商业信用等方式取得资金，达到国家规定的企业还可以发行债券筹措资金。筹资既表现为取得资金，也包括资金退出企业，如偿还借款、支付利息、支付股利及支付其他各种筹资费用。由筹资引起的财务活动是财务管理的内容之一。

2．投资活动

物业企业取得资金后，必须将资金投入使用，以谋求最大的经济效益，否则就无法实现筹资的目的。从一般企业投资来讲，投资可以分为广义和狭义两种投资。广义的投资是指企业将筹集到的资金投入使用的过程，既包括企业内部使用资金过程，如购置流动资产、固定资产、无形资产等，也包括对外投放资金，如购买股票、债券等。狭义的投资仅指对外投放资金。从我国目前来看，大多数的物业企业少有或者说没有对外投资，基本上是对内投放使用资金。这里所说的物业企业投资就是指物业企业对内投放资金。它包括对内投资形成的各种资产或收回投资时产生的资金收入。这种物业企业投资而产生的资金运动和由此引起的财务活动是物业企业财务管理的重要内容之一。

3．资金营运活动

物业企业在提供管理、经营、服务过程中，会发生一系列的资金收付。首先，物业企业要从事建筑管理、设备管理、区域内交通管理、消防管理、安全管理、绿化管理及清洁管理等基本管理活动。经营活动在物业管理中有两种情况：一种是在属于全体业主共有权益的场所、场地和设备设施范围内，管理开展的出租等经营活动，收益应纳入物业管理费；另一种是在上级公司授权下或在为业主提供特约服务和其他有偿服务的过程中，管理利用自有资金和能力在全体业主权益范围之外开展的其他经营活动。这些活动都消耗人力、物力和财力，表现为工资支出、材料消耗等各种费用的发生，是资金消耗过程。同时，在管理、经营和服务中也会有物业管理费收入等各种收入来收回资金。如果物业企业现有资金不足，不能满足物业企业管理经营需要，还要采取短期借款方式来筹措资金。上述活动都会产生物业企业的资金收付，由此引起的财务活动，叫作资金营运活动。它也是物业企业财务管理的重要内容之一。

4．分配活动

物业企业通过投资或资金经营可以取得相应收入，在补偿成本、缴纳税金后，应依据现行的法规及有关制度对剩余收益予以分配。广义的分配是指对营业收入的分配，在一定会计期间取得的营业收入，首先要弥补经营管理消耗，缴纳流转税、所得税，其余成为企业净利润，净利润要提取公积金和改善职工福利，分别用于扩大积累、弥补亏损和改善职工集体福利设施，其余利润作为投资者的收益分配，可分给投资者，也可暂时留存企业或作为投资者的追加投资。狭义的分配是指对企业的净利润的分配，仅是广义分配所述的后一部分。

分配的进行，资金或是退出或是留存企业，都必然地影响企业的资金运动，不仅影响物业企业的资金规模，还影响物业企业的资金结构，依法分配、合理确定留存比率是物业企业财务管理的重要内容之一。以上四个方面，相互联系，相互依存，不可分割，既有联系又有区别，构成了物业企业完整的财务活动，也是物业企业财务管理的基本内容。

1.1.3 物业企业的财务关系

物业企业财务关系是指物业企业在财务活动过程中，与有关各方所发生的经济利益关系。概括起来有以下几个方面：

1．与业主的关系

业主即房屋的所有权人。业主大会由同一物业管理区域内的全体业主组成，是全体业主集体行使权利和维护全体业主合法权益的组织。业主人数较多时，可以按比例推选业主代表，组成业主代表大会。

物业企业与业主的关系有两个层面：一是从法律关系来看，业主大会授权的业主委员会与物业企业是委托者与受托者的关系，业主与物业企业是聘用与受聘的关系。二者是平等的，业主大会有决定委托或不委托、聘用或不聘用某一物业企业的权利；物业企业也有接受或不接受委托、受聘或拒绝受聘的权利。二者无隶属关系，也不存在管理和被管理的关系。二是从经济关系来看，物业企业提供物业管理服务是有偿的，在提供一定的物业管理服务的同时，应获得相应的报酬。同样，业主在享受服务时，也应付出相应的费用。物业企业与业主方面的这种经济关系是通过物业管理委托合同确认和保证的。合同签订后，双方分别承担不同的权利和义务。物业企业应按合同规定和要求，提供相应的物业管理服务，对业主委员会及广大业主负责，并接受他们的监督；同时，业主委员会及广大业主也应协助物业企业开展工作，并及时缴纳物业管理合同中写明的各项费用。在经济关系上，双方也是平等的。

2．与政府的关系

政府作为社会管理者，担负着维护社会正常秩序、组织和管理社会活动的任务，行使政府职能。物业企业的各项活动必须以遵守政府有关法律法规为前提，接受政府行政主管部门的业务指导和监督，不能替代政府有关部门如公安、城管、综合治理等执法工作。物业企业只能在签订的物业管理合同赋予的权限范围内从事各项工作。例如，物业企业应该做的是防范工作，如防火、防盗，而不能去侦破、捉捕犯罪嫌疑人。同时，物业企业作为独立法人、具体的经营实体，应该依法办理工商登记，及时缴纳各项应纳税款，体现一种强制的无偿的分配关系。

3．与债权人和债务人的关系

物业管理公司与债权人和债务人的关系是指物业企业向债权人借入资金，或物业企业向债务人借出资金，按借款合同的规定按时支付或收取利息和归还或收回本金形成的经济关系。物业企业与债权人和债务人的财务关系在性质上属于债务债权关系。

4．与投资人的关系

物业管理公司与投资人的关系是指物业企业的投资人向物业企业投入资金，物业企业向其投资人支付投资报酬所形成的经济关系。实质上是所有权和经营权的关系，是所有和被所有、委托经营与受托经营的关系。

5．与职工的关系

物业管理公司与职工的关系是指物业企业向职工支付劳动报酬过程中所形成的经济关系。职工是物业企业的劳动者，是各项管理和服务的脑力和体力提供者。物业企业根据劳动者的劳动情况，用其收入向职工支付工资、津贴、奖金和福利等体现着职工个人和企业在劳动成果上的分配关系。

6．与社会公众的关系

物业企业除以上关系之外，还将与城市供水、排水、供电、通信、供暖、燃气、环保、环卫、防洪等公共部门，以及文化新闻媒体、社区街道、物业管理区域的邻里单位及个人发生关系。这些部门直接或间接地影响着物业服务质量。物业企业与这些社会公众之间是一种相互协调的关系，这种相互协调的关系也是共建和谐社会必不可少的关系。

1.2 物业企业财务管理环境

1.2.1 财务管理的环境

财务管理环境又称理财环境，是指对企业财务活动和财务管理产生影响作用的企业内外各种条件的统称。企业财务活动在很大程度上受理财环境制约，如人才、技术、信息、物流、市场、物价、金融、税收等因素，对企业财务活动都有重大的影响。只有在理财环境的各种因素作用下实现财务活动的协调平衡，企业才能生存和发展。对企业财务管理影响比较大的有经济环境、法律环境和金融环境。对企业财务管理影响最大的是金融环境。

1.2.2 经济环境

影响财务管理的经济环境因素主要有经济发展周期、经济发展水平和经济政策等。

1. 经济发展周期

市场经济条件下，经济发展与运行带有一定的波动性，一般经历复苏、繁荣、衰退和萧条几个阶段的循环，这种循环叫作经济周期。在经济周期不同的阶段，企业的财务活动会受到不同的影响，因此，企业也需要相应采用不同的财务管理策略，克服其不同阶段的不利影响，顺应其不同阶段的客观要求，以实现财务管理的目标。财务管理专家们曾探讨了经济周期中的经营理财策略。现择其要点归纳，见表1-1。

经济周期中的经营理财策略　　　　表1-1

复苏	繁荣	衰退	萧条
1. 增加厂房设备	1. 扩充厂房设备	1. 停止扩张	1. 建立投资标准
2. 实行长期租赁	2. 继续增加存货量	2. 出售多余设备	2. 保持市场份额
3. 增加存货量	3. 提高产品价格	3. 停产不利产品	3. 压缩管理费用
4. 开发新产品	4. 开展营销规划	4. 停止长期采购	4. 放弃次要利益
5. 增加劳动力	5. 增加劳动力	5. 削减存货量	5. 削减存货量
		6. 停止扩招雇员	6. 裁减雇员

我国的经济发展与运行也呈现其特有的周期特征，带有一定的经济波动。过去曾经历过若干次从投资膨胀、生产高涨到控制投资、紧缩银根再到正常发展的过程，从而促进了经济的持续发展。企业的筹资、投资和资产运营等理财活动都要受这种经济波动的影响，比如在通货紧缩时期，社会资金十分短缺，利率上涨，会使企业的筹资非常困难，甚至影响到企业的正常生产经营活动。相应地，企业的投资方向会因为市场利率的上涨而转向对本币存款或贷款。此外，由于国际经济交流与合作的发展，特别是我们加入WTO之后，西方的经济周期影响也不同程度地波及我国。因此，企业财务人员必须认识到经济周期的影响，掌握在经济发展波动中的理财本领。

2. 经济发展水平

改革开放以来，我国的国民生产总值以很高的速度增长，各项建设方兴未艾。这不仅给企业扩大规模、调整方向、打开市场以及拓宽财务活动的领域带来了机遇，同时，由于高速发展中的资金短缺将长期存在，又给企业财务管理带来了严峻的挑战。因此，企业财务管理工作者必须积极探索与经济发展水平相适应的财务管理模式。

3. 经济政策

我国经济体制改革的目标是建立社会主义市场经济体制，以进一步解放和发展生产力。在这个总目标的指导下，我国已经并正在进行财税体制、金融体制、外汇体制、外贸体制、计划体制、价格体制、投资体制、社会保障制度等多项改革。所有这些改革措施，深刻地影响着我国的经济生活，也深刻地影响着我国企业的发展和财务活动的运行。如金融政策中货币的发行量、信贷规模都能影响企业投资的资金来源和投资的预期收益，财税政策会影响企业的资金结构和投资项目的选择等，价格政策能影响资金的投向和投资的回收期及预期收益等。可见，经济政策对企业财务的影响是非常大的。这就要求企业财务人员必须把握经济政策，更好地为企业经营理财活动服务。

1.2.3 法律环境

市场经济的重要特征就在于它是以法律规范和市场规则为依托的经济制度，法律为企业经营活动规定了活动空间，也为企业在相应空间内自由经营提供了法律上的保护。影响财务管理的主要法律环境因素有企业组织形式的法律规定和税收法律规定等，对物业企业财务管理影响较大的主要是物业相关法规。

为了规范物业管理活动，维护业主和物业企业的合法权益，改善人民群众的生活和工作环境，我国于2003年5月28日在国务院第九次常务会议上通过并颁布了《物业管理条例》，自2003年9月1日起正式施行，这标志着我国的物业管理进入了法制化、规范化发展的新时期。发展至今，随着《中华人民共和国物权法》（以下简称《物权法》）出台，《物业管理条例》分别在2007年、2016年和2018年进行了修订，各地方也相继出台了相应的各项法律法规，明确了物业管理收费、专项维修资金等各项法律制度，物业管理法律法规不断健全和完善。

1．业主大会和业主委员会之间的权利、义务和职责

《物权法》《物业管理条例》及地方行业法规明确了业主大会、业主委员会的权利和义务，规范了业主大会决策程序，给业主委员会定位并明确了其职责，约束了业主大会、业主委员会的活动，确定了业主大会与业主委员之间的关系，从而建立了业主决策机构和执行机构分离的管理模式，维护了大多数业主的合法权益，促进了物业管理活动的健康发展。

2．规范了物业管理收费

《物业管理条例》《物业服务收费管理办法》从满足不同类型的服务需求出发，完善物业管理服务标准，引导物业企业不断提高服务质量，遵循管理服务收费的定价原则、定价方式和价格构成，根据物业管理服务内容、服务质量，制定住宅的收费指导价，从而方便了消费者根据自己的消费水平选择确定相应的物业管理服务，保障了物业企业的正常活动，维护了全体业主的合法权益。

3．规范了前期物业管理，明确建、管责任

为了加强开发建设与物业管理的衔接，加强对建设单位的监督，《物业管理条例》规定：建设单位要在物业管理区域内配置必要的物业管理用房；国家提倡建设单位按照房地产开发与物业管理相分离的原则，通过招标的方式选聘具有相应资质的物业企业；建设单位应与物业企业做好物业承接验收工作并及时移交有关资料；建设单位应当与物业企业签订前期物业服务合同；商品房销售合同中应当包含前期物业服务合同约定的内容；业主依法享有的物业共用部位、共用设施设备的所有权或者使用权，建设单位不得处置；建设单位应当在保修期限和保修范围内承担物业的保修责任。同时对于违反上述《物业管理条例》规定的行为制定了一系列处罚措施，包括责令限期改正、通报、警告、没收违法所得、罚款等，从而将物业管理的委托制改为聘任制，打破了谁开发、谁管理的垄断局面，明确了开发建设单位、物业企业的责、权、利，减少物业管理矛盾和纠纷，促进了公开、公平、公正的市场竞争机制的形成。

4．取消了物业服务企业资质，全面放开市场

自2004年5月1日施行《物业管理企业资质管理办法》后，针对物业管理市场的管理，一直实施以物业服务企业资质管理为核心的市场准入制度，企业资质不仅是企业进入市场参与竞争的通行证，也是政府部门对企业进行监管的主要依据。2018年3月8日，国务院正式取消物业服务企业资质管理制度，全面放开物业服务市场准入门槛，引入信用评价制度和成果运用。开启物业管理信用监管新时代，是落实党中央、国务院提出的以人民为中心、问题为导向的重要体现，更是提高物业服务水平、实现提升人民群众幸福指数、实现人民群众对美好生活向往的重要举措。

5．明确了物业企业、业主大会与社区的关系

居民委员会是居民自我管理、自我教育、自我服务的群众性自治组织。《物业管理条例》规定，在物业管理区域内，业主大会、业主委员会应当积极配合相关居民委员会依法履行自治管理职责，支持居民委员会开展工作，并接受监督。住宅小区的业主大会、业主委员会做出的决定，应当告知相关的居民委员会，并认真听取居民委员会的建议。要努力创建物业管理与社区建设良性互动的新机制，就要求物业企业、社区委员会、业主大会共同努力，只有物业管理与社区建设共进，以物业管理服务推动社区服务发展，才能创造出管理有序、服务完善、环境优美、治安良好、生活便利、人际关系和谐的现代化居住环境。

6．明确了业主、物业企业与供水、供电、供气、供热、通信、有线电视等单位的关系

长久以来由于供水、供电、供气、供热、通信、有线电视等单位的垄断地位，往往把服务与收费无偿地转嫁给了物业企业，造成了由物业企业来代收代缴费用的不合理现象。为了保障业主的合法权益，针对目前物业管理区域内，供水、供电、供气、供热等由物业企业代收代缴费用的不合理现象，《物业管理条例》按照市场规律作出了规定：物业管理区域内，供水、供电、供气、供热、通信、有线电视等单位应当向最终用户收取有关费用。物业企业接受委托收费的不得向业主收取额外费用。这意味着自来水公司、供电公司、燃气公司、供暖公司跟物业企业是一个平等的企业关系了，有效地解决这一问题，保障了业主的合法权益。

7．建立住房维修资金制度

住房制度改革前，住房维修养护责任由政府或单位承担，居民仅支付极少的租金。由于回收的租金不能够维持房屋的维修，不足部分只能由政府或单位负担。政府和单位背负上了维修费补贴的沉重包袱。同时，维修资金缺乏，大量公房得不到及时保养和修缮，不少住房因年久失修而成为危房，危及住户的居住安全。因此《物业管理条例》规定：住宅物业、住宅小区内的非住宅物业或者与单幢住宅楼结构相连的非住宅物业的业主，应当按照国家有关规定交纳专项维修资金。同时规定，专项维修资金属业主所有，专门用于物业保修期满后物业共用部位、共用设施设备的维修、更新和改造，不得挪作他用。对于违反规定的，依法追究直接负责的主管人员和其他相关人员的责任。因此，建立住房维修资金制度有利于物业的保值、增值，有利于维护社会稳定，更有利于物业管理行业的健康发展。

《物权法》《物业管理条例》的颁布和实施对物业管理行业的健康发展具有非常重要和深远的意义，它依据民法基本原则，不仅明确了物业管理活动中各相关主体之间的权利、义务、职责，平等地保护了物业管理活动当事人各方的合法权益，为物业管理活动提供了坚实的法律依据；同时贯彻财产所有者主权原则，保障了业主团体和物业使用权人对物业管理的民主权利，促进了物业管理水平不断提高，为人民创造了整洁、安全、方便、舒适的文明生活环境，维护了物业管理范围内的公共秩序，用法律手段为社会主义的建设事业、市场经济发展和人民生活需求的满足创造了良好条件。

1.2.4　金融环境

企业总是需要资金从事投资和经营活动。而资金的取得、除了自有资金外，主要从金融机构和金融市场取得。金融政策的变化必然影响企业的筹资、投资和资金运营活动。所以，金融环境是企业最为主要的环境因素。影响财务管理的主要金融环境因素有金融机构、金融工具、金融市场和利率等。

1. 金融机构

社会资金从资金供应者手中转移到资金需求者手中，大多要通过金融机构。金融机构包括银行业金融机构和其他金融机构。

（1）银行业金融机构

银行业金融机构是指经营存款、放款、汇兑、储蓄等金融业务，承担信用中介的金融机构。银行的主要职能是充当信用中介、充当企业之间的支付中介、提供信用工具、充当投资手段和充当国民经济的宏观调控手段。我国银行主要包括各种商业银行和政策性银行。商业银行，包括国有商业银行（如中国工商银行、中国农业银行、中国银行和中国建设银行）和其他商业银行（如交通银行、广东发展银行、招商银行、光大银行等）；政策性银行主要包括中国进出口银行、国家开发银行等。

（2）其他金融机构

其他金融机构包括金融资产管理公司、信托投资公司、财务公司和金融租赁公司等。

2. 金融工具

金融工具是在信用活动中产生的、能够证明债权债务关系并据以进行货币资金交易的合法凭证，它对于债权债务双方所应承担的义务与享有的权利的规定均具有法律效力。金融工具一般具有期限性、流动性、风险性和收益性四个基本特征。

期限性是指金融工具一般规定了偿还期，也就是规定债务人必须全部归还本金之前所经历的时间。

流动性是指金融工具在必要时迅速转变为现金而不致遭受损失的能力。

风险性是指购买金融工具的本金和预定收益遭受损失的可能性。一般包括信用风险和市场风险两个方面。

收益性是指持有金融工具所能够带来的一定收益。

金融工具若按期限不同可分为货币市场工具和资本市场工具，前者主要有商业票据、国库券（国债）、可转让大额定期存单、回购协议等，后者主要是股票和债券。

3．金融市场

（1）金融市场的意义、功能与要素

金融市场是指资金供应者和资金需求者双方通过金融工具进行交易的场所。金融市场可以是有形的市场，如银行、证券交易所等；也可以是无形的市场，如利用电脑、电传、电话等设施通过经纪人进行资金融通活动。

金融市场的主要功能有下列五项：

1）转化储蓄为投资；

2）改善社会经济福利；

3）提供多种金融工具并加速流动，使中短期资金凝结为长期资金；

4）提高金融体系竞争性和效率；

5）引导资金流向。

金融市场的要素主要有下列四种：

1）市场主体，即参与金融市场交易活动而形成买卖双方的各经济单位；

2）金融工具，即借以进行金融交易的工具，一般包括债权债务凭证和所有权凭证；

3）交易价格，反映的是在一定时期内转让货币资金使用权的报酬；

4）组织方式，即金融市场的交易采用的方式。

从企业财务管理角度来看，金融市场作为资金融通的场所，是企业向社会筹集资金必不可少的条件。财务管理人员必须熟悉金融市场的各种类型和管理规则，有效地利用金融市场来组织资金的筹措和进行资本投资等活动。

（2）金融市场的种类

金融市场按组织方式的不同可划分为两部分：一是有组织的、集中的场内交易市场，即证券交易所，它是证券市场的主体和核心；二是非组织化的、分散的场外交易市场，它是证券交易所的必要补充。本章主要对第一部分市场的分类介绍：

1）按期限划分为短期金融市场和长期金融市场

短期金融市场又称货币市场，是指以期限在1年以内（含1年）的金融工具为媒介，进行短期资金融通的市场。其主要特点有：

① 交易期限短；

② 交易的目的是满足短期资金周转的需要；

③ 所交易的金融工具有较强的货币性。

长期金融市场是指以期限在1年以上的金融工具为媒介，进行长期性资金交易活动的市场，又称资本市场。其主要特点有：

① 交易的主要目的是满足长期投资性资金的供求需要；

② 收益较高而流动性较差；

③ 资金借贷量大；

④ 价格变动幅度大。

2）按证券交易的方式和次数分为初级市场和次级市场

初级市场，也称一级市场或发行市场，是指发行新证券的市场，这类市场使得首次证券资本交易成为可能。次级市场，也称二级市场或流通市场，是指现有金融资产的交易场所。初级市场我们可以理解为"新货市场"，次级市场我们可以理解为"旧货市场"。

3）按金融工具的属性分为基础性金融市场和金融衍生品市场

基础性金融市场是指以基础性金融产品为交易对象的金融市场，如商业票据、企业债券、企业股票的交易市场，金融衍生品市场是指以金融衍生产品为交易对象的金融市场。所谓金融衍生产品，是一种金融合约，其价值取决于一种或多种基础资产或指数，合约的基本种类包括远期、期货、掉期（互换）、期权，以及具有远期、期货、掉期（互换）和期权中一种或多种特征的结构化金融工具。

除上述分类外，金融市场还可以按交割方式分为现货市场、期货市场和期权市场，按交易对象分为票据市场、证券市场、衍生工具市场、外汇市场、黄金市场等，按交易双方在地理上的距离划分为地方性的、全国性的、区域性的和国际性的金融市场。

4．利率

利率也称利息率，是利息占本金的百分比指标。从资金的借贷关系看，利率是一定时期运用资金资源的交易价格。资金作为一种特殊商品，以利率为价格标准的融通，实质上是资源通过利率实行的再分配，因此利率在资金分配及企业财务决策中起着重要作用。

（1）利率的类型

利率可按照不同的标准进行分类：

1）按利率之间的变动关系，分为基准利率和套算利率

基准利率又称基本利率，是指在多种利率并存的条件下起决定作用的利率。所谓起决定作用是指，这种利率变动，其他利率也相应变动。因此，了解基准利率水平的变化趋势，就可了解全部利率的变化趋势。基准利率在我国是中国人民银行对商业银行贷款的利率。

套算利率是指在基准利率确定后，各金融机构根据基准利率和借贷款项的特点而换算出的利率。例如，某金融机构规定，贷款给AAA级、AA级、A级企业的利率，应分别在基准利率基础上加0.5%、1%、1.5%，加总计算所得的利率便是套算利率。

2）按利率与市场资金供求情况的关系，分为固定利率和浮动利率

固定利率是指在借贷期内固定不变的利率。受通货膨胀的影响，实行固定利率会使债权人利益受到损害。

浮动利率是指在借贷期内可以调整的利率。在通货膨胀条件下采用浮动利率,可使债权人减少损失。

3)按利率形成机制不同,分为市场利率和法定利率

市场利率是指根据资金市场上的供求关系而变动的利率。

法定利率是指由政府金融管理部门或者中央银行确定的利率。

(2)利率的一般计算公式

正如任何商品的价格均由供应和需求两方面来决定一样,资金这种特殊商品的价格——利率,也主要是由供应与需求来决定。但除这两个因素外,经济周期、通货膨胀、国际经济政治关系、国家利率管制程度、国家货币政策和财政政策等,对利率的变动均有不同程度的影响。因此,资金的利率通常由三部分组成:① 纯利率;② 通货膨胀补偿率(或称通货膨胀贴水);③ 风险收益率。利率的一般计算公式可表示为:

利率＝纯利率＋通货膨胀补偿率＋风险收益率

纯利率是指没有风险和通货膨胀情况下的均衡点利率,它永远大于零,又小于资金的时间价值;通货膨胀补偿率是指由于持续的通货膨胀会不断降低货币的实际购买力,为补偿其购买力损失而要求提高的利率;风险收益率包括违约风险收益率、流动性风险收益率和期限风险收益率。其中,违约风险收益率是指为了弥补因债务人无法按时还本付息而带来的风险,由债权人要求提高的利率;流动性风险收益率是指为了弥补因债务人资产流动不好而带来的风险,由债权人要求提高的利率;期限风险收益率是指为了弥补因偿债期长而带来的风险,由债权人要求提高的利率。

1.3 财务管理的目标

财务管理目标是在特定的理财环境中,通过组织财务活动,处理财务关系所要达到的目的。从根本上说,财务目标取决于企业生存目的或企业目标,取决于特定的社会经济模式。企业财务目标具有体制性特征,整个社会经济体制、经济模式和企业所采用的组织制度,在很大程度上决定企业财务目标的取向。根据现代企业财务管理理论和实践,最具有代表性的财务管理目标主要有以下几种观点:

1.3.1 利润最大化

该目标即假定在企业的投资预期收益确定的情况下,财务管理行为将朝着有利于企业利润最大化的方向发展。以追逐利润最大化作为财务管理的目标,其主要原因有三个:一是人类从事生产经营活动的目的是为了创造更多的剩余产品,在商品经济条件下,剩余产品的多少可以用利润这个价值指标来衡量;二是在自由竞争的资本市场中,资本的使用权最终属于获利最多的企业;三是只有每个企业都最大限度地获得利润,整个社会的财富才可能实现最大化,从而带来社会的进步和发展。在社会主义市场经济条件下,企业作为自主经营的主

体，所创利润是企业在一定期间全部收入和全部费用的差额，是按照收入与费用配比原则加以计算的。它不仅可以直接反映企业创造剩余产品的多少，而且也从一定程度上反映出企业经济效益的高低和对社会贡献的大小。同时，利润是企业补充资本、扩大经营规模的源泉。因此，以利润最大化为理财目标是有一定道理的。

1.3.2 资本利润率最大化或每股利润最大化

资本利润率是利润额与资本额的比率。每股利润是利润额与普通股股数的比值。这里所说的利润额是净利润。所有者作为企业的投资者，其投资目标是取得资本收益，具体表现为净利润与出资额或股本数（普通股）的比值。这个目标的优点是把企业实现的利润额同投入的资本或股本数进行比较，能够说明企业的盈利水平，可以在不同资本规模的企业或同一企业不同期间之间进行比较，揭示其盈利水平的差异。

1.3.3 企业价值最大化

投资者建立企业的重要目的，在于创造尽可能多的财富。这种财富首先表现为企业的价值。企业价值不是账面资产的总价值，而是企业全部财产的市场价值，它反映了企业潜在或预期获利的能力。投资者在评价企业价值时，是以投资者预期投资时间为起点，并将未来收入按预期投资时间的同一口径进行折现，未来收入的多少按可能实现的概率进行计算。可见，这种计算办法考虑了资金的时间价值和风险问题。企业所获取收益越多，实现收益的时间越近，取得的报酬风险越小，则企业的价值或股东财富越大。

以企业价值最大化作为财务管理的目标，其优点主要表现在：

（1）该目标考虑了资金的时间价值和投资的风险价值，有利于统筹安排长短期规划、合理选择投资方案、有效筹措资金、合理制订股利政策等；

（2）该目标反映了对企业资产保值、增值的要求，从某种意义上说，在债券市场价值一定时，股东财富越多，企业市场价值就越大，追求股东财富最大化的结果可促使企业资产保值或增值；

（3）该目标有利于克服管理上的片面性和短期行为；

（4）该目标有利于社会资源合理配置，社会资金通常流向企业价值最大化或股东财富最大化的企业或行业，有利于实现社会效益最大化。

本教材以企业价值最大化作为财务管理目标。

1.3.4 企业与相关利益主体之间的矛盾与解决方法

企业财务管理目标是企业价值最大化，根据这一目标，财务活动所涉及的不同利益主体如何进行协调是财务管理必须解决的问题。

1．所有者与经营者的矛盾与解决方法

企业价值最大化直接反映了企业所有者的利益，与企业经营者没有直接的利益关系。对所有者来讲，他所放弃的利益也就是经营者所得的利益。在西方，这种被放弃的利益也称为所有者支付给经营者的享受成本。但问题的关键不是享受成本的多少，而是在增加享受成本的同时，是否更多地提高了企业价值。因而，经营者和所有者的主要矛盾，就是经营者希望在提高企业价值和股东财富的同时，能更多地增加享受成本；而所有者和股东则希望以较小的享受成本支出带来更高的企业价值或股东财富。为了解决这一矛盾，应采取让经营者的报酬与绩效相联系的办法，并辅之一定的监督措施。

（1）解聘

这是一种通过所有者来约束经营者的办法。所有者对经营者予以监督，如果经营者未能使企业价值达到最大化，就解聘经营者。为此，经营者会因为害怕被解聘而努力实现财务管理目标。

（2）接收

这是一种通过市场来约束经营者的办法。如果经营者经营决策失误、经营不力，未能采取一切有效措施使企业价值提高，该公司就可能被其他公司强行接收或吞并，相应经营者也会被解聘。为此，经营者为了避免这种接收，必须采取一切措施提高股票市价。

（3）激励

激励是将经营者的报酬与其绩效挂钩，以使经营者自觉采取能实现企业价值最大化的措施。激励有两种基本方式：①"股票选择权"方式。它是允许经营者以固定的价格购买一定数量的公司股票，当股票的价格越高于固定价格时，经营者所得的报酬就越多。经营者为了获取更大的股票涨价益处，就必然主动采取能够提高股价的行动。②"绩效股"形式。它是公司运用每股利润、资产收益率等指标来评价经营者的业绩，视其业绩大小给予经营者数量不等的股票作为报酬。如果公司的经营业绩未能达到规定目标，经营者也将丧失部分原先持有的"绩效股"。这种方式使经营者不仅为了多得"绩效股"而不断采取措施提高公司的经营业绩，而且为了使每股市价最大化，采取各种措施使股票市价稳定上升。

2．所有者与债权人的矛盾与解决方法

所有者的财务目标可能与债权人期望实现的目标发生矛盾。首先，所有者可能要求经营者改变举债资金的原定用途，将其用于风险最高的项目，这会增大偿债的风险，债权人的负债价值也必然会降低。若高风险的项目一旦成功，额外的利润就会被所有者独享；但若失败，债权人却要与所有者共同负担由此造成的损失。这对债权人来说风险与收益是不对称的。其次，所有者或股东可能未征得现有债权人同意，而要求经营者发行新债券或举借新债，致使旧债券的价值降低（因为相应的偿债风险增加）。

为解决所有者与债权人的上述矛盾，通常可采用以下方式：

（1）限制性借债

即在借款合同中加入某些限制性条款，如规定借款的用途、借款的担保条款和借款的信用条件等。

（2）收回借款或停止借款

即当债权人发现公司有侵蚀其债权价值的意图时，采取收回债权和不再给该公司新的借款的方法，从而来保护自身的权益。

1.3.5 财务管理的环节

财务管理的环节是指财务管理的工作步骤与一般程序。一般说来，企业财务管理包括以下几个环节：

1．财务预测

财务预测是根据财务活动的历史资料，考虑现实的要求和条件，对企业未来的财务活动和财务成果做出科学的预计和测算。本环节的主要任务在于：测算各项生产经营方案的经济效益，为决策提供可靠的依据；预计财务收支的发展变化情况，以确定经营目标；测定各项定额和标准，为编制、分解计划指标服务。财务预测环节主要包括明确预测目标、搜集相关资料、建立预测模型、确定财务预测结果等步骤。

2．财务决策

财务决策是指财务人员按照财务目标的总体要求，利用专门方法对各种备选方案进行比较分析，并从中选出最佳方案的过程。在市场经济条件下，财务管理的核心是财务决策，财务预测是为财务决策服务的，决策成功与否直接关系到企业的兴衰成败。财务决策环节主要包括确定决策目标、提出备选方案、选择最优方案等步骤。

3．财务预算

财务预算是指运用科学的技术手段和数量方法，对未来财务活动的内容及指标所进行的具体规划。财务预算是以财务决策确立的方案和财务预测提供的信息为基础编制的，是财务预测和财务决策的具体化，是控制财务活动的依据。财务预算的编制一般包括以下几个步骤：分析财务环境，确定预算指标；协调财务能力，组织综合平衡；选择预算方法，编制财务预算。

4．财务控制

财务控制是在财务管理的过程中，利用有关信息和特定手段，对企业财务活动所施加的影响或进行的调节。实行财务控制是落实预算任务、保证预算实现的有效措施。财务控制一般要经过以下步骤：制定控制标准，分解落实责任；实施追踪控制，及时调整误差；分析执行情况，搞好考核奖惩。

5．财务分析与评价

财务分析与评价是根据核算资料，运用特定方法，对企业财务活动过程及其结果进行分析和评价的一项工作。通过财务分析，可以掌握各项财务计划的完成情况，评价财务状况，研究和掌握企业财务活动的规律性，改善财务预测、决策、预算和控制，提高企业管理水平和经济效益。财务分析包括以下步骤：获取资料，掌握信息；对比指标，揭露矛盾；分析原因，明确责任；提出措施，改进工作。

本章小结

本章主要阐述物业企业财务管理的内容,包括财务活动和财务关系两个方面;介绍物业企业财务管理的环境,包括经济环境、法律环境和金融环境等;阐述物业企业财务管理的目标,包括利润最大化、资本利润率最大化或每股利润最大化、企业价值最大化,要求重点掌握每种财务管理目标的特点;介绍财务管理相关利益主体之间的矛盾与解决方法,以及财务管理的环节等内容。

基础练习

一、单选题

1. 有关物业企业财务管理的目标,每股利润最大化与利润最大化相比,其优点在于(　　)。
   A. 考虑了投入资本与产出利润之间的关系
   B. 考虑了资金的时间价值因素
   C. 考虑了企业的风险因素
   D. 体现了企业的价值所在

2. 最能够体现股东财富大小的财务指标是(　　)。
   A. 每股利润　　　　　　　　B. 每股市价
   C. 净利润　　　　　　　　　D. 净收入

3. 已知现时市场的纯利率为2%,市场的平均利率为6%,市场风险收益率为2.5%,则该市场的通货膨胀补偿率为(　　)。
   A. 4.5%　　　　　　　　　　B. 8%
   C. 1.5%　　　　　　　　　　D. 3.5%

4. 我国于2003年5月28日在国务院第九次常务会议上通过并颁布了《物业管理条例》,并自(　　)起正式施行。
   A. 2004年9月1日　　　　　　B. 2003年10月1日
   C. 2003年6月1日　　　　　　D. 2003年9月1日

二、多选题

1. 金融市场中金融工具的基本属性包括(　　)。
   A. 期限性　　　　　　　　　B. 流动性
   C. 风险性　　　　　　　　　D. 收益性

2. 长期金融市场的特点有(　　)。

A. 交易的目的是满足短期资金周转的需要

B. 所交易的金融工具有较强的货币性

C. 资金借贷量大

D. 收益较高而流动性较差

3. 金融市场的构成要素包括（　　）。

A. 市场主体　　　　　　　　B. 金融工具

C. 交易价格　　　　　　　　D. 组织方式

三、简答题

1. 请简述什么是物业企业财务活动，具体包括哪些内容？什么是物业企业财务关系，具体包括哪些方面？
2. 请简述企业所有者和经营者有哪些矛盾，以及如何解决他们之间的矛盾？
3. 请简述最具有代表性的企业的财务管理目标有哪些？这些目标的特点都有哪些？

资金时间价值与风险价值 2

资金时间价值　2.1
风险价值　2.2

 学习目标

通过本章的学习,掌握资金的时间价值和风险等财务管理基本知识,了解资金的时间价值和风险对物业企业财务管理的意义,为学习物业企业财务管理其他内容奠定基础。

2.1 资金时间价值

2.1.1 资金时间价值的概念

资金时间价值,是指一定量资金在不同时点上的价值量的差额,也称货币时间价值。众所周知,在市场经济条件下,即使不存在通货膨胀,等量资金在不同时点上的价值量也不相等,今天的100元钱和将来的100元钱不等值,前者要比后者的价值大。比如,若银行存款年利率为10%,将今天的100元钱存入银行,一年以后就会是110元。可见,经过一年时间,这100元钱发生了10元的增值,今天的100元钱和一年后的110元钱等值。人们将资金在使用过程中随时间的推移而发生增值的现象,称为资金具有时间价值的属性。

资金的时间价值是资金在周转使用中产生的,是资金所有者让渡资金使用权而参与社会财富分配的一种形式。

通常情况下,资金的时间价值相当于没有风险和没有通货膨胀条件下的社会平均资金利润率,这是利润平均化规律作用的结果。由于时间价值的计算方法同有关利息的计算方法相同,因而时间价值与利润容易被混为一谈。实际上,财务管理活动总是或多或少地存在风险,而通货膨胀也是市场经济中客观存在的经济现象。因此,利率不仅包含时间价值,而且也包含风险价值和通货膨胀补偿率。只有在购买国库券等政府债券时几乎没有风险,如果通货膨胀率很低的话,可以用政府债券利率来表现时间价值。

2.1.2 资金时间价值的计算

物业企业的财务管理工作要求我们必须明确不同时点上资金之间的数量关系,也就是要计算资金的时间价值,在这里主要介绍单利、复利和年金的终值与现值的计算方法。

1. 单利的终值与现值

单利是指资金无论期限长短,仅按本金计算利息,本金所派生的利息不再计入本金计算利息的方法。实际上,它是一种本能生利、利不能生利的计算利息的方法。

单利终值是指资金在若干期限以后包括本金和单利利息在内的未来价值,又称为本利和。单利现值是指资金现在的价值。

为计算方便，先设定如下符号标识：I 为利息；P 为现值；F 为终值；i 为每一计息期的利率（折现率）；n 为计算利息的期数。按照单利的计算法则，利息的计算公式为：

$$I = P \cdot i \cdot n$$

［例2-1］某人持有一张带息票据，面额为5000元，票面利率8%，出票日期为8月10日，到期日为11月8日（90天），则该持有者到期可得多少利息？

票据持有者到期可得利息为：

$$I = 5000 \times 8\% \times 90/360 = 100 \text{（元）}$$

除非特别指明，在计算利息时，给出的利率均为年利率，对于不足一年的利息，以一年等于360天来折算。

单利终值的计算公式为：

$$F = P + P \cdot i \cdot n = P \cdot (1 + i \cdot n)$$

单利现值的计算同单利终值的计算是互逆的，由终值计算现值的过程称为折现。单利现值的计算公式为：

$$P = F / (1 + i \cdot n)$$

［例2-2］若5年后可取得本利和2000元，则在利率为5%，单利方式计算的条件下，现在需存入银行多少本金？

现在应存入银行的本金为：

$$P = 2000 / (1 + 5 \times 5\%) = 1600 \text{（元）}$$

2．复利的终值与现值

资金时间价值一般是按复利方式来进行计算的。所谓复利，是指资金要按一定期限（如一年），将本金所派生的利息计入本金，然后再计算利息的方法。实际上，它是一种本能生利、利也能生利的计算利息的方法，即俗称的"利滚利"。

复利终值是指资金在若干期限以后包括本金和复利利息在内的未来价值，也称本利和。复利现值是资金现在的价值。

复利终值的计算公式为：

$$F = P \cdot (1 + i)^n$$

式中，$(1+i)^n$ 称为复利终值系数或1元复利终值，用符号 $(F/P, i, n)$ 表示。复利终值系数可通过查阅复利终值系数表（见本书附表）直接获得。

［例2-3］某人在银行存入5年期定期存款2000元，年存款利率为7%，则5年后的本利和为多少？

根据公式可知5年后本利和为：

$$F = P \cdot (1 + i)^n = 2000 \times (1 + 7\%)^5 = 2805.2 \text{（元）}$$

复利现值的计算公式为：

$$P = F \cdot (1 + i)^{-n}$$

式中，$(1+i)^{-n}$ 称为复利现值系数或1元复利现值，用符号 $(P/F, i, n)$ 表示。复利现值系数可通过查阅复利现值系数表（见本书附表）直接获得。

[例2-4]某物业企业欲投资一经营项目，预计6年后可获得收益400万元，按年利率（折现率）12%计算，则这笔收益的现值为：

$$P = F \cdot (1+i)^{-n} = F \cdot (P/F, i, n)$$
$$= 400 \times (1+12\%)^{-6} = 400 \times (P/F, 12\%, 6)$$
$$= 400 \times 0.5066 = 202.64 （万元）$$

3．年金

年金是指一定期间内每次等额收付的系列款项，通常记作"A"。

年金的形式多种多样，如保险费、养老费、租金、等额分期收款、等额分期付款以及零存整取或整存零取储蓄等，都存在年金问题。

年金按其每次收付发生的时点不同，可分为普通年金、预付年金、递延年金、永续年金等几种。

（1）普通年金

普通年金是指从第一期起，在一定时期内每期期末等额发生的系列收付款项，又称后付年金。

1）普通年金终值（已知年金A，求年金终值F）

如果年金相当于零存整取储蓄存款的零存数，那么，年金终值就是零存整取的整取数，年金终值的计算公式为：

$$F = A \cdot (1+i)^0 + A \cdot (1+i)^1 + A \cdot (1+i)^2 + \cdots + A \cdot (1+i)^{n-2} + A \cdot (1+i)^{n-1}$$

整理上式，可得到：

$$F = A \cdot \frac{(1+i)^n - 1}{i}$$

式中的分式称作"年金终值系数"，也可用$(F/A, i, n)$表示，查阅年金终值系数表（见本书附表）能得到有关数值。

[例2-5]假设某项目在5年建设期内每年年末从银行借款100万元，借款年利率为10%，则该项目竣工时应付本息的总额为：

$$F = 100 \times \frac{(1+10\%)^5 - 1}{10\%} = 100 \times (F/A, 10\%, 5)$$
$$= 100 \times 6.1051 = 610.51 （万元）$$

2）年偿债基金的计算（已知年金终值F，求年金A）

偿债基金是指为了在约定的未来某一时点清偿某笔债务或积聚一定数额的资金而必须分次等额形成的存款准备金。由于每次形成的等额准备金类似年金存款，因而同样可以获得按复利计算的利息，所以债务实际上等于年金终值，每年提取的偿债基金等于年金A。也就是说，偿债基金的计算实际上是年金终值的逆运算。其计算公式为：

$$A = F \cdot \frac{i}{(1+i)^n - 1}$$

式中的分式称作"偿债基金系数",也可用 $(A/F, i, n)$ 表示,可查阅偿债基金系数表或通过年金终值系数的倒数推算出有关数值。上式也可写作:

$$A = F \cdot (A/F, i, n)$$

或

$$A = F \cdot [1/(F/A, i, n)]$$

[例2-6] 某物业企业有一笔4年后到期的借款,到期值为1000万元,若存款复利率为10%,则为偿还该项借款建立的偿债基金应为多少?

应建立的偿债基金为:

$$A = 1000 \times \frac{10\%}{(1+10\%)^4 - 1} = 1000 \times 0.2154 = 215.4 \text{(万元)}$$

或

$$A = 1000 \times [1/(F/A, 10\%, 4)]$$
$$= 1000 \times (1/4.6410) = 215.4 \text{(万元)}$$

3)普通年金现值的计算(已知年金 A,求年金现值 P)

年金现值是指一定时期内每期期末等额收付款项的复利现值之和。年金现值的计算公式为:

$$P = A \cdot (1+i)^{-1} + A \cdot (1+i)^{-2} + \cdots + A \cdot (1+i)^{-(n-1)} + A \cdot (1+i)^{-n}$$

整理上式,可得到:

$$P = A \cdot \frac{1 - (1+i)^{-n}}{i}$$

式中的分式称作"年金现值系数",也可用 $(P/A, i, n)$ 表示,查阅年金现值系数表(见本书附表)能得到有关数值。

[例2-7] 某物业企业租入设备,每年年末需要支付租金1000元,年复利率为10%,则5年内应支付的租金总额的现值是多少?

租金总额的现值为:

$$P = 1000 \times \frac{1 - (1+10\%)^{-5}}{10\%} = 1000 \times (P/A, 10\%, 5) = 1000 \times 3.7908 = 3791 \text{(元)}$$

4)年资本回收额的计算(已知年金现值 P,求年金 A)

资本回收是指在给定的年限内等额回收初始投入资本或清偿所欠债务的价值指标。年资本回收额的计算是年金现值的逆运算。其计算公式为:

$$A = P \cdot \frac{i}{1 - (1+i)^{-n}}$$

式中的分式称作"资本回收系数",也可用 $(A/P, i, n)$ 表示,可直接查阅资本回收系数表或利用年金现值系数的倒数求得。上式也可写作:

$$A = P \cdot (A/P, i, n), \text{ 或 } A = P \cdot [1/(P/A, i, n)]$$

[例2-8] 某物业企业以10%的利率借款50万元，投资于某个寿命期为10年的项目，则每年至少要收回多少现金才是有利的？

根据公式可知该企业每年至少应收回现金为：

$$A=500000\times\frac{10\%}{1-(1+10\%)^{-10}}=500000\times 0.1627=81350（元）$$

或 $A=500000\times[1/(P/A,10\%,10)]=500000\times[1/6.145]=81350$（元）

（2）预付年金

预付年金是指从第一期起，在一定时期内每期期初等额收付的系列款项，又称先付年金。它与普通年金的区别仅在于付款时间的不同。

n期预付年金与n期普通年金的关系如图2-1所示。横线代表时间的延续，用数字标出各期的顺序号，竖线的位置表示收付的时刻。

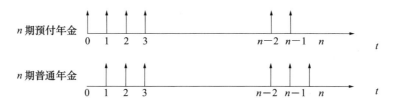

图2-1 预付年金与普通年金关系示意图

1）预付年金终值的计算

预付年金的终值是其最后一期期末时的本利和，是各期收付款项的复利终值之和。

从图2-1可以出，n期预付年金与n期普通年金的付款次数相同，但由于其付款时间不同，n期预付年金终值比n期普通年金的终值多计算一期利息。因此，在n期普通年金终值的基础上乘上$(1+i)$就是n期预付年金的终值。其计算公式为：

$$F=A\cdot\frac{(1+i)^n-1}{i}\cdot(1+i)$$

$$=A\cdot\left[\frac{(1+i)^{n+1}-1}{i}-1\right]$$

式中方括号内的内容称作"预付年金终值系数"，它是在普通年金终值系数的基础上，期数加1，系数值减1所得的结果。通常记为$[(F/A,i,n+1)-1]$。这样，通过查阅年金终值系数表得到$(n+1)$期的值，然后减去1便可得对应的预付年金终值系数的值。这时可用如下公式计算预付年金的终值：

$$F=A\cdot[(F/A,i,n+1)-1]$$

[例2-9] 某物业企业决定连续5年于每年年初存入10万元作为住房基金，银行存款利率为10%。则该公司在第5年年末能一次取出本利和为：

$$F=A\cdot[(F/A,i,n+1)-1]$$
$$=10\times[(F/A,10\%,6)-1]$$
$$=10\times(7.7156-1)\approx 67.156（万元）$$

2）预付年金现值的计算

如前所述，n 期预付年金现值与 n 期普通年金现值的期限相同，但由于其付款时间不同，n 期预付年金现值比 n 期普通年金现值少折现一期。因此，在 n 期普通年金现值的基础上乘以 $(1+i)$，便可以求出 n 期预付年金的现值。其计算公式为：

$$P = A \cdot \frac{1-(1+i)^{-n}}{i} \cdot (1+i)$$

$$= A \cdot \left[\frac{1-(1+i)^{-(n-1)}}{i} + 1 \right]$$

式中方括号内的内容称作"预付年金现值系数"，它是在普通年金系数的基础上，期数减1，系数加1所得的结果。通常记为 $[(P/A, i, n-1)+1]$。这样，通过查阅年金现值系数表得 $(n-1)$ 期的值，然后加1，便可得出对应的预付年金现值系数的值。这时可用如下公式计算预付年金的现值：

$$P = A \cdot [(P/A, i, n-1)+1]$$

（3）递延年金

递延年金是指第一次收付款发生时间与第一期无关，而是隔若干期（假设为 m 期，$m \geq 1$）后才开始发生的系列等额收付款项。它是普通年金的特殊形式，凡不是从第一期开始的年金都是递延年金。递延年金与普通年金的关系可用图2-2来表示。

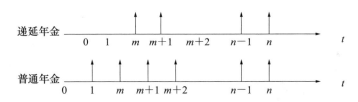

图2-2　递延年金与普通年金关系示意图

1）递延年金现值的计算

递延年金的现值可按以下公式计算：

$$P = A \cdot \left[\frac{1-(1+i)^{-n}}{i} - \frac{1-(1+i)^{-m}}{i} \right] \quad (2-1)$$

$$= A \cdot [(P/A, i, n) - (P/A, i, m)]$$

或

$$P = A \cdot \frac{1-(1+i)^{-(n-m)}}{i} \cdot (1+i)^{-m} \quad (2-2)$$

$$= A \cdot (P/A, i, n-m) \cdot (P/F, i, m)$$

上述公式（2-1）是先计算出 n 期的普通年金现值，然后减去前 m 期的普通年金现值，即得递延年金的现值；公式（2-2）是先将此递延年金视为 $(n-m)$ 期的普通年金，求出在第 m 期的现值，然后再折算为时间零点的现值。

[例2-10] 某人在年初存入一笔资金，存满3年后每年末取出1000元，至第7年末取完，银行存款利率为10%。则此人应在最初一次存入银行的钱数为：

$$P = A \cdot [(P/A, 10\%, 7) - (P/A, 10\%, 3)]$$
$$= 1000 \times (4.8684 - 2.4869) \approx 2381 （元）$$

或
$$P = A \cdot (P/A, 10\%, 4) \cdot (P/F, 10\%, 3)$$
$$= 1000 \times 3.1699 \times 0.7513 \approx 2381 （元）$$

2）递延年金终值的计算

递延年金终值的计算方法与普通年金终值相同，此处不再详细介绍。

（4）永续年金

永续年金是指无限期等额收付的特种年金，可视为普通年金的特殊形式，即期限趋于无穷的普通年金。存本取息可视为永续年金的实例。此外，也可将利率较高、持续期限较长的年金视同永续年金计算。

由于永续年金持续期无限，没有终止的时间，因此没有终值，只有现值。通过普通年金现值计算可推导出永续年金现值的计算公式为：

$$P = A \cdot \sum_{t=1}^{\infty} \frac{1}{(1+i)^t} = \frac{A}{i}$$

[例2-11] 某人持有的某公司优先股，每年每股股利为2元，若此人想长期持有，在利率为10%的情况下，请对该项股票投资进行估价。

这是一个求永续年金现值的问题，即假设该优先股每年股利固定且持续较长时期，计算出这些股利的现值之和，即为该股票的估价。

$$P = A/i = 2/10\% = 20 （元）$$

2.2 风险价值

2.2.1 风险的概念

1. 风险的概念

风险是指预期结果的不确定性。在风险存在的情况下，人们只能事先估计到采取某种行动可能导致的结果，以及每种结果出现的可能性，而行动的真正结果究竟会怎样，不能事先确定。例如，某物业企业试制一种新产品，事先只能确定该种产品试制成功或失败两种可能，但不会知道这两种后果出现可能性的大小。又如购买股票，投资者事实上不可能事先确定所有可能达到的报酬率及其出现的概率大小。

2. 风险的类别

（1）从个别理财主体的角度看，风险分为市场风险和企业特别风险两类。

市场风险是指那些影响所有企业的风险，如战争、自然灾害、经济衰退、通货膨胀等。这类风险涉及所有企业，不能通过多角化投资来分散，因此，又称不可分散风险或系统风险。企业特别风险是发生于个别企业的特有事项造成的风险，如罢工、诉讼失败、失去销售市场等。这类事件是随机发生的，可以通过多角化投资来分散，这类风险也称可分散风险或非系统风险。

（2）从企业本身来看，按风险形成的原因可将企业特别风险进一步分为经营风险和财务风险两大类。

经营风险是指因生产经营方面的原因给企业盈利带来的不确定性。企业生产经营的许多方面都会受到来源于企业外部和内部的诸多因素的影响，具有很大的不确定性。财务风险又称筹资风险，是指由于举债而给企业财务成果带来的不确定性。企业举债经营，全部资金中除自有资金外还有一部分借入资金，这会对自有资金的盈利能力造成影响；同时，借入资金需还本付息，一旦无力偿付到期债务，企业便会陷入财务困境甚至破产。

2.2.2 风险的衡量

风险客观存在，广泛影响着物业企业的财务和经营活动，因此，正视风险并将风险程度予以量化，进行较为准确的衡量，便成为企业财务管理中的一项重要工作。风险与概率直接相关，并由此与期望值、离散程度等相关联，对风险进行衡量时应着重考虑这几方面因素。

1. 概率分布

在现实生活中，某一事件在完全相同的条件下可能发生也可能不发生，即可能出现这种结果又可能出现那种结果，我们称这类事件为随机事件。概率就是用百分数或小数来表示随机事件发生可能性及出现某种结果可能性大小的数值。用 X 表示随机概率。若 X_i 出现，则 $P_i=1$。若不出现，则 $P_i=0$，同时，所有可能结果出现的概率之和必定为1。因此，概率必须符合下列两个要求：

（1）$0 \leqslant P_i \leqslant 1$

（2）$\sum_{i=1}^{n} P_i = 1$

将随机事件各种可能的结果按一定的规则进行排列，同时列出各结果出现的相应概率，这一完整的描述称为概率分布。

[例2-12] 某物业企业现在考虑投资于某项目10000元，而该投资项目可能带来的收益率与宏观经济的景气程度有关。具体情况见表2-1。

经济景气程度和预期收益概率分布表　　　　表2-1

经济景气程度	投资报酬率	发生的概率
经济增长减退	10%	0.2
经济适度增长	12%	0.3
经济强劲增长	14%	0.5

概率分布有两种类型，一种是离散型分布，也称不连续的概率分布，其特点是概率分布在各个特定的点上。另一种是连续型分布，其特点是概率分布在连续图像的两点之间的

区间上。两者的区别在于，离散型分布中的概率是可数的，而连续型分布中的概率是不可数的。

2. 期望值

期望值是一个概率分布中的所有可能结果，以各自相应的概率为权数计算的加权平均值，是加权平均的中心值，通常用符号 $\bar{E}$ 表示，其计算公式为：

$$\bar{E}=\sum_{i=1}^{n} X_i P_i$$

[例2-13] 以[例2-12]中有关数据为依据计算甲产品投产后预计收益率的期望值，即期望值收益率为：

$$\bar{E}=10\% \times 0.2 + 12\% \times 0.3 + 14\% \times 0.5$$
$$=12.6\%$$

期望收益率反映预计收益率的平均化水平，在各种不确定性因素（本例中假定只有经济景气程度因素影响产品收益）影响下，它代表着投资者的合理预期。

3. 离散程度

离散程度是用以衡量风险大小的统计指标。一般说来，离散程度越大，风险越大；离散程度越小，风险越小。反映随机变量离散程度的指标包括平均差、方差、标准离差率和全距等。这里主要介绍方差、标准离差和标准离差率三项指标。

（1）方差

方差是用来表示随机变量与期望值之间离散程度的一个数值，用 σ^2 表示。其计算公式为：

$$\sigma^2 = \sum_{i=1}^{n}(X_i - \bar{E})^2 \cdot P_i$$

（2）标准离差

标准离差也叫均方差，是方差的平方根，用 σ 表示。其计算公式为：

$$\sigma = \sqrt{\sum_{i=1}^{n}(X_i - \bar{E})^2 \cdot P_i}$$

标准离差以绝对数衡量决策方案的风险，在期望值相同的情况下，标准离差越大，风险越大；反之，标准离差越小，则风险越小。

（3）标准离差率

标准离差率是标准离差与期望值之比，通常用符号 v 表示，其计算公式为：

$$v = \frac{\sigma}{\bar{E}}$$

标准离差率是一个相对指标，它以相对数反映决策方案的风险程度。方差和标准离差作为绝对数，只适用于期望值相同的决策风险程度的比较，对于期望值不同的决策方案，评价和比较其各自的风险程度只能借助于标准离差率这一相对数值。在期望值不同的情况下，标准离差率越大，风险越大；反之，标准离差率越小，风险越小。

2.2.3 风险报酬

资金的时间价值是投资者在无风险条件下进行投资所要求的收益率（这里暂不考虑通货膨胀因素）。但是，物业企业财务和经营活动总是处于或大或小的风险之中，任何经济预测的准确性都是相对的，预测的时间越长，风险程度就越高。

标准离差率虽然能正确评价投资风险程度的大小，但还无法将风险与收益结合起来进行分析。假设我们面临的决策不是评价与比较两个投资项目的风险水平，而是要决定是否对某一投资项目进行投资，此时我们就需要计算出该项目的风险收益率。因此，我们还需要一个指标将对风险的评价转化为收益率指标，这便是风险价值系数。从理论上来说，风险收益率（R_R）可以表述为风险价值系数（b）与标准离差率（v）乘积。即：

$$R_R = b \times v$$

在不考虑通货膨胀因素的情况下，投资的必要收益率（R）为：

$$必要收益率 R = 无风险收益率 + 风险收益率$$
$$= R_f + R_R$$
$$= R_f + bV$$

标准离差率（v）反映了资产全部风险的相对大小；而风险价值系数（b）则取决于投资者对风险的偏好。对风险的态度越是回避，要求补偿也就越高，因而要求的风险收益就越高，所以风险价值系数（b）的值也就越大；反之，如果对风险的容忍程度越高，则说明风险的承受能力越强，那么要求的风险补偿也就没那么高，所以风险价值系数的取值就会较小。

风险价值系数 b 的计算可采用统计回归方法对历史数据进行分析得出估计值，也可结合物业企业管理人员的经验分析判断而得出，但是由于 b 受风险偏好的影响，而风险偏好又受风险种类、风险大小及心理因素的影响，因此对于 b 的准确估计就变得相当困难和不够可靠。

本章小结

本章主要阐述了货币的时间价值和风险价值，这是企业财务管理中的两大基本概念。要求掌握货币时间价值的概念和计量，包括复利和年金的各种形式的计算。另一方面，要求掌握风险的概念、构成要素和具体分类以及风险衡量，重点应掌握风险与收益之间的关系和企业应对风险的对策。

基础练习

一、单选题

1. 某物业公司将一套闲置的房屋出租给业主，准备每年年末收取租金20000元，租期10年，则这些租金相当于起租时一次性收取（　　）（年存款利率为5%）。

   A. 308868元　　　　　　　　　　B. 154434元

   C. 400000元　　　　　　　　　　D. 200000元

2. 年金现值的计算公式为（　　）。

   A. $P=F \cdot (1+i)^{-n}$　　　　　　B. $P=A \cdot \dfrac{1-(1+i)^{-n}}{i}$

   C. $P=F(P/A, i, n)$　　　　　　D. $P=A(A/P, i, n)$

3. 以下可以被多角度投资、多元化经营分散的风险是（　　）。

   A. 基本风险　　　　　　　　　　B. 系统风险

   C. 特定风险　　　　　　　　　　D. 自然风险

二、多选题

1. 下列说法正确的有（　　）。

   A. 复利终值系数与复利现值系数互为倒数

   B. 年金终值系数与年金现值系数互为倒数

   C. 年资本回收额系数与偿债基金系数互为倒数

   D. 普通年金终值系数与偿债基金系数互为倒数

2. 即付年金是指（　　）。

   A. 每期期初收付的年金　　　　　B. 每期期末收付的年金

   C. 又称为先付年金　　　　　　　D. 又称为后付年全

3. 下列说法错误的有（　　）。

   A. 名义利率与实际利率的转换公式为 $i(1+r/m)^{m-1}$

   B. 当已知复利终值和现值、期数，求利率时，可以直接查复利系数表找到结果

   C. 即付年金现值系数就是在普通年金现值系数的基础上期数减1、系数加1

   D. 即付年金现值系数就是在普通年金现值系数的基础上系数减1、期数加1

4. 下列风险属于基本风险的有（　　），属于特定风险的有（　　）。

   A. 市场利率的变动　　　　　　　B. 经济衰退

   C. 企业高层管理者变动　　　　　D. 企业亏损

   E. 通货膨胀　　　　　　　　　　F. 战争

   G. 合同纠纷　　　　　　　　　　H. 工人罢工

5. 有关投资收益率的计算，说法正确的有（　　）。

A. 无风险收益率越高，投资收益率越高

B. 风险收益率越高，投资收益率越低

C. 风险价值系数越高，投资收益率越高

D. 风险标准离差率越低，投资收益率越低

三、简答题

1. 请简述什么是资金的时间价值，为什么说时间价值是企业财务管理中的重要因素？
2. 请简述什么是风险，风险由哪些要素构成？
3. 请简述风险的分类。
4. 请简述企业应该如何对待风险。

四、计算题

1. 若本金80000元，投资3年，年利率为10%，则按每季复利一次计算的终值是多少？
2. 假定某投资项目的净现金投资额为16000元，第1年年末的净现金效益为9000元，第2年年末的净现金效益为8000元，第3年年末的净现金效益为6000元，贴现率为10%，则它的净现值是多少？这个方案是否可以接受？
3. 若某物业公司以10%的利率借款20万元，投资于某个合作期为10年的项目，那么每年至少应收回多少投资收益才合算？
4. 某项目需要4年建成，每年末投资60万元，按年利率6%计算，这一项目的投资总额将是多少？
5. 某学校拟建立一项永久性的奖学金，每年计划颁发20000元奖学金。若利率为10%，则现在应存入多少钱？

筹资管理 3

筹资管理概述　3.1
物业企业资金筹集渠道　3.2

学习目标

通过本章的学习，了解企业筹资的渠道与方式及物业企业资金筹措；掌握物业企业各类特定用途资金筹措的依据和方法。

3.1 筹资管理概述

3.1.1 企业筹资的概念

企业筹资，是指企业根据其生产经营、对外投资以及调整资本结构等需要，通过一定的渠道，采取适当的方式，获取所需资金的一种行为。

企业筹集资金可按不同的标准进行分类，主要分类如下：

1. 按照资金的来源渠道不同，可将企业筹资分为权益性筹资和负债性筹资

权益性筹资，也称自有资金筹资，是指企业通过发行股票、吸收直接投资、内部积累等方式筹集的资金。企业采用吸收自有资金的方式筹集资金，一般不用还本，财务风险小，但付出的资金成本相对较高。

负债性筹资，也称借入资金筹资，是指企业通过发行债券、向银行借款、融资租赁等方式筹集的资金。企业采用借入资金的方式筹集资金，到期要归还本金和支付利息，一般承担较大风险，但相对而言，付出的资金成本较低。

2. 按照所筹资金使用期限的长短，可将企业筹资分为短期资金筹集与长期资金筹集

短期资金，是指使用期限在一年以内或超过一年的一个营业周期以内的资金。短期资金主要投资于现金、应收账款、存货等，一般在短期内可回收。短期资金通常采用商业信用、短期银行借款、短期融资券、应收账款转让等方式来筹集。

长期资金，是指使用期限在一年以上或超过一年的一个营业周期以上的资金。长期资金主要投资于新产品的开发和推广、生产规模的扩大、厂房和设备的更新等，一般需几年甚至十几年才能收回。长期资金通常采用吸收直接投资、发行股票、发行债券、长期借款、融资租赁和利用留存收益等方式来筹集。

3.1.2 企业筹资的渠道与方式

1. 筹资渠道

筹资渠道，是指筹措资金来源的方向与通道，体现资金的来源与流量。目前我国企业筹资渠道主要包括：

（1）银行信贷资金

银行对企业的各种贷款，是我国目前各类企业最为重要的资金来源。我国银行分为商业性银行和政策性银行两种。商业性银行是以盈利为目的、从事信贷资金投放的金融机构，它主要为企业提供各种商业贷款。商业性银行主要有中国银行、中国农业银行、中国工商银行、中国建设银行、交通银行等。政策性银行是为特定企业提供政策性贷款，主要有国家开发银行、中国进出口银行和农业发展银行。

（2）其他金融机构资金

其他金融机构也可以为企业提供一定的资金来源，其他金融机构主要指信托投资公司、保险公司、金融租赁公司、证券公司、财务公司等。它们所提供的各种金融服务，既包括信贷资金投放，也包括物资的融通，还包括为企业承销证券等金融服务。

（3）其他企业资金

其他企业资金也可以为企业提供一定的资金来源。企业在生产经营过程中，往往形成部分暂时闲置的资金，并为一定的目的而进行相互投资。另外，企业间的购销业务可以通过商业信用方式来完成，从而形成企业间的债权债务关系，形成债务人对债权人的短期信用资金占用。企业间的相互投资和商业信用的存在，使其他企业资金也成为企业重要的资金来源。

（4）居民个人资金

居民个人资金也可以为企业提供一定的资金来源，企业职工和居民个人的结余货币，作为"游离"于银行及非银行金融机构等之外的个人资金，可用于对企业进行投资，形成民间资金来源渠道，从而为企业所用。

（5）国家资金

国家对企业的直接投资是国有企业特别是国有独资企业获得资金的主要渠道之一。现在国有企业的资金来源中，其资本部分大多是由国家财政以直接拨款方式形成的。除此以外，还有些是国家对企业"税前还贷"或减免各种税款而形成的。不管是何种形式形成的，从产权关系上看，它们都属于国家投资的资金，产权归国家所有。

（6）企业自留资金

企业自留资金，也称企业内部留存资金，是指企业内部形成的资金，主要包括提取公积金和未分配利润等。这些资金的重要特征之一是，无须企业通过一定的方式去筹集，而直接由企业内部自动生成或转移。

2. 筹资方式

筹资方式，是指企业筹集资金所采用的具体形式。目前我国企业的筹资方式主要有以下几种：

（1）吸收直接投资

吸收直接投资即企业按照"共同投资、共同经营、共担风险、共享利润"的原则直接吸收国家、法人、个人投入资金的一种筹资方式。

（2）发行股票

发行股票，即股票公司通过发生股票筹措权益性资本的一种筹资方式。

（3）利用留存收益

留存收益，是指企业按规定从税后利润中提取的盈余公积、根据投资人意愿和企业具体情况留存的应分配给投资者的未分配利润。利用留存收益筹资是指企业将留存收益转化为投资的过程，它是企业筹集权益性资本的一种重要方式。

（4）向银行借款

向银行借款，即企业根据借款合同从有关银行或非银行金融机构借入的需要还本付息的款项。

（5）利用商业信用

商业信用，是指商品交易中的延期付款或延期交货所形成的借贷关系，它是企业筹集短期资金的重要方式。

（6）发行公司债券

发行公司债券，即企业通过发行债券筹措债务性资本的一种筹资方式。

（7）融资租赁

融资租赁，也称资本租赁或财务租赁，是区别于经营租赁的一种长期租赁形式，是指出租人根据承租人对租赁物和供货人的选择或认可，将从供货人处取得的租赁物，按融资租赁合同的约定出租给承租人占用、使用，并向承租人收取租金，最短租赁期限为一年的交易活动，它是企业筹集长期债务性资本的一种方式。

筹资渠道解决的是资金来源问题，筹资方式则解决通过何种方式取得资金的问题，它们之间存在着一定的对应关系。一定的筹资方式可能只适用于某一特定的筹资渠道，但是，同一渠道的资金往往可采用不同的方式取得，同一筹资方式又往往适用于不同的筹资渠道。因此，企业在筹资时，应实现两者的合理配合。

物业企业要真正走上社会化、专业化、企业化经营的道路，其前提是要有资金作保障，管理资金是物业管理正常有效运作的基础和必要条件。管理资金来源的稳定、充足与否，直接影响着物业管理的效果和质量。物业企业的创建，开展不动产的日常维修养护和更新改造业务，进行清洁卫生、绿化、治安、车辆等综合管理，购置工具器具、设备、材料等经营管理服务要素，都要有一数量的管理资金；运用规模经济，发展企业化经营，实施"一业为主，多种经营"的经营策略，提高技术管理服务水平，更要追加投资。多种渠道筹集资金，是物业管理资金运动的起点，也是决定资金运动规模和物业管理经营发展进程的重要环节。通过一定的资金渠道，采取一定的筹资方式，获得资金，是保证企业物业管理活动的前提，也是物业企业财务管理活动中的一项重要内容。

物业企业筹集资金是指企业向投资者、外部有关单位和个人筹措物业经营管理所需资金的业务活动。物业管理是综合性较强的社会化、专业化、企业化经营的管理服务业，它的有偿服务这一特点要求物业企业在筹集资金时，一方面要讲究收费的合理性、依据性和规范性，另一方面又要讲究资金筹集的综合经济效益。

在物业管理中资金是关键，而由于影响资金筹措因素的客观存在，造成物业企业资金筹措的困难。在目前情况下，若收费偏高，业主难以承受；若收费偏低，则物业企业不能维持，并开展简单再生产。由于物业的个体性、多样性的特点，决定了物业企业很难有统一的收费标准。鉴于目前物业企业不同程度地存在着收费方面的"标准不一，自立名目，立法滞后，缺乏规范"的状况，因此，加强收费管理，明确收费标准，实行依法经营收费，使物业管理步入良性循环，成为迫切的需要。

管理好物业企业的资金筹措，首先要根据不同物业的不同管理要求确定收费项目，做好费用估计，并明确其使用范围，正确处理好收费标准与管理服务水平的关系。为了适应社会主义市场经济发展的需要，实现公平竞争，按质论价，不同的物业管理服务水平，可制定不同的收费标准。

收费标准的确定可采取以下几种途径：

（1）政府部门审定

物业管理中的最基本、最重要的收费项目和标准，是由房地产主管部门会同物价部门审定，通过颁发法规或文件予以公布实施的。如开发商、物业出售者和业主等缴纳的维修基金，住户缴纳的日常综合管理费、建设施工单位缴纳的质量保证金等重要项目，应由房地产主管部门提出标准，提交物价部门核定后执行。

（2）会同业主商定

物业管理是一种契约管理，是由业主委托的一种契约行为，因而有的收费标准不必由政府部门包揽，可由物业企业将预算、收费的项目和标准，提交业主管理委员会讨论、审核，经表决通过之后确定。此时，物业企业应及时拟订一份物业管理标准的审议会议决议，印发给每一位业主，从审议通过之日起按这一标准执行。

（3）委托双方议定

对于专项和特约服务的收费，如接送小孩、代订送牛奶、洗衣熨衣、代订书报杂志等项目，可由委托方与受托方双方议定。根据服务要求，不同的管理服务水平确定不同的收费标准，由委托的住（用）户和受委托的物业企业双方自行商议决定。

3.1.3 物业管理资金筹措

资金筹措是物业管理正常运转的基础，也是物业管理资金良性运行的保障。随着商品房出售、出租，物业就进入了维护其功能、供人们生活居住或工作使用的长期营运阶段。由于对物业的维护、修缮、改建、更新和管理，都需要投入一定的人力和物力，因而会有大量的经费支出。显然，物业企业的各项资金的筹措和到位，对物业管理走上良性循环的轨道显得尤为重要。

1．物业管理资金筹措原则

（1）"量出为入"原则

"量出为入"原则是指在筹措物业管理资金，确定各种收费标准时，应严格按专款专用的原则来计算确定。

（2）收支平衡、保本微利原则

物业企业的收支要达到平衡并略有盈余，获得合理利润（管理酬金，或称为管理利润）。依此原则筹措管理资金，可用下列公式表示：

筹措多种管理资金的总收入＝多种管理费支出＋管理酬金

（3）相对稳定、适当调整原则

收取各种物业管理资金，涉及开发商、业主和住户的切身利益，一旦收费标准确定并为人们所接受后，就应保持相对稳定，至少保持1~2年不变。但由于经济发展和人们生活水平提高及通货膨胀因素，收费标准可以在适当的时候做合理调整。

2. 物业管理费计费标准的核算方法

物业管理费计费标准的核算是物业管理的重要一环，也是物业管理资金能否顺利筹措到位的关键。一般物业管理费计费标准的常用方法有如下四种。

（1）成本法

成本法是指物业企业首先按市场行情和实际发生的费用，计算出物业管理费的成本价，然后加上根据一定的利润率计算出的管理酬金，得出物业管理费计费标准的方法。成本法的关键是：收入和支出都是按实际成本计算，在收支平衡的基础上附加一定的利润。

[例3-1] 某物业企业接管的某一住宅有12栋楼、24条梯、24个水池、25个粪池、470户、绿化面积4880m^2。综合管理费实际支出，见表3-1。

表3-1中，15项管理费支出实际成本为23482元，除以470户，则每户每月要承担管理费实际支出为49.96元。物业企业若确定管理利润率为10%，则每户每月实际要承担的管理费用标准为54.96元［具体为：49.96×（1＋10%）］。

普通住宅综合管理费　　　　表3-1

1. 管理员	4人	600元/人	2400元
2. 保安员	6人	500元/人	3000元
3. 楼管员	12人	350元/人	4200元
4. 水电工	2人	500元/人	1000元
5. 环卫工	4人	350元/人	1400元
6. 绿化员	2人	400元/人	800元
7. 垃圾清运	300桶/月	5元/桶	1500元
8. 垃圾袋	30个/每户每月	0.25元/个	3525元
9. 楼梯清扫	6次/月	1元/次	144元
10. 水池清洗	3次/年	40元/次	2880元
11. 化粪池清洗	1次/年	30元/次	750元
12. 绿化用水	150t/月	0.4元/t	60元
13. 值班用水	540t/月	0.4元/t	216元

续表

14. 值班用电	1080kW·h/月	0.4元/kW·h	432元
15. 公杂费	470户	2.50元/户	1175元
合计			23482元

（2）对比法

它是指同类物业中若某一物业计费标准比较完善，执行效果良好，其他物业就可通过对比，逐一确定每项管理支出和收入来指定物业管理费计费标准的方法。它适用于同一地区或经济发展水平较接近地区的同类物业，这种方法也叫参照法。

（3）经验法

它是指在掌握不同类型物业管理费计费标准及执行效果后，根据以往经验确定物业管理费计费标准的方法。这种方法实用、简单，但由于我国物业管理刚刚起步，可供参考的实例较少，限制了此法的应用。

（4）综合法

它是指综合上述三种方法的优点，对多种计费方案反复比较、修改，最后制定最佳计费标准。因用此方法制定的标准吸收了前三种方法的优点，所以具有很强的实用性。

3.2　物业企业资金筹集渠道

资金筹集渠道是指企业取得资金的来源。物业企业筹集的资金按其构成和来源一般可分为以下几种：物业企业启动资金的筹措、物业企业维修基金的筹措、物业企业接管验收资金的筹措、物业质量保证金的筹措、日常综合管理费的筹措、特约服务费的筹措和与物业管理有关的多种经营服务收入的筹措。

3.2.1　物业企业启动资金的筹措

物业企业的启动资金也叫资本金，是指物业企业在工商行政管理部门登记的货币注册资金。按照我国目前法人登记管理条例的规定，企业申请开业，必须要有法定的资本金。法定资本金，也叫法定最低资本金，是指国家规定开办企业必须筹集的最低资本金数额，即企业设立时必须要有的最低限额的本钱。如目前上海市对物业企业经营资质审批的规定，物业管理专业机构一般应具有20万元以上的货币注册资金。物业企业除了日常必要的开办费支出外，总要留有一定数量的资金参与物业管理的资金运动。经营管理决策者，应根据管理物业的规模、水平和实际需要做出相应的规定，集中统筹和安排使用这笔资金，以加快资金周转，提高企业经济效益。

从物业企业的所有制来看，不同所有制的物业企业的启动资金的筹集是各不相同的。一般来说，国家所有的物业企业的启动资金，由国家出资构成；合营企业的物业企业的启动资金，由各合营方出资构成；中外合资或股份制的物业企业的启动资金，由中外合资方或股东出资构成；外方独资的物业企业的启动资金，由外方单独出资构成。

《企业财务通则》规定："企业按照国家法律的规定，可以采取国家投资、各方集资或发行股票等方式筹集资本金。投资者可以用现金、实物、无形资产等形式向企业投资。"可见，筹资渠道的增加，使企业资本金的筹集方式也呈多样化。企业在众多筹资方式中可选择适合本企业具体情况的方式进行筹资。

3.2.2 物业企业维修基金的筹措

物业管理的维修基金，也叫大修更新储备基金，主要用于新建物业保修期满后或公有房屋出售后的大修、更新，它应包括房产物业的公用部位、承重结构部分（楼盖、屋顶、梁柱、墙体及基础）、外墙面、过道、楼梯间、门厅等，以及房屋内部上下水管、垃圾道、公用照明、水泵、水箱、电梯、消防设施等共用设备。其主要筹资渠道有以下四项：

1. 向业主收取

（1）收取依据

房产物业的内部和外部、楼内和楼外、公共部位和共用设施，都是房屋不可或缺的部分。这些公共设施的适时更新和维修，是实现物业价值和使用价值，并使之保值和升值的前提。有良好维修更新服务的物业，可以创造方便、舒适、宁静、祥和的居住环境。这样的物业价值自然会高于缺乏维修更新服务的物业。作为产权人，业主委托物业企业管理物业，在要求适时维修、更新这些共用设备、公用设施时，就完全有义务分担一部分维修基金；另一方面，作为房产物业的所有者，业主应该认识到，与其拥有的财产不可分割的公共区域和公用设施，会随着使用年限的增长而逐渐损坏和老化，这部分公共物业的价值在降低，由于其与自有房产的不可分割性，业主拥有的物业价值将受到直接影响。而维修基金的逐年积存，则正好抵消这一贬值部分。由此可见，物业得以保值的一个主要原因是由于维修基金的存在，而如果考虑到货币的时间价值，则物业的升值也能得以实现。因此，从表面上看，业主缴纳的维修基金似乎是一项支出，但实质上这笔支出是业主对财产的逐年逐月积累，就好像业主每月在银行存钱一般，缴纳维修基金等于在积累财富。因此，业主分担一部分维修基金合情合理。

（2）收取标准

以前由于全国各地经济承受能力不同，对房产物业的维修要求也各不相同，加上物业公司的性质、类型、服务对象不同，因此对业主收取的维修基金的标准也各不相同，缺乏统一标准。有的按综合造价计提，有的按购房款的百分比提取，有的则按管理费收缴。

而根据2008年2月1日开始实施的建设部《住宅专项维修基金管理办法》中规定："商品住宅的业主、非住宅的业主按照所拥有物业的建筑面积交存住宅专项维修资金，每平方米建筑面积交存首期住宅专项维修资金的数额为当地住宅建筑安装工程每平方米造价的5%至8%。出售公有住房的，业主按照所拥有物业的建筑面积交存住宅专项维修资金，每平方米建筑面积交存首期住宅专项维修资金的数额为当地房改成本价的2%。"

2．向开发商收取

（1）收取依据

房产物业"三分在建设，七分在管理"，建设是管理的基础，管理是建设的继续。从长远看，只有对房产物业进行良好的维护管理，保证其使用功能正常发挥，才能实现开发商和置业者的经济效益，实现物业价值和使用价值。另一方面，良好的物业管理也提高了开发商的信誉和知名度，构成开发商的一项重要的无形资产。例如广州华东实业公司和上海万科房地产公司都因为加强对物业的维修养护管理，从而提高了企业的信誉和知名度。因此，开发商在将物业委托移交给物业企业管理维护时，就必须支付一定数额的维修基金，这是开发商不可推卸的义务和责任。

（2）收取标准

由于全国各地经济发展水平、市场发展程度、思想观念、经济承受力等均有差别，对物业管理的要求也不相同，因而维修基金的收取标准也各不相同，做法各异。有的开发商按房屋建筑面积综合造价（按多层住宅2%、高层住宅3%）计提，据此确定维修基金；有的开发商从开发项目的总投资中提取1%～2%作为维修基金；有的地区规定以销售价的百分比作为维修基金。一般来说，向开发商收取的维修基金的标准应按不同物业管理公司的性质、类型、服务对象分别制订。

有人提出：一般商品住宅，按房产物业总建筑面积综合造价（多层住宅按3%、高层住宅按6%）计提，由开发商将房产物业移交给物业企业时支付，或由开发商按销售额的2%～4%划拨给物业企业。高级住宅公寓、花园别墅及商业办公用房、工业货仓用房的维修基金，可按略高于一般用房标准向开发商收取，具体实施时可增加10%～30%不等。

3．向物业的出售者收取

（1）收取依据

物业价值是物业交换过程中所体现的凝结于物业商品中的人类抽象劳动。物业的属性得以确认，说明物业作为用于交换的劳动产品，价值在起主导作用，而物业的出售价格则是物业价值的货币表现。目前房产物业的价格高于其价值，除了土地稀有和投机等原因外，还有一个重要原因，即对房产物业的完善管理和适时维修更新。因此，物业的出售者出售物业获取的利润中，已凝结了物业管理者的维修、养护、更新等追加劳动。这部分追加劳动理应得到承认，获得相应的报酬。此外，物业维修更新管理作为房地产在消费环节中的继续，其发展直接影响着房地产的综合开发经营，影响着房地产的交易。但物业管理行业的微利性质又大大制约了它的发展壮大，因此，能获得较大利润的房地产交易者、物业出售者，理应支持物业管理的发展。物业管理发展了，物业的维修技术水平提高了，就能进一步促进房地产交易市场的兴旺发达，从而可使物业的出售者获得更大利益。因而，物业的出售者也有分担维修基金的义务。

（2）收取标准

由于各种原因，目前尚无统一的向房屋物业的出售者收取维修基金的标准。

有人提出：一般商品住宅房屋物业出售者可按销售款的2%～4%缴纳维修基金；公有房屋出售后，多层住宅的出售者一次性按售房款的6%缴付，高层住宅的出售者则一次性按售房款的12%缴付。高层住宅电梯和水泵等共同设备的大修和更新费用，应由出售者从售房款中划拨一定经费。而高级公寓、花园别墅、商业、办公用房，则可按略高于一般商品住宅10%～30%的标准缴付。

4．向国家地方财政收取

（1）收取依据

从事区域性的物业管理，势必涉及给水、排水、供电、供暖、供气、电信、邮电、人防、道路、绿化、环卫、构筑物等市政设施的维修养护管理，房屋周围的这些公共基础设施等的维修养护，费用原是由国家有关部门开支的。这部分费用不能因物业企业的统一经营而削减甚至取消。因为房产物业周围的这些公共基础设施，也是城市公用设施的一部分，其产权归国家所有，国家相应的专业部门承担使其正常运行的维修费用是合理的。况且从推进住房改革、住房商品化和完善城市容貌的角度也应综合考虑城市维护费用的筹集、划拨和使用。因此，原来属国家地方财政共同负担的城市建设维护费、市政公用设施维修费仍应由他们负担。据此，物业企业可向有关单位收取城市维修基金。

（2）收取标准

向国家地方财政收取的维修基金，可按目前国家地方财政划拨的城市建设维护费和市政公用设施维护费标准收取。

3.2.3　物业企业接管验收资金的筹措

物业企业的接管验收资金是指物业企业在接收、接管房产物业时，由开发商向物业企业缴纳的专项验收费用。它主要用于物业企业参与验收新的房产物业和接管旧的房产物业时，组织水、电、泥、木、管道等专业技术人员和管理人员所支付的费用，包括人工费、办公费、交通费、资料费、零星杂费等。

（1）收取依据

房地产开发项目的竣工验收，是项目开发全过程的最后一个环节，它是全面考核开发成果、检查设计和工程质量的重要环节，做好竣工验收工作对促进开发项目及时完成建管交接，尽快投入使用，发挥投资效益，有着重要的意义。物业管理公司参与项目的竣工验收工作，对保证房产顺利完成建管交接，确保业主的利益，增强管理责任是必不可少的。由于专业物业管理公司在长期的管理经验中，比建造者和开发商更了解客户对物业的各种使用需求，由他们参与验收工作，检验设计和工程质量，可及时发现和解决一些影响正常运转和使用的问题，令将来的客户满意。一方面保证物业能按设计要求的技术经济指标，投入正常使用，最大限度地满足客户的需求；另一方面验收新物业和接管旧物业还可分清房产物业损坏的责任，是开发商建造过程中遗留的问题导致物业损坏，还是物业企业管理中的问题导致物业损坏，或者是业主和使用者使用过程中导致的物业损坏或旧房产本身就有问题。避免在业主入住使用后才发现问题而产生责任不清的纠纷，从而可避免不必要的赔偿损失。实际上物业管理公司参与竣工验收工作，也是为开发商建造生产出令客户满意的物业所做的努力，是完成开发商建设物业的最后一个生产环节，因而开发商理应缴纳给物业企业这笔因组织验收而发生的专项验收费用。同样的，对旧房产的接管也一样需要检验其是否合格。此外，物业从建造完成到投入使用，实现其价值和使用价值，还有一段时间。物业企业从接管物业至业主入住前，需要配备一定的人力对空房进行看管，以免发生一些不必要的损耗。因此，在验收合格、建管交接时，开发商还要支付给物业企业一笔空房看管费，以保证建好的物业保持良好功能和形象。

（2）收取标准

接管验收费的测算公式为：

接管验收费＝被接管的房产物业总建筑面积×每平方米建筑面积验收单价＋空房看管费

式中每平方米建筑面积验收单价可视物业性质、综合造价和布局等的不同，由开发商和物业企业协商决定。国家可规定一个最高限价和若干个最低限价，以保证建筑费用收取的规范合理；空房看管费，一般房屋以应收管理费的1/3左右收取，别墅、公寓大楼等高级商品房则可由物业企业与销售商（开发商）商议，适当提高看管费用，国家可定一个最高限价。

3.2.4 物业质量保证金的筹措

质量保证金是指开发商在向物业企业移交房产物业时，向物业企业缴纳的保证物业质量的资金，用于交房后保修期（一般为2年）内被管物业的保修。其范围限于室内装饰、水电管线、隐蔽工程及室外建筑公共设施等因建造质量问题所引起的返修。

（1）收取依据

房产物业体积大、投资大，构成要素具有连带性和隐蔽性的特点，决定了房产物业的保修期要比一般耐用消费品长，保修金额也比一般耐用消费品大。为了协调好开发商、建筑商、物业企业和产权人（用户）的关系，开发商在物业建造完成验收合格移交给物业企业时，就应确定一个保修期，缴纳质量保证金，以保证物业企业在保修期内有足够资金，保证因建造质量问题引起的返修得以实施。

（2）收取标准

质量保证金的缴纳有多种方法，它可以留在开发商处，由物业企业在接受业主报修、组织施工后实报实销；也可以由开发商一次性缴纳给物业企业，保修期满后结算，多退少补；或可采取包干办法一步到位，盈亏由物业企业负担。具体采用哪种方法，物业企业可视自身情况与开发商协商决定。

3.2.5 日常综合管理费的筹措

物业管理的日常综合管理费主要用于物业管理公司支付日常管理和日常维修工人的工资

津贴、劳动防护费、办公费、公用水电费、保安服务费、垃圾代运保洁费、绿化养护费、工器具折旧及其他管理费用。这笔向业主或使用人收取的管理费，必须按"专款专用""取之于民，用之于民"的原则有效地分配在各项日常物业管理上，为业主提供方便、舒适、安全的生活环境。

（1）收取依据

从物业管理的内容和作用可以看出，物业管理是将分散的社会分工汇集起来，统一办理，为业主和住户提供方便的服务，如日常清洁、保安、水电维修等。服务商品同其他商品一样，具有使用价值和价值。物业的日常管理服务的使用价值是指这种日常管理服务能够满足人们某种需要的属性，而物业的日常管理服务的价值则是凝结在日常管理服务的一般人类劳动中。业主或使用人缴付的日常综合管理费就是物业的日常管理服务这一商品的价值表现。因此，业主要享用优美、整齐、安全、方便的居住环境，就要购买物业企业提供的日常服务这一商品，就要缴付日常综合管理费。

（2）收取标准

目前由于物业管理市场发育尚不完善，各个物业企业的经营管理水平也不同，因而形成了目前日常综合管理费的收取币种不一、计算口径不一、标准和期限不一的局面。特别强调的是对日常综合管理费的收取和支出，必须坚持分门类计算，合理分摊、量出为入。较为合理的做法应按物业的建筑面积计算，业主入住时，先预收3～6个月的日常综合管理费，以后按季或半年收缴，每半年公布一次物业日常综合管理费的收支情况。随着物业管理市场的发展成熟，法规建设的日趋完善，日常综合管理费的收取标准和计量要通过科学合理的测算评估来加以规范，使收费标准与业主承受力和要求、物业管理的水准相平衡。同时，也要充分考虑各种不同类型、不同用途的物业，不同居住对象的实际情况来分层次地确定日常管理费。由于我国目前人民生活水平还不高，难以承受由成本加利润测算出的日常综合管理费用，因此，有人提出：物业企业的管理利润按物业大小、管理服务水平及业主的不同情况，掌握在一定的幅度内（低档为8%～10%，中档为10%～12%，高档为12%～24%），保持微利。对住宅区内的办公经营用房的日常综合管理费收取标准，应与居住用房相区别，可在150%～200%范围内确定管理费标准，其管理与收费应有特殊规定。随着物业管理行业的发展，适时可由行业协会定期根据市场管理服务水平，提供指导性参考价格，以规范日常综合管理费的标准确定和收支的有关事项。1996年4月上海市房管部门为进一步规范日常综合管理费的收取标准，已对物业管理费的收取实行政府指定价、政府指导价和市场价三种方式。其中全市私有住房中占七成左右的"公有住房出售"将统一实行政府指定价，商品房（包括内销房和外销房）的日常综合管理费由政府制订指导价，其他各种特约特需服务费则由市场价调节。

一般来说，物业日常综合管理费的收取标准可用下面一个简单的计算公式表示：

$$P=\frac{\sum F_i}{S}(i=1, 2, \cdots, n)$$

式中：P是每平方米每年（月）应收取的日常综合管理费（元/m²·年，元/m·月）；F_i是第i项日常综合管理费支出；S是某类物业的管理服务的总建筑面积。

在运用上述公式测算日常综合管理费的收取标准时，必须注意要对每一项日常综合管理费进行正确合理的测算，还要把所有日常综合管理工作中的费用全部计算在内。只有这样，才能正确合理地计算日常综合管理费的收费标准。

3.2.6 特约服务费的筹措

为满足各种不同层次的业主的消费需求，物业企业除了提供日常综合管理服务外，还要根据业主的具体需要，开设各类特约服务项目，收取特约服务费。这样，既为业主置业和生活提供了方便，又提升了物业企业的形象，还可取得一定的经济效益和社会效益。作为日常物业管理的延伸、补充和发展，因地制宜地拓展社区内便民的特约服务，不仅是必要的，而且是可能的。首先，物业企业拥有水、电、气等技术力量，完全有能力为业主提供特约服务。业主的室内部分、底层围墙和自用阳台等属于房屋所有人自修范围的，物业企业可接受委托，办理这些日常修缮养护和室内装修装潢等业务，实施有偿服务，除了工料费外，还可收取5%～10%的代办管理费，体现微利的服务性收费。其次，物业企业利用自己良好的服务态度，高质量的服务水平和管理服务经验，开展全方位、多功能、多层次的综合性特约服务，如组织家庭服务，代聘保姆，代聘家教，代订车船机票，家庭清洁、消毒打蜡，代为复印、传真，代订送牛奶，代订书报杂志等。若物业企业没有力量满足业主的特殊需要，可代业主寻找专业服务公司，委托专业服务公司提供特约服务，物业企业可收取一定的代办费用。总之，在收取特约服务费时，应遵循"谁受益、谁付款"和"保本微利"的原则。

3.2.7 与物业管理有关的多种经营服务收入的筹措

在我国大多数城市居民收入不高的现实条件下，管理服务费收取不可能太多。但作为企业，要达到自我积累、自我发展、自负盈亏的目标，使物业管理走上良性循环，单靠"量出为入""保本微利"原则筹措上述几项资金显然是难以为继的。大多数物业企业都实行"以业为主、多种经营"的经营策略，组织创收，积极开发内容丰富的与物业管理相关的多种经营方式，创造尽可能多的利润。如有的物业企业要求开发商按一定比例的成本价给物业企业少量经营用房，与有关部门合作开办城市信用社、储蓄所等，既能为住户提供配套服务，又能开辟新的收入来源；有的物业企业通过商贸活动创造收益，如在住宅区内开办购销商业贸易之类的经济实体，成立文化娱乐场所，设置交通队；有的物业企业利用自己的专业技术力量兴办市政维修公司、房屋维修公司、室内装饰公司、园林绿化公司之类的工程服务公司，通过承接建筑工程项目为企业创收；还有一些物业企业，从开发商处得到一些供租赁经营的店铺、酒店、停车场等物业资产，依靠这些物业的租赁经营，为企业创造财富。大型的物业企业在经济实力达到一定程度后，也可自己筹集资金投资酒店、写字楼、公寓、别墅、商场等物业的开发经营，为物业管理的进一步发展提供良好的经济基础。管理经营型的收益性物业，更有优势开展多种附属性经营，取得多种经营收入。这些多种经营，既满足了业主和住户的文化生活需要，又达到了创收目的，解决了物业管理资金不足的问题，也拓宽了物业管理资金的筹措渠道。

除了上述资金筹措渠道外，物业企业还可通过银行获得借贷资金收入，同时也可通过开展物业保险业务，取得保险收入。物业的价值性、庞大性、不可移动性的特点，决定了物业在发生意外灾难如地震、火灾时蒙受的损失是巨大的。物业企业接管客户的大量物业，构成巨大固定资产，担负着巨大的风险和责任。因此必须引进现代保险制度，与保险公司开展物业保险业务，包括财产保险、消防保险、房屋保险等。这样，一方面可避免物业企业在发生意外事故或遭受天灾时蒙受损失；另一方面也可解决突发事故或天灾发生时，房屋修缮等经费不足的问题，增加收入来源。

在上述资金来源中，物业管理的启动资金、维修基金、日常综合管理服务费和特约服务费及多种经营服务收入，是物业企业的主要资金来源，在物业管理的不同阶段，发挥着巨大作用。启动资金主要用于物业管理的启动阶段，后几项是物业管理步入正轨后的主要资金来源。

本章小结

本章主要阐述物业企业筹资的必要性和特点，筹措物业管理计费标准的核算方法，包括成本法、对比法、经验法、综合法；介绍物业资金筹集渠道，重点应掌握物业企业各类特定用途资金筹措的依据和方法。

基础练习

一、单选题

1. 在计算确定物业管理计费标准时，采用同地区同类型物业管理公司的物业管理计费标准的方法是（　　）。

    A. 成本法　　　　　　　　　　B. 对比法

    C. 经验法　　　　　　　　　　D. 综合法

2. 物业企业筹资用于新产品的开发和推广、生产规模的扩大、设备的更新改造等，则筹集的资金属于（　　）。

    A. 短期资金　　　　　　　　　B. 中期资金

    C. 长期资金　　　　　　　　　D. 常规资金

3. 根据2008年2月1日开始实施的建设部《住宅专项维修基金管理办法》中规定："商品住宅的业主、非住宅的业主按照所拥有物业的建筑面积交存住宅专项维修资金，每平方米建筑面积交存首期住宅专项维修资金的数额为当地住宅建筑安装工程每平方米造价的（　　）。"

A. 5% B. 5%～8%

C. 8% D. 6%

二、简答题

1. 请简述物业管理资金筹措的原则有哪些？
2. 请简述物业企业筹资的渠道？
3. 请简述物业企业筹集的资金按其构成和来源可分为哪几种？

资金成本和资金结构 4

资金成本　4.1
杠杆原理　4.2
资本结构　4.3

学习目标

通过本章的学习,掌握资金成本和资金结构等财务管理基本知识,了解资金成本和资金结构对物业企业财务管理的意义,为物业企业合理筹集资金、合理使用资金、提高资金效率奠定基础。

4.1 资金成本

4.1.1 资金成本的概念与作用

1. 资金成本的概念

资金成本是指物业企业为筹集和使用资金而发生的代价。在市场经济条件下,任何企业不能无偿使用资金,必须向资金提供者支付一定数量的费用作为补偿。

资金成本包括用资费用和筹资费用两部分内容。用资费用,是指企业在生产经营、投资过程中因使用资金而支付的代价,如向股东支付的股利、向债权人支付的利息等,这是资金成本的主要内容。筹资费用,是指企业在筹措资金过程中为获取资金而支付的费用,如向银行支付的借款手续费,因发行股票、债券支付的发行费等。筹资费用与用资费用不同,它通常是在筹措资金时一次支付的,在用资过程中不再发生。

资金成本可以用绝对数表示,也可用相对数表示,但在财务管理中,一般用相对数表示,即表示为用资费用与实际筹得资金(即筹资数额扣除筹资费用后的差额)的比率。其通用计算公式为:

$$资金成本 = \frac{每年的用资费用}{筹资总额 - 筹资费用} \times 100\%$$

2. 资金成本的作用

资金成本在许多方面都可加以应用,主要表现在以下几方面:

(1)资金成本是物业企业筹资决策的主要依据

资金成本的高低是决定筹资活动的首要因素,因为不同的资金来源和筹资方式下,资金成本各不相同,为了提高筹资效果,就必须分析各种筹资方式资金成本的高低,并进行合理配置,使资金成本降到最低。

资金成本并不是企业筹资决策中所要考虑的唯一因素。企业筹资还要考虑财务风险、资金期限、偿还方式、限制条件等。但资金成本作为一项重要的因素,直接关系到企业的经济效益,是筹资决策时需要考虑的首要问题。

(2)资金成本是评价投资项目的重要标准

物业企业投资项目的决策通常采用净现值、现值指数和内含报酬率等指标来进行评价，其中净现值的计算一般就是以资金成本为折现率，当净现值大于0时方案可行，否则方案不可行；而用内含报酬率评价方案的可行性时，一般以资金成本作为基准收益率，当内含报酬率大于资金成本时，说明方案可行，否则方案不可行。

（3）资金成本可以作为衡量物业企业经营成果的尺度。当企业投资利润率大于资金成本时，说明经营业绩好。

4.1.2 资金成本的计算

1. 个别资金成本

个别资金成本是指各种筹资方式的成本。主要包括债券成本、银行借款成本、优先股成本、普通股成本和留存收益成本，前两者可统称为负债资金成本，后三者统称为权益资金成本。

物业企业资金来源及取得方式不同，其筹资成本也不相同，因此对于不同来源和方式下的资金，应分别计算其资金成本。

（1）债券筹资成本

债券利息在税前支付，具有减税效应。债券成本主要是指债券利息和筹资费用。债券的筹资费用一般较高，主要包括申请发行债券的手续费、债券注册费、印刷费、上市费以及推销费用等。债券筹资成本的计算公式为：

$$债券筹资成本 = \frac{年利息 \times (1 - 所得税税率)}{债券筹资金额 \times (1 - 债券筹资费率)} \times 100\%$$

[例4-1]假设某物业企业拟发行总面额为500万元的5年期债券，票面利率为10%，发行费率为4%，企业所得税率为25%。根据市场环境的不同，企业可能采取：平价发行500万元。则债券的资金成本为：

$$\frac{500 \times 10\% \times (1 - 25\%)}{500 \times (1 - 4\%)} \times 100\% = 7.81\%$$

（2）银行借款筹资成本

银行借款成本的计算与债券成本的计算相同。借款利息亦在税前支付，但筹资费用一般较低（主要是借款的手续费）。银行借款成本的计算公式为：

$$银行借款筹资成本 = \frac{年利息 \times (1 - 所得税税率)}{银行借款筹资总额 \times (1 - 银行借款筹资费率)} \times 100\%$$

[例4-2]某物业企业向银行取得借款100万元，年利率为8.28%，期限3年，每年付息一次，到期一次还本。筹措这笔借款的筹资费用率为0.3%，企业适用所得税率为25%。则该项借款的资金成本为：

$$\frac{100 \times 8.28\% \times (1 - 25\%)}{100 \times (1 - 30\%)} \times 100\% = 8.87\%$$

（3）优先股筹资成本

与债券相同，优先股的股利通常是固定的，这使得优先股筹资成本的计算与债券筹资成本的计算有相同之处。不同的是，优先股无届满期限（在一定意义上可以把优先股看成无期限的债券）；另外优先股股利是不免税的。优先股筹资成本的计算公式为：

$$优先股筹资成本 = \frac{优先股每年的股利}{发行优先股总额 \times (1 - 优先股筹资费率)} \times 100\%$$

[例4-3] 某物业企业按面值发行100万优先股，发行费用为4%，每年支付股利率为10%。则该企业优先股筹资成本为：

$$\frac{100 \times 10\%}{100 \times (1-4\%)} = 10.42\%$$

（4）普通股筹资成本

确定普通股成本通常比确定债务成本及优先股成本更困难些，这是因为支付给普通股股东的现金流量难以确定，即普通股股东的收益是随着企业税后收益额的大小而变动的。普通股股利一般是一个变动的值，每年股利可能各不相同。而且这种变化深受企业筹资意向与投资意向及股票市场股价变动因素的影响。从理论上分析，普通股的资金成本就是普通股投资的必要报酬率，其测算方法一般有三种：即股利折现模型、资本资产定价模型和无风险利率加风险溢价法。

1）股利折现模型

股利折现模型的基本形式是：

$$P_0 = \sum_{t=1}^{n} \frac{D_t}{(1+K_c)^t}$$

式中，P_0 为普通股筹资净额，即发行价格扣除发行费用；D_t 为普通股第 t 年股利；K_c 为普通股投资必要收益率，即普通股资金成本率。

运用上面的模型测算普通股筹资成本，因具体的股利政策而有所不同。

① 公司采用固定股利政策

如果公司采用固定股利政策，即每年分派固定数额的现金股利，则普通股筹资成本可按下式测算：

$$普通股筹资成本 = \frac{每年固定股利}{普通股筹资金额 \times (1 - 普通股筹资费率)} \times 100\%$$

② 公司采用固定股利增长率的政策

如果采用固定股利增长率的政策，股利固定增长率为 g，则普通股筹资成本可按下式测算：

$$普通股筹资成本 = \frac{第一年预期股利}{普通股筹资金额 \times (1 - 普通股筹资费率)} \times 100\% + 股利固定增长率$$

[例4-4] 某公司发行面值总额1450万元普通股股票，每股面值为1元，发行价为每股

2.89元,下一年的股利率为28%(按票面金额计算),以后每年增长5%。发行完毕,发行费用为实收金额(4190.5万元)的6%。则普通股成本为:

$$普通股筹资成本=\frac{1450\times 28\%}{4190.5\times(1-6\%)}\times 100\%+5\%=15.31\%$$

2)资本资产定价模型

资本资产定价模型的含义可以简单地描述为:普通股投资的必要报酬率等于无风险报酬率加上风险报酬率。可用公式表示如下:

$$K_c=R_f+\beta(R_m-R_f)$$

式中,R_f代表无风险报酬率;R_m代表市场报酬率或市场投资组合的期望收益率;β代表某公司股票收益率相对于市场投资组合期望收益率的变动幅度。

[例4-5] 某公司普通股的系数为1.20,市场股票平均收益率为12%,无风险利率为6%,则该普通股资金成本为:

$$普通股资金成本=6\%+1.20\times(12\%-6\%)=13.2\%$$

3)无风险利率加风险溢价法

根据风险和收益相匹配的原理,由于普通股的求偿权不仅在债权之后,而且还次于优先股,因此,持有普通股股票的风险要大于持有债权的风险。普通股股东要求的收益率,应该以债券投资者要求的收益率,亦即企业的税前债务成本为基础,追加一定的风险溢价。一般情况来看,通过一段时间的统计数据,可以测算出某公司普通股股票期望收益率超出无风险利率的大小,即风险溢价。无风险利率一般用同期国债收益率表示,这是证券市场最基础的数据。因此,用无风险利率加风险溢价法计算普通股筹资成本的公式为:

$$普通股筹资成本=无风险利率+风险溢价$$

(5)留存收益成本

一般企业都不会把全部收益以股利形式分给股东,所以,留存收益是企业资金的一种重要来源。企业留存收益,等于股东对企业进行追加投资,股东对这部分投资与以前缴给企业的股本一样,也要求有一定的报酬,所以留存收益也要计算成本。留存收益筹资成本的计算与普通股基本相同,但不用考虑筹资费用。

1)在普通股股利固定的情况下,留存收益筹资成本的计算公式为:

$$留存收益筹资成本=\frac{每年固定股利}{普通股筹资金额}\times 100\%$$

2)在普通股股利逐年固定增长的情况下,留存收益筹资成本的计算公式为:

$$留存收益筹资成本=\frac{第一年预期股利}{普通股筹资金额}\times 100\%+股利年增长率$$

2. 加权平均资金成本

物业企业可以从多种渠道、用多种方式来筹集资金,而各种方式的筹资成本是不一样的。为了正确进行筹资和投资决策,就必须计算物业企业的加权平均资金成本。加权平均资金成本是指分别以各种资金成本为基础，以各种资金占全部资金的比重为权数计算出来的综合资金成本。综合资金成本率是由个别资金成本率和各种长期资金比例这两个因素所决定的。各种长期资金比例是指一个企业各种长期资金分别占企业全部长期资金的比例，即狭义的资本结构。其计算公式为：

$$加权平均资金成本 = \Sigma（某种资金占总资金的比重 \times 该种资金的成本）$$

[例4-6] 某物业企业拟筹资8000万元。其中，按面值发行债券2000万元，筹资费率为2%，债券年利率为5%；普通股6000万元，发行价10元/股，筹资费率为4%，第一年预期股利为1.2元/股，以后各年增长6%。所得税税率为25%。计算该筹资方案的加权平均资金成本：

$$债券筹资成本 = \frac{2000 \times 5\% \times (1-25\%)}{2000 \times (1-2\%)} \times 100\% = 3.83\%$$

$$普通股筹资成本 = \frac{1.2}{10 \times (1-4\%)} \times 100\% + 6\% = 18.5\%$$

$$加权平均资金成本 = \frac{2000}{8000} \times 3.83\% + \frac{6000}{8000} \times 18.5\% = 14.83\%$$

4.2 杠杆原理

4.2.1 杠杆效应的含义

杠杆指在力的作用下能围绕固定支点转动的杆，通过改变支点和着力点间的距离，可以产生大小不同的力矩，这就是杠杆作用。经济学中所说的杠杆是无形的，它不同于物理学用语，通常指的杠杆作用，反映的是不同经济变量的相互关系，具体表现为：由于特定费用（如固定成本或固定财务费用）的存在而导致的，当某一财务变量以较小幅度变动时，另一相关财务变量会以较大幅度变动。合理运用杠杆原理，有助于企业合理规避风险，提高资金营运效率。

财务管理中的杠杆效应有三种形式，即经营杠杆、财务杠杆和复合杠杆，要了解这些杠杆的原理，首先需要了解成本习性、边际贡献和息税前利润等相关术语的含义。

4.2.2 成本习性、边际贡献与息税前利润

1. 成本习性及分类

所谓成本习性，是指成本总额与业务量之间在数量上的依存关系。成本按习性可划分为固定成本、变动成本和混合成本三类。

（1）固定成本

固定成本，是指其总额在一定时期和一定业务量范围内不随业务量发生任何变动的那部

分成本。属于固定成本的主要有按直线法计提的折旧费、保险费、管理人员工资、办公费等。固定成本还可分为约束性固定成本和酌量性固定成本两类。

1）约束性固定成本。属于物业企业"经营能力"成本，是企业为维持一定的业务量所必须负担的最低成本，如厂房、机器设备折旧费、长期租赁费等。企业的经营能力一经形成，在短期内很难有重大改变，因而这部分成本具有很大的约束性，管理当局的决策行动不能轻易改变其数额。要想降低约束性固定成本，只能从合理利用经营能力入手。

2）酌量性固定成本。属于物业企业"经营方针"成本，是企业根据经营方针确定的一定时期（通常为一年）的成本，如广告费、研究与开发费、职工培训费等。这部分成本的发生，可以随企业经营方针和财务状况的变化，斟酌其开支情况。因此，要降低酌量性固定成本，就要在制定预算时精打细算，合理确定这部分成本的数额。

应当指出的是，固定成本总额只是在一定时期和业务量的一定范围内保持不变。这里所说的一定范围，通常为相关范围。超过了相关范围，固定成本也会发生变动。因此，固定成本必须和一定时期、一定业务量联系起来进行分析。从较长时间来看，所有的成本都在变化，没有绝对不变的固定成本。

（2）变动成本

变动成本是指总额随着业务量成正比例变动的那部分成本。直接材料、直接人工等都属于变动成本，但从产品单位成本来看，则恰恰相反，产品单位成本中的直接材料、直接人工将保持不变。

与固定成本相同，变动成本也存在相关范围，即只有在一定范围之内，产量和成本才能完全成同比例变化，即完全的线性关系，超过了一定的范围，这种关系就不存在了。

（3）混合成本

有些成本虽然也随业务量的变动而变动，但不成同比例变动，不能简单地归入变动成本或固定成本，这类成本称为混合成本。混合成本按其与业务量的关系又可分为半变动成本和半固定成本。

1）半变动成本。它通常有一个初始量，类似于固定成本，在这个初始量的基础上随产量的增长而增长，又类似于变动成本。例如，物业企业在租用机器设备时，有的租约规定租金同时按两种标准计算：① 每年支付一定租金数额（固定部分）；② 每运转一小时支付一定租金数额（变动部分）。

2）半固定成本。这类成本随产量的变化而呈阶梯形增长，产量在一定限度内，这种成本不变，当产量增长到一定限度后，这种成本就上升到一个新水平。例如，物业企业化验员、质量检查人员的工资属于这类成本。

（4）总成本习性模型

通过以上分析我们知道，成本按习性可分为变动成本、固定成本和混合成本三类，但混合成本又可以按一定方法分解成变动部分和固定部分，那么，总成本习性模型可以表示为：

$$y=a+bx$$

式中，y代表总成本，a代表固定成本，b代表单位变动成本，x代表业务量（如产销量，这里假定产量与销量相等，下同）。

显然，若能求出公式中 a 和 b 的值，就可以利用这个直线方程来进行成本预测、成本决策和其他短期决策。

2．边际贡献及其计算

边际贡献是指销售收入减去变动成本以后的差额。其计算公式为：

$$\begin{aligned}边际贡献 &= 销售收入 - 变动成本\\ &=（销售单价 - 单位变动成本）\times 产销量\\ &= 单位边际贡献 \times 产销量\end{aligned}$$

若以 M 表示边际贡献，p 表示销售单价，b 表示单位变动成本，x 表示产销量，m 表示单位边际贡献，则上式可表示为：

$$M = px - bx = (p - b)x = mx$$

3．息税前利润及其计算

息税前利润（简称 $EBIT$）是指物业企业支付利息和交纳所得税前的利润。其计算公式为：

$$\begin{aligned}息税前利润 &= 销售收入总额 - 变动成本总额 - 固定成本\\ &=（销售单价 - 单位变动成本）\times 产销量 - 固定成本\\ &= 边际贡献总额 - 固定成本\end{aligned}$$

若用 $EBIT$ 表示息税前利润，则上式可表示为：

$$EBIT = px - bx - a = (p - b)x - a = M - a$$

显然，不论利息费用的习性如何，上式的固定成本和变动成本中不应包括利息费用因素。息税前利润也可以用利润总额加上利息费用求得。

4.2.3 经营杠杆

1．经营风险

企业经营面临各种风险，可划分为经营风险和财务风险。经营风险是指由于经营上的原因导致的风险，即未来的息税前利润的不确定性。经营风险因具体行业、具体企业以及具体时期而异。市场需求、销售价格、成本水平、对价格的调整能力、固定成本等因素的不确定性影响经营风险。

2．经营杠杆的含义

经营杠杆是指由于固定成本的存在，而导致息税前利润变动率大于产销量变动率的杠杆效应。在一定的产销量规模内，由于固定成本并不随产品销售量（或销售额）的变化而变化，因而在同等营业额条件下，固定成本在总成本中所占的比重较大时，单位产品分摊的固定成本额更大，产品销售量发生变动时，单位产品分摊的固定成本会随之变动，最后导致利润更大幅度地变动。如果不存在固定成本，总成本随销售量变动而成比例地变化，则企业息税前利润变动率就会同销售量变动率完全一致。这种由于固定成本的存在，导致企业息税前利润变动幅度始终大于销售量的变动幅度，就是经营杠杆。

经营杠杆既可以为企业带来利益，也可以为企业带来负面效应。由于固定成本的存在，既会使企业息税前利润增加变动幅度大于销售量的增加变动幅度，也会使企业息税前利润下降幅度大于产销量的下降幅度。

由于经营杠杆对经营风险的影响最为综合，因此，常被用来衡量经营风险的大小。

3．经营杠杆的计量

为了反映经营杠杆的作用程度，通常需要测算经营杠杆系数。经营杠杆系数（简称为 DOL），也称经营杠杆程度，是息税前利润变动率相当于产销业务量变动率的倍数。经营杠杆系数的计算公式为：

$$\text{经营杠杆系数}(DOL) = \frac{\text{息税前利润变动率}}{\text{产销量变动率}}$$

为了便于应用，经营杠杆系数也可通过销售量和成本来表示，推导如下：

因为
$$EBIT = Q(P-V) - F$$
$$\Delta EBIT = \Delta Q(P-V)$$

所以
$$DOL = \frac{\Delta Q(P-V) \div [Q(P-V) - F]}{\Delta Q \div Q} = \frac{Q(P-V)}{Q(P-V) - F}$$

也可以表示为
$$DOL = \frac{S - VC}{S - VC - F} = \frac{EBIT + F}{EBIT}$$

式中　F——固定成本；
　　　Q——基期销售量；
　　　S——基期销售额；
　　　V——单位变动成本；
　　　VC——变动成本总额。

即简化公式为：

$$\text{经营杠杆系数}(DOL) = \frac{\text{基期边际贡献}}{\text{基期息税前利润}}$$

[例4-7] 某企业的固定成本总额为60万元，变动成本率为60%，在销售额为400万元时，息税前利润为100万元，经营杠杆系数为：

$$DOL = \frac{400 - 400 \times 60\%}{100} = 1.6$$

或
$$DOL = \frac{EBIT + F}{EBIT} = \frac{100 + 60}{100} = 1.6$$

4．经营杠杆与经营风险的关系

引起企业经营风险的主要原因是市场需求和成本等因素的不确定性，经营杠杆本身并不是利润不稳定的根源。但是，经营杠杆扩大了市场和生产等不确定性因素对利润变动的影响。而且，经营杠杆系数越高，利润变动越剧烈，企业的经营风险就越大。一般来说，在其他因素一定的情况下，固定成本越高，经营杠杆系数越大，企业经营风险也就越大。

影响经营杠杆系数的因素包括产品销售数量、产品销售价格、单位变动成本和固定成本总额等因素。经营杠杆系数将随固定成本的变化呈同方向变化，即在其他因素一定的情况下，固定成本越高，经营杠杆系数越大。同理，固定成本越高，企业经营风险也越大；如果固定成本为零，则经营杠杆系数等于1。

在影响经营杠杆系数的因素发生变动的情况下，经营杠杆系数一般也会发生变动，从而产生不同程度的经营杠杆和经营风险。由于经营杠杆系数影响着企业的息税前利润，从而也就制约着企业的筹资能力和资本结构。因此，经营杠杆系数是资本结构决策的一个重要因素。

控制经营风险的方法有增加销售额、降低产品单位变动成本、降低固定成本比重等。

4.2.4 财务杠杆

1. 财务风险

财务风险，亦称筹资风险，是指物业企业在经营活动过程中与筹资有关的风险，尤其是指在筹资活动中利用财务杠杆可能导致企业股权资本所有者收益下降的风险，甚至可能导致企业破产的风险，主要表现为丧失偿债能力的可能性和股东每股收益的不确定性。

2. 财务杠杆的概念

财务杠杆反映的是普通股每股收益与息税前利润的关系，是指由于债务利息、优先股股息等固定资本成本的存在，使得每股收益的变动率大于息税前利润的变动率。

在物业企业资本结构一定的条件下，企业需要从息税前利润中支付的债务利息、优先股股息等资本成本通常都是固定的。当息税前利润增长时，每一元利润所负担的固定资本成本就会减少，从而使普通股的每股收益（简称EPS）以更快的速度增长；当息税前利润减少时，每一元利润所负担的固定资本成本就会相应增加，从而导致普通股的每股收益以更快的速度下降。这种由于筹集资本的成本固定引起的普通股每股收益变动幅度大于息税前利润变动幅度的现象称为财务杠杆。

3. 财务杠杆的计量

只要在企业的筹资方式中有固定财务费用支出的债务，就会存在财务杠杆效应。但不同企业财务杠杆的作用程度是不完全一致的，为此，需要对财务杠杆进行计量。对财务杠杆计量的主要指标是财务杠杆系数。财务杠杆系数（简称为DFL），又称财务杠杆程度，是指普通股每股收益的变动率相当于息税前利润变动率的倍数，计算公式为：

$$财务杠杆系数（DFL）=\frac{普通股每股收益变动率}{息税前利润变动率}$$

$$= \frac{基期息税前利润}{基期息税前利润－基期利息}$$

[例4-8] 有A、B、C三个公司，公司全部长期资本皆为1000万元。A公司无负债，无优先股，全部为普通股股本；B公司的负债比例为25%，利率为6%，普通股股本为750万元，也无优先股；C公司的负债比例为60%，利率为10%，普通股股本为400万元。假定预期息税前利润为100万元，所得税税率为25%。分别计算三个公司的财务杠杆系数。假设普通股每股1元，如果下年度三公司息税前利润可能增加10%，这三家公司的普通股每股收益将如何变化？

根据题意，可得：

A公司财务杠杆系数＝100/100＝1

B公司财务杠杆系数＝100/（100－1000×25%×6%）＝1.18

C公司财务杠杆系数＝100/（100－1000×60%×10%）＝2.5

A公司每股收益＝100×（1－25%）/1000＝0.075

B公司每股收益＝（100－250×6%）×（1－25%）/750＝0.085

C公司每股收益＝（100－600×10%）×（1－25%）/400＝0.075

如果下年度三公司息税前利润可能增加10%，根据财务杠杆系数的含义，三家公司的普通股每股收益将分别增加：

A公司普通股每股收益增加：1×10%＝10%，则每股收益＝0.075×110%＝0.0825（元）

B公司普通股每股收益增加：1.18×10%＝11.8%；则每股收益＝0.085×111.8%＝0.09503（元）

C公司普通股每股收益增加：2.5×10%＝25%；则每股收益＝0.075×125%＝0.09375（元）

上述计算表明，在资本总额、息税前利润相同的情况下，负债比例越高，财务杠杆系数越来越大。C公司的财务杠杆系数最大，其对财务杠杆利益的影响也是最强，承担的财务风险也最高；A公司的财务杠杆系数等于1，不能获得财务杠杆利益，也不承担财务杠杆风险。

对于物业企业来说，影响企业财务杠杆系数的因素包括息税前利润、企业资金规模、企业的资本结构、固定财务费用水平等多个因素。财务杠杆系数将随固定财务费用的变化呈同方向变化，即在其他因素一定的情况下，固定财务费用越高，财务杠杆系数越大。同理，固定财务费用越高，企业财务风险也越大；如果企业固定财务费用为零，则财务杠杆系数为1。

4．财务杠杆与财务风险的关系

由于财务杠杆的作用，当息税前利润下降时，税后利润下降得更快，从而给企业股权资本所有者造成财务风险。财务杠杆会加大财务风险，企业举债比重越大，财务杠杆效应越强，财务风险越大。财务杠杆与财务风险的关系可通过计算分析不同资本结构下普通股每股收益及其标准离差和标准离差率来进行测试。

控制财务风险的方法有：控制负债比率，即通过合理安排资本结构，适度负债使财务杠杆利益抵销风险增大所带来的不利影响。

4.2.5 复合杠杆

1. 复合杠杆的概念

复合杠杆也称总杠杆、联合杠杆。复合杠杆就是用来反映财务杠杆和经营杠杆综合发挥作用的，即研究每股收益变动与销售额变动的关系。经营杠杆是通过扩大销售量影响息税前利润，而财务杠杆是通过息税前利润影响普通股每股收益，两者最终都影响到普通股东的权益。如果物业企业同时利用经营杠杆和财务杠杆，那么销售额变动对普通股收益的影响就会更大，总的风险也就更高。复合杠杆效应具有双面性，既可以产生杠杆效益，也可能带来杠杆风险。

2. 复合杠杆的计量

对复合杠杆计量的主要指标是复合杠杆系数。复合杠杆系数（简称为 DCL）是指普通股每股收益变动率相当于产销量变动率的倍数。复合杠杆系数反映了经营杠杆与财务杠杆之间的关系，即为了达到某一复合杠杆系数，经营杠杆和财务杠杆可以有多种不同组合。在维持总风险一定的情况下，企业可以根据实际，选择不同的经营风险和财务风险组合，实施企业的财务管理策略。只要物业企业同时存在固定生产经营成本和固定财务费用等财务支出，就会存在复合杠杆的作用。复合杠杆系数计算公式为：

$$复合杠杆系数（DCL）=\frac{普通股每股收益变动率}{产销量变动率}$$

复合杠杆系数与经营杠杆系数、财务杠杆系数之间的关系可用下式表示：

$$复合杠杆系数=经营杠杆系数×财务杠杆系数$$

复合杠杆系数亦可直接按下式计算：

$$复合杠杆系数=\frac{边际贡献}{息税前利润-利息}$$

[例4-9] 某企业长期资本总额为1000万元，其中长期负债占50%，利率为10%，企业销售额为300万元，固定成本总额为20万元，变动成本率为60%，则复合杠杆系数可计算如下：

$$息税前利润=300-20-300×60\%=100（万元）$$

$$边际贡献=100+20=120（万元）$$

$$利息=1000×50\%×10\%=50（万元）$$

$$复合杠杆系数=\frac{边际贡献}{息税前利润-利息}=\frac{120}{100-50}=2.4$$

若先分别计算经营杠杆系数和财务杠杆系数，可得

$$经营杠杆系数=(300-300\times60\%)/(300-300\times60\%-20)=1.2$$
$$财务杠杆系数=(300-300\times60\%-20)/(300-300\times60\%-20-50)=2$$
$$复合杠杆系数=1.2\times2=2.4$$

显然，复合杠杆的作用大于经营杠杆与财务杠杆的单独影响作用。两种杠杆可以有多种组合，经营杠杆与财务杠杆可以按许多方式组合，以得到一个理想的复合杠杆系数。

3. 复合杠杆与企业风险的关系

物业企业复合杠杆系数越大，每股收益的波动幅度越大。由于复合杠杆作用使普通股每股收益大幅度波动而造成的风险，称为复合风险。复合风险直接反映企业的整体风险。在其他因素不变的情况下，复合杠杆系数越大，复合风险越大；复合杠杆系数越小，复合风险越小。通过计算分析复合杠杆系数及普通股每股收益的标准离差和标准离差率，可以揭示复合杠杆与复合风险的内在联系。

4.3 资本结构

4.3.1 资本结构的含义

资本结构是指物业企业各种资金的构成及其比例关系。资本结构是物业企业筹资决策的核心问题。在物业企业筹资管理活动中，资本结构有广义和狭义之分：广义的资本结构是指企业全部资本价值的构成及其比例关系，它不仅包括长期资本，还包括短期资本，主要是短期债权资本。狭义的资本结构是指企业各种长期资本价值的构成及其比例关系，尤其是指长期的股权资本与债权资本的构成及其比例关系。狭义的资本结构下，短期债权资本作为营运资本来管理。本章所指资本结构是指狭义的资本结构。

资本结构理论是现代企业财务管理理论的核心之一，主要研究资本结构的变动对企业价值的影响，其理论分析是以企业价值最大化或股东财富最大化为企业目标，以资本成本分析作为基础的。从技术上讲，综合资本成本最低，同时企业财务风险最小时的资本结构能实现企业价值最大化，也是最理想的资本结构。物业企业应综合考虑有关影响因素，运用适当的方法确定最佳资本结构，并在以后追加筹资中继续保持。物业企业现有资本结构不合理，应通过筹资活动进行调整，使其趋于合理化以逐渐达到最优化。

物业企业资本结构是由企业采用的各种筹资方式筹集资金而形成的，各种筹资方式不同的组合类型决定着企业资本结构及其变化。物业企业筹资方式有很多，但总的来看分为负债资本和权益资本两类，因此，资本结构问题总的来说是负债资本的比例问题，即负债在企业全部资本中所占的比重。

4.3.2 影响资本结构的因素

影响资本结构的因素包括：

1. 企业财务状况

企业获利能力越强、财务状况越好、变现能力越强，就有能力负担财务上的风险，其举债筹资就越有吸引力。衡量企业财务状况的指标主要有流动比率、利息周转倍数、固定费用周转倍数、投资收益率等。

2. 企业资产结构

（1）拥有大量固定资产的企业，主要通过长期负债和发行股票筹集资金；

（2）拥有较多流动资产的企业，更多依赖流动负债筹集资金；

（3）资产适用于抵押贷款的公司举债额较多；

（4）以研发为主的公司则负债很少。

3. 物业企业产品销售情况

如果企业的销售比较稳定，其获利能力也相对稳定，则企业负担固定财务费用的能力相对较强；如果销售具有较强的周期性，则企业将冒较大的财务风险。

4. 投资者和管理人员的态度

如果一个企业股权较分散，企业所有者并不担心控制权旁落，因而会更多地采用发行股票的方式来筹集资金。反之，有的企业被少数股东所控制，为了保证少数股东的绝对控制权，多采用优先股或负债方式筹集资金。喜欢冒险的财务管理人员，可能会安排比较高的负债比例；一些持稳健态度的财务人员则使用较少的债务。

5. 贷款人和信用评级机构的影响

一般而言，大部分贷款人都不希望企业的负债比例太大。同样，如果企业债务太多，信用评级机构可能会降低企业的信用等级，从而影响企业的筹资能力。

6. 行业因素

不同行业，资本结构有很大差别。财务经理必须考虑本企业所在的行业，以确定最佳的资本结构。

7. 所得税税率的高低

企业利用负债可以获得减税利益，因此，所得税税率越高，负债的好处越多；如果税率很低，则采用举债方式的减税利益就不显著。

8. 利率水平的变动趋势

如果财务管理人员认为利率暂时较低，但不久的将来有可能上升，企业应大量发行长期债券，从而在若干年内把利率固定在较低的水平上。

4.3.3 资本结构优化决策

要实现企业的财务管理目标，必须优化资本结构。物业企业利用负债资金具有双重作用，适当利用负债，可以降低企业资金成本，但当企业负债比率过高时，会带来较大的财务风险。为此，物业企业必须权衡财务风险和资金成本的关系，确定最佳资本结构。最佳资本结构是指在一定条件下使企业加权平均资金成本最低、企业价值最大的资本结构。

确定最佳资本结构的方法有比较资金成本法、每股收益无差别点法和公司价值分析法。

1．比较资金成本法

比较资金成本法是通过计算和比较物业企业的各种可能的筹资组合方案的综合资金成本，选择综合资金成本最低的方案。在一定时期最适宜的条件下，综合资金成本最低则实现企业价值最大化。综合资金成本最低的资本结构即为最佳资本结构。这种方法侧重于从资本投入的角度对资本结构进行优先分析。

该方法的基本思路是：决策前先拟订若干个备选方案、分别计算各方案的加权平均资金成本，并根据加权平均资金成本的高低来确定资本结构。

[例4-10] 某企业拟筹资组建一分公司，投资总额为500万元，有甲、乙、丙三个方案可供选择。其资本结构分别是，甲方案：长期借款50万元、债券100万元、普通股350万元；乙方案：长期借款100万元、债券150万元、普通股250万元；丙方案：长期借款150万元、债券200万元、普通股150万元。假设三种筹资方案的个别筹资成本相同，且长期借款、债券、普通股的筹资成本分别为：6%、10%、15%。分别计算其综合资金成本，并确定哪个方案最好。

甲方案的综合资金成本＝50/500×6%＋100/500×10%＋350/500×15%＝13.1%

乙方案的综合资金成本＝100/500×6%＋150/500×10%＋250/500×15%＝11.7%

丙方案的综合资金成本＝150/500×6%＋200/500×10%＋150/500×15%＝10.3%

从计算结果可以看出，丙方案的综合资金成本最低，所以，应该选择丙方案。

该方法通俗易懂，计算过程也不是十分复杂，是确定资本结构的一种常用方法。因所拟定的方案数量有限，故有把最优方案漏掉的可能。同时，资金成本比较法仅以资金成本率最低为决策标准，没有具体测算财务风险因素，其决策目标实质上是利润最大化而不是公司价值最大化，一般适用于资本规模较小、资本结构较为简单的非股份制企业。

2．每股收益无差别点法（又称每股利润无差别点或息税前利润—每股收益分析法，EBIT—EPS分析法）

资本结构是否合理可以通过分析每股收益的变化来衡量。在企业外部因素一定的情况下，企业价值（财富）高低与所创造的净收益的多少相关。一般而言，凡是能提高每股收益的资本结构是合理的（实际上不考虑由于每股收益提高而相应增加的风险）；反之，则认为不合理。每股收益除取决于息税前利润外，还取决于固定的财务支出（利息及优先股股息）及流通在外的普通股份数。当息税前利润一定时，负债比例的变动通过改变财务支出会导致每股收益的变动。一般而言，当企业实现的息税前利润足够大时，企业多负债会有助于提高每股收益；反之，则会导致每股收益下降。那么，究竟息税前利润多大时，增加负债有利；息税前利润为多少时，发行普通股又有利呢？可以通过求得无差异点的息税前利润，即能使负债融资与股票融资产生同样大小每股收益的息税前利润。

每股收益无差别点处息税前利润的计算公式为：

$$\frac{(\overline{EBIT}-I_1)\cdot(1-T)}{N_1}=\frac{(\overline{EBIT}-I_2)\cdot(1-T)}{N_2}$$

可简化为：
$$\overline{EBIT}=\frac{N_2\cdot I_1-N_1\cdot I_2}{N_2-N_1}$$

式中，$\overline{EBIT}$ 为每股收益无差别点处的息税前利润，I_1、I_2 为两种筹资方式下的年利息，N_1、N_2 为两种筹资方式下的流通在外的普通股股数，T 为所得税税率。

进行每股收益分析时，当销售额（或息税前利润）大于每股收益无差别点的销售额（或息税前利润）时，运用负债筹资可获得较高的每股收益；反之，运用权益筹资可获得较高的每股收益。每股收益越大，风险也越大，如果每股收益的增长不足以补偿风险增加所需要的报酬，尽管每股收益增加，股价仍会下降。

[例4-11] 某企业欲筹集新资金400万元以扩大生产规模。筹集新资金的方式可用增发普通股或长期借款的方式。若增发普通股，则以每股10元的价格增发40万股；若采用长期借款，则以10%的年利率借入400万元。已知该公司现有资产总额为2000万元，负债比率为40%，年利率为8%，普通股100万股。假定增加资金后预期息税前利润为500万元，所得税税率为25%，试采用每股收益无差别点法计算分析应选择何种筹资方式？

1）计算每股收益无差异点。

$$\frac{(\overline{EBIT}-64)\cdot(1-25\%)}{100+40}=\frac{(\overline{EBIT}-64-40)\cdot(1-25\%)}{100}$$

$$\overline{EBIT}=204（万元）$$

即：当息税前利润为204万元时，两种筹资方案的每股收益相同。

2）计算预计增资后的每股收益（见表4-1），并选择最佳筹资方式。

预计增资后的每股收益　　　　　　　　　　　　单位：万元　　表4-1

项目	增发普通股	增加长期借款
预计息税前利润	500	500
减：利息	64	64＋40
税前利润	436	396
减：所得税	130.8	118.8
税后利润	305.2	277.2
普通股股数（万股）	140	100
每股收益	2.18	2.77

由表可知，预期息税前利润为500万元时，增加长期借款筹资的每股收益为2.77元，高于增发普通股筹资的每股收益2.18元，所以应该选择增加长期借款的方式筹集资金。

当息税前利润 $EBIT$ 为204万元时，两种筹资方式下的每股收益 EPS 相等；当息税前利润大于204万元时，负债筹资的每股收益大于普通股筹资的每股收益，利用负债筹资较为有利；当息税前利润小于204万元时，普通股筹资的每股收益大于负债筹资的每股收益，不应再增加负债，以发行普通股为宜。

应当说明的是，这种分析方法只考虑了资本结构对每股收益的影响，并假定每股收益最大，股票价格也最高。但把资本结构对风险的影响置于视野之外，是不全面的。因为随着负债的增加，投资者的风险加大，股票价格和企业价值也会有下降的趋势，所以，单纯地用 $EBIT-EPS$ 分析法有时会作出错误的决策。但在资金市场不完善的时候，投资人主要根据每股收益的多少来作出投资决策，每股收益的增加也的确有利于股票价格的上升。

每股收益无差别点法的原理比较容易理解，测算过程较为简单。它以普通股每股收益最高为决策标准，也没有具体测算财务风险因素，其决策目标实际上是每股收益最大化而不是公司价值最大化，可用于资本规模不大、资本结构不太复杂的股份有限公司。

3．公司价值分析法

公司价值分析法是在充分反映公司财务风险的前提下，以公司价值的大小为标准，经过测算确定公司最佳资本结构的方法。与比较资金成本法和每股收益无差别点法相比，公司价值分析法充分考虑了公司的财务风险和资金成本等因素的影响，进行资本结构的决策以公司价值最大为标准，更符合公司价值最大化的财务目标；但其测算原理及测算过程较为复杂，通常用于资本规模较大的上市公司。

关于公司价值的内容和测算基础与方法，目前主要有三种认识：

1）公司价值等于其未来净收益（或现金流量，下同）按照一定的折现率折现的价值，即公司未来净收益的折现值。这种测算方法的原理有其合理性，但因其中所含的不易确定的因素很多，难以在实践中加以应用。

2）公司价值是其股票的现行市场价值。公司股票的现行市场价值可按其现行市场价格来计算，有其客观合理性，但一方面，股票的价格经常处于波动之中，很难确定按哪个交易日的市场价格计算；另一方面，只考虑股票的价值而忽略长期债务的价值不符合实际情况。

3）公司价值等于其长期债务和股票的折现价值之和。这种测算方法相对比较合理，也比较现实。用公式表示为：

$$公司价值＝公司长期债务的现值＋公司股票的现值$$

为简化起见，假定长期债务的现值等于其面值（或本金），股票的现值按公司未来净收益的折现现值计算，计算公式为：

$$公司股票现值=\frac{（息税前利润-利息）\times（1-所得税税率）}{普通股资金成本率}$$

其中，普通股资金成本率可用资本资产定价模型计算。由于债务资本的市价最终要向其面值回归，为简化起见，债务资本的市价通常按其面值确定。

当物业企业没有债务的情况下，企业总价值就是其原有股票的现值。当企业用债务资金部分地替代权益资金时，财务杠杆开始发挥作用，企业价值上升，加权平均资金成本下降。当企业债务资金达到某一程度时，企业价值最大，加权平均资金成本最低。若债务超过这一程度，随着利率的不断上升，财务杠杆作用逐步减弱甚至呈现负作用，企业价值下降，加权平均资金成本上升。因此，要合理选择企业的最优资本结构。

总之，确定资本结构的方法各有优缺点，在实际工作中应结合起来加以运用，以便合理确定资本结构。

本章小结

本章主要阐述资金成本的含义和资金成本在企业的作用，个别资金成本的计量，包括企业发行债券、发行股票、向银行借款、利用企业留存收益等资金成本的计量，还有企业加权平均资金成本、边际资金成本的计量；阐述企业的成本习性分析和杠杆分析（包括经营杠杆、财务杠杆、复合杠杆），企业的资金结构、影响资金结构的因素等内容。重点应掌握什么是企业的最佳资本结构。

基础练习

一、单选题

1. 下列各种筹资方式中，资金成本最高的是（　　）。
   A. 债券　　　　　　　　　　B. 银行借款
   C. 普通股　　　　　　　　　D. 留存收益

2. 某物业企业向银行申请贷款1000万元，银行提出的贷款条件是：利率为10%，期限5年。已知企业所得税税率为25%，则该项借款的资金成本为（　　）。
   A. 10%　　　　　　　　　　B. 12.5%
   C. 7.5%　　　　　　　　　 D. 37.5%

3. 在计算企业的加权平均资金成本时采用（　　）作为权数最准确，但又很难确定。
   A. 账面价值　　　　　　　　B. 市场价值
   C. 评估价值　　　　　　　　D. 目标价值

4. 由于市场需求和经营成本等因素的不确定性给企业的利润带来的风险被称为（　　）。
   A. 经营风险　　　　　　　　B. 财务风险
   C. 总风险　　　　　　　　　D. 投资风险

5. 用来衡量销量变动对每股利润变动的影响程度的财务指标是（　　）。
   A. 经营杠杆　　　　　　　　B. 财务杠杆
   C. 复合杠杆　　　　　　　　D. 经济杠杆

6. 财务杠杆衡量的是（　　）。
   A. 经营风险　　　　　　　　B. 财务风险

C. 总风险　　　　　　　　　　D. 市场风险

二、计算题

1. 某公司发行一笔期限为5年的债券，债券面值为1000万元，溢价发行。实际发行价格为面值的110%，票面利率为10%，每年年末付一次利息，筹资费用率为5%，所得税税率为25%。试计算该公司债券筹资成本。

2. 某企业资产总额为780万元。负债比率为50%，负债利率为13%，该企业销售额为1140万元，固定成本为106万元，变动成本率为45%。计算该企业的经营杠杆系数、财务杠杆系数和复合杠杆系数。

3. 某公司拟筹资5000万元，其中按面值发行债券2000万元，票面利率为10%，筹资费用率为2%；发行优先股800万元，股利率为12%，筹资费用率为3%；发行普通股2200万元，筹资费用率为5%，预计第一年股利率为12%，以后每年按4%递增，所得税税率为25%。要求：（1）计算债券筹资成本；（2）计算优先股筹资成本；（3）计算普通股筹资成本；（4）计算综合资金成本。

三、简答题

1. 什么是资金成本，资金成本的主要作用有哪些？
2. 影响企业资金结构的因素有哪些？
3. 请简述经营杠杆与经营风险、财务杠杆与财务风险、复合杠杆与企业总风险之间的关系。
4. 什么是最佳资本结构？

投资管理 5

投资概述 5.1
项目投资现金流量估算 5.2
项目投资评价指标 5.3
项目投资决策方法的应用 5.4
物业企业其他投资 5.5

学习目标

通过本章的学习,掌握项目投资的特点与意义、项目投资的可行性分析、项目现金流、项目投资决策评价指标相关分析知识,掌握项目投资现金流量的分析方法、项目投资决策评价指标计算与评价、项目投资决策方法的应用,了解项目投资及其他投资对物业企业财务管理的意义,为物业企业合理投资、科学决策奠定基础。

5.1 投资概述

5.1.1 项目投资的含义与特点

从广义上讲,投资是指为了在未来获得收益而发生的投入财力的行为。投资按照其内容不同可分为项目投资、证券投资和其他投资等类型。物业企业投资分对内投资和对外投资。证券投资属于间接投资,而项目投资形成实物或购买现有企业资产供自己生产经营使用,形成了投资资金所有者和资金使用者的统一,因此项目投资归属为直接投资。项目投资是物业企业对企业内部的投资,它是一种以特定项目为对象,直接与新建项目或更新改造项目有关的长期投资行为。从性质上看,它是企业直接的、生产性的对内实物投资,通常包括固定资产投资、无形资产投资、开办费投资和流动资金投资等内容。房地产投资是物业投资最主要的内容,此外,还有与物业管理相关的服务性设施投资,如供水设施、供电设施、供暖设施、停车场等也是项目投资,因此,在一定时期,为物业管理而准备的各种货币资金、货币化物资和无形资产资金都称为项目投资。

与其他形式投资相比,项目投资具有以下主要特点:

1. 投资规模大

项目投资,由于项目本身具有地域性、复杂性、一次性和过程多样性等特点,一般都需要较多的资金,其投资额往往是企业及其投资人多年的资金积累,在企业总资产中占有相当大的比重。特别是房地产投资等战略性的经营能力投资,其投资额往往是企业及其投资人多年的资金积累。因此,此投资对企业未来的现金流量和财务状况都将产生深远的影响。

2. 收回时间长

项目投资,投资期及发挥作用的时间都较长,而项目的生命全过程包括了筹划期、建设期、运营期和结束期四个主要阶段,因而,建设项目投资的影响必然与这四个阶段紧密相关,对企业未来的生产经营活动和长期经营活动将产生重大影响。

3. 变现能力差

房地产投资等项目投资一般不准备在一年或一个营业周期内变现,而且即使在短期内变现,其变现能力也较差。但目前中国大多房地产投资变现能力是很强的。

4. 投资风险大

因为影响房地产投资等项目投资未来收益的因素特别多,一方面投资额大、影响时间长和变现能力差,必然造成其投资风险比其他投资大,对企业未来的命运产生决定性影响;另一方面由于项目投资中的固定资产有其"专用性",一旦市场发生没有意料到的变化,造成项目投资决策失败,会给企业带来较大的损失。

5.1.2 房地产投资等项目投资的程序

对企业而言,项目投资是非常重要的,可能会关系到企业的生死存亡,企业必须十分谨慎,严格遵守项目投资各个环节的程序。房地产投资等项目投资的程序主要包括以下环节:

1. 房地产投资等项目投资的提出

房地产项目等项目投资的提出是项目投资程序的第一步,是根据企业的长远发展战略、中长期投资计划和投资环境的变化,在把握良好投资机会的情况下提出的。一般而言,新增生产能力的投资项目,由企业管理当局或企业高层管理人员提出,更新改造的投资项目可以由企业的各级管理部门和相关部门领导提出。

2. 房地产投资等项目投资的评价

房地产投资等项目投资的评价主要涉及如下几项工作:

(1) 对提出的投资项目进行适当分类,为分析评价做好准备;

(2) 计算有关项目的建设周期,测算有关项目投产后的收入、费用和经济效益,预测有关项目的现金流入和现金流出;

(3) 运用各种投资评价指标,把各项投资按可行程度进行排序;

(4) 写出详细的评价报告。

3. 房地产投资等项目投资的决策

在投资项目评价的基础上,应按分权管理的决策权限由企业高层管理人员或相关部门经理做最后决策。对于投资额特别重大的项目,投资还需要报董事会或股东大会投票表决;投资额小的战术性项目投资或维持性项目投资,一般由部门经理做出决策。不管由谁做最后决策,其结论一般都可以分成以下三种:

(1) 接受这个项目,可以进行投资;

(2) 拒绝这个项目,不能进行投资;

(3) 发还给项目提出的部门,重新论证后,再进行处理。

4. 房地产投资等项目投资的实施与控制

决定对某项目进行投资后,要积极筹措资金,实施项目投资。在投资项目的执行过程中,要对建设进度、建设质量、建设成本和工程概算进行监督、控制和审核,防止工程建设中的舞弊行为,确保工程保质保量完成。但是,在投资项目的实施过程中,企业如果发现国家政策、市场环境、企业内部环境等发生变化,需要停止该投资项目的建设,应采取其他补救措施，力求减少损失。

5. 房地产投资等项目投资的再评价

在投资项目的执行过程中，应注意原来做出的投资决策是否合理，是否正确。一旦出现新的情况，就要随时根据变化的情况做出新的评价。如果情况发生重大变化，原来投资决策变得不合理，那么，就要进行是否终止投资或怎样终止投资的决策，以避免更大的损失。

5.1.3 房地产投资等项目投资计算期的构成和资金构成的确定

1. 项目计算期的构成

项目计算期是指投资项目从投资建设开始到最终清理结束整个过程的全部时间，即该项目的有效持续时间。

完整的项目计算期，包括建设期和生产经营期。其中建设期（记作 s）的第1年初（记作第0年）称为建设起点，建设期的最后一年末（第 s 年）称为投产日；项目计算期的最后一年末（记作第 n 年）称为终结点，假定项目最终报废或清理均发生在终结点（更新改造项目除外），从投产日到终结点之间的时间间隔称为生产经营期（记作 p），生产经营期包括试产期和达产期（完全达到设计生产能力）。项目计算期、建设期和生产经营期之间有以下关系，见图5-1：

图5-1 项目计算期、建设期、经营期的关系

项目计算期（n）、建设期（s）、经营期（p）关系还可以用下式表示：

$$n=s+p$$

2. 原始总投资和投资总额的内容

（1）从项目投资的角度看，原始总投资又称为初始投资，指企业为使该项目完全达到设计生产能力，以及开展正常经营而投入的全部现实资金，反映了项目所需现实资金水平的价值指标，包括建设投资（含固定资产投资、无形资产投资和开办费投资）和流动资金投资两项内容。

建设投资是指在建设期内按一定生产经营规模和建设内容进行的投资，包括：

1）固定资产投资。这是项目用于购置或安装固定资产应当发生的投资，也是任何类型项目投资中不可缺少的投资内容。计算折旧的固定资产原值与固定资产投资之间可能存在差异，原因在于固定资产原值可能包括应构成固定资产成本的建设期内资本化的借款利息，即：

$$固定资产原值=固定资产投资+建设期资本化的借款利息$$

2）无形资产投资。这是指项目用于取得无形资产而发生的投资。

3）开办费投资。这是为组织项目投资的企业在其筹建期内发生的，不能计入固定资产和无形资产价值的那部分投资。

流动资金投资是指项目投产前后分次或一次投放于流动资产项目的投资增加额，又称为垫支流动资金或营运资金投资。其计算公式为：

本年流动资金增加额＝本年流动资金需要数－截止上年的流动资金投资额

经营期流动资金需用数＝该年流动资金需用数－该年流动负债需用数

（2）投资总额是一个反映项目投资总体规模的价值指标，它等于原始总投资与建设期资本化利息之和。其中建设期资本化利息是指在建设期发生的与构建项目所需的固定资产、无形资产等长期资产有关的借款利息。

5.1.4 项目投资资金的投入方式

投资主体将总投资额注入具体投资项目的投入方式，分为一次投入和分次投入两种形式。一次投入方式是指投资行为集中一次发生在项目计算期第一个年度的年初或年末。分次投入方式是指如果投资行为涉及两个或两个以上年度，或虽然只涉及一个年度，但同时在该年度的年初和年末发生。

资金投入方式与项目计算期的构成情况有关，同时也受到投资项目的具体内容制约。建设投资既可以采用年初预付的方式，也可采用年末结算的方式，因此该项投资必须在建设期内一次或分次投入。就单纯固定资产投资项目而言，如果建设期等于零，说明固定资产投资的投资方式是一次投入；如果固定资产投资是分次投入的，则意味着该项目的建设期一定大于一年。

流动资金投资必须采取预付的方式，因此首次投资最迟必须在建设期末（即投产日）完成，亦可以在试产期内有关年份的年初分次追加投入。正因为如此，在实务中，即使完整工业投资项目的建设期为零，其原始投资也可能采用分次投入的方式。

5.2 项目投资现金流量估算

5.2.1 现金流量概述

1. 现金流量的定义

现金流量也称现金流动量，简称现金流。在项目投资决策中，现金流量是指投资项目在其计算期内因资本循环而可能或应该发生的各种现金流入量与现金流出量、现金净流量的统称。它可以动态反映该投资项目的投入和产出的相对关系，它是评价投资方案是否可行时必须事先计算的一个基础性数据。现金流量是计算项目投资决策评价指标的主要根据和重要信息之一。为了便于理解并且简化现金流量计算，建立如下假定前提：

（1）投资项目时间假设。现金流量以年为时间单位发生，假设现金流量均发生在某时间，主要是各年年初或年末。

（2）投资项目类型假设。投资项目只包括单纯固定资产投资项目、完整工业投资项目和更新改造投资项目三种类型。

（3）投资项目全额投入假设。在实际投资项目中建设期与经营期并不一定截然分开，有的项目是边投入边生产，即在项目部分完工时就投入生产。这种情况下的现金流计算比较复杂，因而为简便计算，通常都是将投资金额以建设期为界线。

（4）假设所需全部投资为自有资金（全投资假设），即项目相关现金流量不受投资资金取得方式影响。

（5）经营期与固定资产折旧年限一致。

（6）时点现金流量假设。即项目投资都以某个投资起点，投资金额均发生在某个建设期的年初；流动资金投资金额则发生在建设期的年末；经营期内有关收入、成本、折旧、摊销、利润、税费等项目的确认均在年末发生。

（7）现销现购假设。假设企业产品销售收入的实现时间与现金流入时间一致，各种现金支出时间与流出时间一致。

2．现金流量的构成

投资决策中的现金流量，从时间特征上看包括以下三个组成部分：

（1）初始现金流量

初始现金流量是指开始投资时发生的现金流量，一般包括固定资产投资、无形资产投资、开办费投资、流动资金投资和原有固定资产的变价收入等。

（2）营业现金流量

营业现金流量是指投资项目投入使用后，在其寿命周期内由于生产经营所带来的现金流入和流出的数量。

（3）终结现金流量

终结现金流量是指投资项目完成时所发生的现金流量，主要包括固定资产的残值收入或变价收入、收回垫支的流动资金和停止使用的土地变价收入等。

5.2.2 现金流量的内容

在进行项目投资决策分析时，通常用现金流出量（CO）、现金流入量（CI）和现金净流量（NCF）反映项目投资的现金流量。

1．现金流出量

现金流出量（CO）是指项目投资所引起的企业现金支出的增加额。现金流出量主要包括建设投资、流动资金投资、经营成本、各项税款和其他现金流出量等。

（1）建设投资

建设投资是建设期内发生的重要现金流出量，包括固定资产投资、无形资产投资和开办费投资等。其中，固定资产投资是建设投资的主要部分，它随建设进程的推进而一次或分次投入。

（2）流动资金投资

流动资金投资是为保证建设投资形成生产能力而追加的投资，主要是保证生产正常进行所必需的存货储备占用的资金等。流动资金投资属于垫支性质的投资，当项目投资终结时，一般会全部收回，并构成现金流入量的内容。

（3）经营成本

经营成本又称付现成本，是指项目投资经营期内为保证生产经营活动的正常进行而需要动用现实货币资金支付的成本。经营成本主要是会引起现金流量变化的成本费用，如以现金支付的购货成本等。经营成本是项目经营期内的主要现金流出量。经营成本需要现金支付，与之相应的非付现成本是指不需要现金支付的成本，一般包括固定资产的折旧、无形资产的摊销额、开办费的摊销额及经营期内发生的借款利息支出等。

（4）各项税费

各项税款是项目投产后依法缴纳的、单独列示的各项税费，如增值税、所得税等。

（5）其他现金流出量

其他现金流出量是除上述建设投资、流动资金投资、经营成本和各项税费以外的现金流出量，如项目所需投入的非货币资产的变现价值等。

2. 现金流入量

现金流入量（CI）是指项目投资所引起的企业现金收入的增加额。现金流入量主要包括营业收入、回收固定资产余值、回收流动资金投资等。

（1）营业收入

营业收入是项目投产后每年实现的经营收入，如销售收入、业务收入等。营业收入是项目经营期内的主要现金流入量。

（2）回收固定资产余值

回收固定资产余值是项目投资终结时的固定资产净残值。项目投资终结时，固定资产经过清理会形成残值出售收入等现金收入，同时发生清理人员报酬等清理费用，现金收入扣除清理费用的净额即为回收固定资产余值。

（3）回收流动资金投资

回收流动资金投资是项目终结时将原来的流动资金投资收回形成的现金流入量。

（4）其他现金流入量

除上述各项以外的其他现金流入量，如项目终结时的土地出让金。

3. 现金净流量

现金净流量（NCF）又称净现金流量，是指一定时期（一般为1年）现金流入量减去现金流出量的差额。项目计算期各年现金净流量的计算公式为：

$$现金净流量 = 现金流入量 - 现金流出量$$

由此可见，当现金流入量大于现金流出量时，现金净流量为正值；反之，当现金流入量小于现金流出量时，现金净流量为负值。

不同的投资项目的现金流入量和现金流出量的构成内容有一定差异。详见表5-1：

不同项目类型现金流入量和流出量关系　　　　　　　表5-1

投资类型	含义	相关现金流量	具体内容
单纯固定资产投资项目	指只涉及固定资产投资而不涉及无形资产、其他资产投资和流动资金的建设项目	现金流入量	1. 增加的营业收入 2. 回收固定资产余值
		现金流出量	1. 固定资产投资 2. 新增经营成本 3. 增加的各项税款
完整投资工业项目	指以新增工业生产能力为主的投资项目，其投资内容不仅包括固定资产投资，而且还包括流动资金投资	现金流入量	1. 营业收入 2. 补贴收入 3. 回收固定资产余值 4. 回收流动资金
		现金流出量	1. 建设投资 2. 流动资金投入 3. 经营成本 4. 营业税金及附加 5. 维持营业投资 6. 调整所得税
固定资产更新改造投资项目	可以分为以恢复固定资产生产效率为目的的更新项目和以改善企业经营条件为目的的改造项目两种	现金流入量	1. 因使用新增固定资产而增加的营业收入 2. 处置固定资产的变现净收入 3. 因使用新固定资产回收固定资产余值的差额
		现金流出量	1. 购置新固定资产的投资 2. 因使用新固定资产而增加的经营成本 3. 因使用新固定资产而增加的流动资金投资 4. 增加的各项税款等内容 其中：因提前报废固定资产所发生的清理净损失而发生的抵减当期所得税额用负值表示

5.2.3　现金流量的估算

由于项目投资的投入、回收及收益的形成均以现金流量的形式表现，因此，在整个项目计算期的各个阶段上，都有可能发生现金流量。必须逐年估算每一时点上的现金流入量、现金流出量和现金净流量。下面以完整工业投资项目为例，介绍长期投资项目现金流量的估算方法。

1．现金流入量的估算

（1）营业现金收入的估算。应按照项目在经营期内有关产品（产出物）的各年预计单价（不含增值税）和预测销售量进行估算。在按总价法核算现金折扣和销售折让的情况下，营业收入是指不包括折扣和折让的净额。

此外，作为经营现金流入量的主要项目，本应按当期现销收入额与回收以前期间应收账款的合计数确认。但为简化核算，可假定正常经营年度内每期发生的赊销额与回收的应收账款大体相等。

（2）回收固定资产余值的估算。由于我们已经假设主要固定资产的折旧年限等于生产经营期,因此,对于建设项目来说,只要按主要固定资产的原值乘以其法定净残值率即可估算出在终结点的回收固定资产余值;在生产经营期内提前回收的固定资产余值可根据其预计净残值估算;对于更新改造项目,往往需要估算两次:第一次估算在建设起点发生的回收余值,即根据提前变卖的旧设备可变现净值(未扣除相关的增值税)来确认;第二次仿照建设项目的办法估算在终结点发生的回收余值(即新设备的净残值)。

(3)回收流动资金的估算。假定在经营期不发生提前回收流动资金,则在终结点一次回收的流动资金应等于各年垫支的流动资金投资额的合计数。

(4)其他现金流入量的估算。

2. 现金流出量的估算

(1)建设投资的估算。其中固定资产投资又称固定资产原始投资,主要应当根据项目规模和投资计划所确定的各项建筑工程费用、设备购置成本、安装工程费用和其他费用来估算。

对于无形资产投资和开办费投资,应根据需要和可能,逐项按有关的资产评估方法和计价标准进行估算,这里暂不介绍。

在估算构成固定资产原值的资本化利息时,可根据建设期长期借款本金、建设期和借款利息率按复利方法计算。

(2)流动资金投资的估算。首先应根据与项目有关的经营期该年流动资产需用额和该年流动负债需用额的差额来确定本年流动资金需用额,然后用本年流动资金需用额减去截止上年末的流动资金占用额(以前年度已经投入的流动资金累计数)确定本年的流动资金增加额。

$$经营期流动资金需用额 = 该年流动资产需用额 - 该年流动负债需用额$$

式中的流动资产只考虑存货、现实货币资金、应收账款和预付账款等内容,流动负债只考虑应付账款和预收账款。

(3)经营成本的估算。与项目相关的某年经营成本等于当年的外购原材料、燃料和动力费,工资及福利费,修理费用及其他费用之和,或当年的总成本费用(含期间费用)扣除该年折旧额、无形资产和开办费的摊销额,以及财务费用中的利息支出等项目后的差额。

$$某年经营成本 = 该年外购原材料、燃料和动力费 + 该年工资及福利费 +$$
$$该年的修理费用及其他费用$$

式中的其他费用是指从制造费用、管理费用和销售费用中扣除了折旧额、摊销额、材料费、修理费、工资及福利费以后的剩余部分。

或为: $$某年经营成本 = 该年不包括财务费用的总成本 - 该年折旧额 -$$
$$该年的无形资产及开办费的摊销额$$

(4)各项税款的估算。在进行新建项目投资决策时,通常只估算所得税;更新改造项目还需要估算因变卖固定资产发生的增值税。也有人主张将所得税与增值税等流转税分开单独列示。为了简化计算,本章所得税等于息税前利润与适用的企业所得税税率的乘积。

必须指出的是，如果从国家投资主体的立场出发，就不能将企业所得税作为现金流出项目看待。只有从企业或法人投资主体的角度才将所得税列作现金流出项目。如果在确定现金流入量时，已将增值税销项税额与进项税额之差列入"其他现金流入量"项目，则本项内容中就应当包括应交增值税；否则，就不应包括这一项。

（5）估算现金流量时应注意的问题。在估算现金流量时，为防止多算或漏算有关内容，需要注意以下几个问题：

1）必须考虑现金流量的增量

不论是现金流入量还是现金流出量，只有增量现金流量才是与项目相关的现金流量。所谓增量现金流量，是指接受或拒绝某个投资方案后，企业总现金流因此发生的变动。只有那些由于采纳某个项目引起的现金支出增加额，才是该项目的现金流出；只有那些由于采纳某个项目引起的现金流入增加额，才是该项目的现金流入。

2）尽量利用现有会计利润数据

尽管在估算现金流量时，不能直接用会计利润来代替现金流量，但由于在预计会计报表中比较容易获得会计利润的资料，因此，我们可以在会计利润的基础上进行一些调整，使之转化为净现金流量。这也是净现金流量简化公式存在的必要性所在。

3）不能考虑沉没成本因素

沉没成本指已经发生的不能收回的成本，不属于相关成本。因为对于正在评估的项目，无论采纳与否，沉没成本都已经发生过了，其数额不影响投资决策。

4）充分关注机会成本

机会成本指在决策过程中选择某个方案而放弃其他方案所丧失的潜在收益。资金或资产往往都具有多种用途，用在一个项目上，就不能同时用在另一个项目上。因此，一个投资项目的收益往往是建立在放弃另一个项目的收益的基础之上的。尽管放弃的收益不构成公司真正的现金流出，也无需作为账面成本，但是必须作为选中的项目的成本来加以考虑，否则就不能正确判断一个项目的优劣。

5）考虑项目对企业其他部门的影响

在公司采纳某个项目之后，很可能会对公司的其他部门产生有利或不利的影响，在进行投资决策时也必须将这些影响视为项目的成本或收入，否则也不能正确地评价项目对公司整体产生的影响。如某公司决定在A地区开设第二家销售点，这很可能会减少已有销售点的销售量，在评价新的销售点的净现值时，就必须预计已有销售点的销售量下降带来的损失，并将这部分损失计入新设销售点的成本。

5.2.4 净现金流量的确定

1. 净现金流量的含义

净现金流量又称现金净流量，是指在项目计算期内由该年现金流入量减去该年现金流出量之间的差额，它是计算项目投资决策评价指标的重要依据。

净现金流量具有以下特征：一是无论在经营期内还是在建设期内都存在净现金流量；二是由于项目计算期不同阶段上的现金流入和现金流出发生的可能性不同，使得各阶段上的净现金流量在数值上表现出不同的特点：建设期内的净现金流量一般小于或等于零；在经营期内的净现金流量则多为正值。

根据净现金流量的定义，其公式为：

某年净现金流量＝该年现金流入量－该年现金流出量

（1）当投入资金为自有资金时

建设期现金流量，即企业在建设期所发生的现金流入量和现金流出量。一般包括：土地收用费用支出，主要指因投资项目占用土地而支出的土地收用费；固定资产方面的投资，包括固定资产的购入或建造成本、运输成本和安装成本等；流动资产方面的投资，包括投入的现金、材料等；其他方面的投资，包括与固定资产投资有关的职工培训费、注册费等；原有固定资产的变价收入，主要在更新改造投资项目时考虑。建设期现金流量除原有固定资产的变价收入为现金流入量外，其他部分均为现金流出量。

经营期现金流量，即项目投产后，企业在生产经营期间所发生的现金流入量和现金流出量。经营期现金流量一般按年度进行计算。经营期现金流入量主要是由因生产经营而使企业增加的营业收入和该年的回收额构成。经营期现金流出量主要由付现成本和所得税构成。付现成本是指每年需要实际支付现金的销货成本。非付现成本是指销货成本中不需要每年实际支付现金的某些成本，如折旧费用等。

经营期现金净流量（NCF）通常可以表示为：

现金净流量＝销售收入－付现成本－所得税＋该年回收额

＝销售收入－（销售成本－非付现成本）－所得税＋该年回收额

＝营业利润－所得税＋非付现成本＋该年回收额

＝净利润＋非付现成本＋该年回收额

上述净利润与财务会计中的净利润计算口径不一致，而非付现成本主要包括该年折旧额和该年摊销额，该年回收额主要包括以下三方面：① 固定资产的残值收入或变价收入；② 原来垫支在各种流动资产上的资金回收；③ 停止使用的土地变价收入等。

（2）当投入资金为借入资金时

实际上，根据全投资假设，在进行项目投资决策时，一般不需要考虑投入资金的来源，所以当投入资金为借入资金时的现金净流量的确定方法与投入资金为自有资金时的现金净流量的确认方法基本上是一样的。但由于在现行的财务会计准则中有些规定对项目投资的现金净流量产生了某些影响，所以企业应该特别注意以下两方面：

1）由于规定建设期发生的与构建项目相关的固定资产、无形资产等长期资产的相关利息支出可以资本化，所以企业在确定固定资产、无形资产等长期资产的原值时，必须考虑资本化利息。

2）由于规定经营期间的借款利息支出可以在税前列支，从而减少了企业的利润，但根据全投资假设，企业在进行投资决策时不应该考虑借款利息，所以，企业在确定现金净流量时，必须加上该年的利息支出。此时，经营期现金净流量可以用下式表达：

现金净流量＝销售收入－付现成本－所得税＋该年回收额＋该年利息费用

＝该年净利润＋该年折旧额＋该年摊销额＋该年回收额＋该年利息费用

2．净现金流量的计算方法

为简化净现金流量的计算，可以根据项目计算期不同阶段上的现金流入量和现金流出量的具体内容，直接计算各阶段净现金流量。

（1）建设期现金净流量的计算。其公式为：

建设期某年的净现金流量＝－该年发生的原始投资额

（2）经营期现金净流量的计算。其公式为：

经营期某年净现金流量＝该年净利润＋该年折旧额＋该年摊销额

＋该年利息费用＋该年回收额

回收额为零时的经营期内现金净流量又称为经营现金净流量。按照有关回收额均发生在终结点上的假设，经营期内回收额不为零时的现金净流量亦称为终结点现金净流量。显然终结点现金净流量等于终结点那一年的经营现金净流量与该期回收额之和。

[例5-1]某物业公司投资于工业项目，需要一次投入固定资产投资600万元，流动资金投资120万元，资金全部来源于银行借款，年利息率为10%，建设期2年，发生资本化利息100万元，经营期5年，按直线法折旧，期满有净残值60万元。该项目投入使用后，预计每年销售收入320万元，每年经营成本120万元。该企业所得税税率为25%，不享受减免税待遇。经营期每年支付借款利息70万元，经营期结束时归还本金。设定折现率为10%。要求：计算建设期现金净流量、经营期年现金净流量和终结点现金净流量。

固定资产原值＝固定资产投资＋建设期资本化利息＝600＋100＝700（万元）

年折旧＝（700－60）÷5＝128（万元）

项目计算期＝建设期＋经营期＝2＋5＝7（年）

建设期现金净流量：

$NCF_0 = -600$（万元）；$NCF_1 = 0$；$NCF_2 = -120$（万元）

经营期年现金净流量：

经营期某年现金净流量＝该年净利润＋该年折旧额＋该年摊销额

＋该年利息费用＋该年回收额

$NCF_{3\sim6} = (320-120-128-70) \times (1-25\%) + 128 + 70 = 199.5$（万元）

终结点现金净流量：

$NCF_7 = 199.5 + 120 + 60 = 379.5$（万元）

5.3 项目投资评价指标

5.3.1 投资决策评价指标及其类型

项目投资决策评价指标是指用于衡量和比较投资项目可行性、据以进行方案决策的定量化标准与尺度，是由一系列综合反映投资效益、投入产出关系的量化指标构成的。项目投资决策评价指标比较多，本章主要从财务评价的角度介绍投资收益率、静态投资回收期、净现值、净现值率、获利指数、内部收益率6项指标。评价指标可以按以下标准进行分类。

评价指标分类见表5-2。

评价指标分类表　　　　　　　　　　　　　　　　　表5-2

按是否考虑资金时间价值分类	静态评价指标	静态评价指标是指在计算过程中不考虑资金时间价值因素的指标，又称为非折现评价指标，包括静态投资回收期和投资利润率
	动态评价指标	动态评价指标又称为折现评价指标，包括净现值、净现值率、获利指数和内部收益率
按指标性质不同分类	正指标	投资利润率、净现值、净现值率、获利指数和内部收益率属于正指标
	反指标	静态投资回收期属于反指标
按指标数量特征分类	绝对量指标	以时间为计量单位的静态投资回收期指标和以价值量为计量单位的净现值指标
	相对量指标	除获利指数用指数形式表现外，大多为百分比指标
按指标重要性分类	主要指标	净现值、内部收益率等为主要指标
	次要指标	静态投资回收期为次要指标
	辅助指标	投资利润率为辅助指标

5.3.2 静态评价指标的计算方法及特点

1. 静态投资回收期

静态投资回收期又叫全部投资回收期，简称回收期，是指在不考虑资金时间价值的情况下，以投资项目经营净现金流量抵偿原始总投资所需要的全部时间。该指标以年为单位，有以下两种形式：包括建设期的投资回收期（记作 PP）和不包括建设期的投资回收期（记作 PP'）两种形式。两者之间的关系式为：

$$PP = PP' + S$$

式中　S——建设期。

投资回收期数值越大，说明收回投资的时间越长，对企业越不利；反之，数值越小，说明收回投资的时间越短，对企业越有利。显而易见，投资回收期属于反指标。当只有一个投资方案进行决策时，投资回收期大于或等于期望投资回收期的方案为可行方案，低于期望投资回收的方案为不可行方案；当多个投资方案进行比较决策时，投资回收期越短越好，在多个可行方案中选择投资回收期较短的方案。

（1）年现金流量相等时。这种方法所要求的应用条件比较特殊，包括：项目投资后开始的若干年内每年的净现金流量必须相等，这些年内的经营净现金流量之和应大于或等于原始总投资。

如果一项长期投资决策方案满足以下特殊条件，即投资均集中发生在建设期内，投产后前若干年（设为m年）每年经营净现金流量相等，且有以下关系成立：

$$m \times 投产后前 m 年每年相等的净现金流量（NCF）\geq 原始投资$$

则可按以下简化公式直接求出不包括建设期的投资回收期：

不包括建设期的投资回收期＝原始总投资÷投产后前若干年每年相等的净现金流量

在计算出不包括建设期的投资回收期的基础上，将其与建设期S代入下式，即可求得包括建设期的回收期：

$$PP = PP' + S$$

[例5-2] 有关现金净流量的资料如[例5-1]中所示，要求：计算静态投资回收期。

解：建设期$S=2$，投产后3～6年现金净流量相等，$m=4$，经营期前4年每年的净现金净流量$NCF_{3\sim6}=199.5$万元，原始投资额为720万元。

$m \times$投产后前m年每年相等的现金净流量$=4\times199.5=798$万元$>$原始投资额720万元

因此，静态投资回收期为：

不包括建设期的投资回收期$=720\div199.5=3.61$（年）

包括建设期的投资回收期$=PP'+S=3.61+2=5.61$（年）

（2）年现金流量不相等时。这种方法是通过计算"累计净现金流量"的方式，来确定投资回收期的方法。因为不论在什么情况下，都可以通过这种方法来确定静态投资回收期，因此此法又称为一般方法。

该方法的原理是：按照回收期的定义，包括建设期的投资回收期满足以下关系式，即：

$$NCF_t = 0$$

这表明包括建设期的投资回收期恰好是累计净现金流量为零的年限。

[例5-3] 根据[例5-1]的资料计算投资B方案的投资回收期。

解：见表5-3、表5-4。

B投资方案的投资回收期　　　　单位：万元　　表5-3

项目计算期	方案	
	现金净流量	累计现金净流量
1	30	30
2	34	64
3	38	102
4	42	144
5	46	190

投资项目的有关资料　　　　　单位：万元　表5-4

项目计算期	A方案		B方案	
	利润	现金净流量	利润	现金净流量
0		（100）		（100）
1	15	35	10	30
2	15	35	14	34
3	15	35	18	38
4	15	35	22	42
5	15	35	26	46
合计	75	75	90	90

从表5-4中可以看出，B方案的投资回收期在2年和3年之间，用插入法可计算出：

B方案投资回收期：

不包括建设期的投资回收期＝2＋（100－64）÷（102－64）＝2.95（年）

包括建设期的投资回收期＝$PP'+S$＝2.95＋2＝4.95（年）

静态投资回收期在实践中应用较为广泛。在评价方案可行性时，包括建设期的投资回收期比不包括建设期的投资回收期应用更广泛。

优点是：第一，能够直观地反映原始投资的返本期限，将对现金净流量的与侧重点放在"近期"，利于控制投资风险；第二，可以直接利用回收期之前的净现金流量信息。第三，便于理解，计算简单。

缺点是：第一，没有考虑资金时间价值因素，但可以用贴现投资回收期法弥补；第二，不能正确反映投资方式的不同对项目的影响；第三，没有考虑回收期满后继续发生的净现金流量的变化情况，可能导致决策者优先考虑急功近利的投资项目。

2．投资利润率

投资利润率（ROI）又称投资报酬率，是指正常生产年度利润或平均利润与项目投资额之间的比率。投资利润率的计算公式为：

投资利润率＝年利润或年均利润÷投资总额×100%

公示中年利润是指一个正常达产年份的利润总额，年均利润则是指经营期内全部利润除以经营年数的平均数；分母的投资总额为原始投资与资本化利息之和。

投资利润率是一个正指标，用投资利润率指标评价决策的标准是投资利润率越高，说明项目投资的收益越高。当只有一个投资方案进行决策时，投资利润率大于或等于期望投资利润率的方案为可行方案，低于无风险投资利润率的方案为不可行方案；当多个投资方案进行比较决策时，投资利润率越高越好，在多个可行方案中选择投资利润率较高的方案。

［例5-4］某物业企业一投资项目，有两个投资方案A和B，投资总额均为100万元，全部用于购入新设备，采用直线法折旧，使用年限均为5年，期末无残值。有关资料见表5-4。

A方案的投资利润率＝15÷100×100%＝15%

B方案的投资利润率＝90÷5÷100×100%＝18%

投资利润率是一个静态的相对值正指标。它的优点是计算过程比较简单，能够反映建设期资本化利息的有无对项目的影响。其缺点在于：没有考虑资金时间价值因素；不能正确反映建设期的长短、投资方式的不同和回收额的有无等条件对项目的影响；无法直接利用净现金流量信息；计算公式的分子分母的时间特征不同，不具有可比性。只有投资利润率指标大于或等于无风险投资收益率的投资项目才具有财务可行性。

5.3.3 动态评价指标的含义、计算方法及特点

1. 净现值法

净现值（NPV）是指把项目计算期内各年的财务净现金流量，按照一个给定的标准折现率（基准收益率）折算为建设初期（项目计算期第一年年初）的现值之和。净现值是考察项目在计算期内盈利能力的主要动态评价指标。其理论计算公式为：

$$NPV=\sum_{t=1}^{n}(CI-CO)_t(1+i_c)^{-t}$$

式中 NPV——净现值；

$(CI-CO)_t$——第 t 年的净现金流量，其中，CI 为现金流入量，CO 为现金流出量；

n——项目计算期；

i_c——标准折现率。

净现值的计算一般包括以下步骤：① 计算投资项目各期的现金净流量。② 按行业基准收益率或企业设定的贴现率，将投资项目各期所对应的复利现值系数通过查表确定下来。③ 将各期现金净流量与其对应的复利现值系数相乘，计算出现值。④ 最后加总各期现金净流量的现值，即得到该投资项目的净现值 NPV。

当经营期各年的现金净流量相等时，可运用年金的方法简化计算 NPV。如项目建成投产后，各年净现金流量相等，均为 A，投资现值为 K_p，则：

$$NPV=A\times(P/A,i_c,n)-K_p$$

如果项目建成投产后，各年净现金流量不相等，则财务净现值只能按公式计算。净现值表示建设项目的收益水平超过基准收益率的额外收益。该指标在用于投资方案的经济评价时，如果为单项决策时，若 $NPV\geqslant 0$，则项目可行；若 $NPV<0$，则项目不可行；如果是多项互斥的投资决策，在净现值大于零的投资项目中，应选择净现值较大的投资项目。

[例5-5] 某物业项目总投资1000万元，建设期3年，各年投资比例为：20%、50%、30%。从第四年开始项目有收益，各年净收益为200万元，项目寿命为10年，第10年年末回收固定资产余值及流动资金100万元，基准折现率为10%，试计算该项目的净现值。

$$NPV=-200\times(P/F,10\%,1)-500\times(P/F,10\%,2)-300\times(P/F,10\%,3)$$
$$+200(P/A,10\%,7)(P/F,10\%,3)+100\times(P/F,10\%,10)$$

$= -200 \times 0.999 - 500 \times 0.826 - 300 \times 0.751 + 200 \times 40868 \times 0.751 + 100 \times 0.386$

$= 131.47$（万元）

[例5-6] 某物业企业准备购入一台设备扩展企业生产能力。现有甲乙两个方案，其中甲方案需要投资1亿元，使用寿命5年，采用直线法提取折旧，到期后无残值，5年中每年销售收入6000万元，每年付现成本2000万元；乙方案需要投资1.2亿元，采用直线法提取折旧，5年后有残值收入2000万元，5年中每年销售收入8000万元，付现成本第一年3000万元，以后每年增加付现成本400万元修理费，另外垫付流动资金3000万元。假设所得税税率为25%，经计算两个方案的现金流量见表5-5。

投资项目现金流量计算表　　　　　　单位：元　表5-5

时间	1	2	3	4	5
甲方案					
销售收入（1）	6000	6000	6000	6000	6000
付现成本（2）	2000	2000	2000	2000	2000
折旧（3）	2000	2000	2000	2000	2000
税前利润（4）=（1）-（2）-（3）	2000	2000	2000	2000	2000
所得税（5）=（4）×25%	500	500	500	500	500
税后利润（6）=（4）-（5）	1500	1500	1500	1500	1500
现金流量（7）=（1）-（2）-（5）或（3）+（6）	3500	3500	3500	3500	3500
时间	1	2	3	4	5
乙方案					
销售收入（1）	8000	8000	8000	8000	8000
付现成本（2）	3000	3400	3800	4200	4600
折旧（3）	2000	2000	2000	2000	2000
税前利润（4）=（1）-（2）-（3）	3000	2600	2200	1800	1400
所得税（5）=（4）×25%	750	650	550	450	350
税后利润（6）=（4）-（5）	2250	1950	1650	1350	1050
现金流量（7）=（1）-（2）-（5）或（3）+（6）	4250	3950	3650	3350	3050

期间	0	1	2	3	4	5
甲方案						
固定资产投资	-10000	3500	3500	3500	3500	3500
营业现金净流量		3500	3500	3500	3500	3500
现金流量合计	-10000					
乙方案						
固定资产投资	-12000	4250	3950	3650	3350	3050
流动资金垫资	-3000					2000

续表

期　　间	0	1	2	3	4	5
营业现金净流量						3000
固定资产残值						
流动资金收回						
现金流量合计	−15000	4250	3950	3650	3350	8050

要求：计算两个方案的投资净现值？

甲方案（NPV）=3500×（P/A，10%，5）−10000=3500×3.791−10000=3268（万元）

乙方案（NPV）=4250×（P/F，10%，1）+3950×（P/F，10%，2）+3650×（P/F，10%，3）
　　　　　　　+3350×（P/F，10%，4）+8050×（P/F，10%，5）−15000
　　　　　　=4250×0.909+3950×0.827+3650×0.751+3350×0.688+8050×0.63−15000
　　　　　　=2247（万元）

净现值是一个折现的绝对值正指标，是投资决策评价指标中常用的方法，其优点是：

（1）考虑了资金时间价值，能够利用项目计算期内的全部净现金流量信息，增强了投资经济性评级的实用性。

（2）考虑了项目计算期内全部现金净流量，体现了流动性与收益性的统一。

（3）考虑了投资风险，项目投资风险可以通过提高贴现率加以控制。

其缺点是：

（1）无法直接反映投资项目的实际收益率水平。净现值是一个绝对数，不能从动态的角度直接反映投资项目的实际收益率，进行互斥性投资决策；当投资额不等时，仅用净现值法往往无法确定投资项目的优劣。

（2）净现值的计算比较复杂且较难理解和掌握，净现值的计算需要对现金净流量有较准确的预测，并且要正确选择贴现率，而实际上，现金净流量的预测和贴现率的选择都比较困难。

2．净现值率

净现值率（记作$NPVR$）是反映项目的净现值占原始投资现值的比率，亦可将其理解为单位原始投资的现值所创造的净现值。

净现值率的计算公式为：

$$净现值率（NPVR）=\frac{项目的净现值}{原始投资的现值合计}$$

净现值率是一个相对量评价指标，采用净现值率法进行项目评价的标准是：当$NPVR \geqslant 0$时，项目可行；当$NPVR<0$时，项目不可行。

[例5-7] 某物业公司用自有资金100万元建设一项目，建设期2年，固定资产投资于建设期各年初分别投入50万元，投产后可经营8年，每年可获取息税前利润10万元，到期固定资产无余值。投资人要求的最低报酬率为10%，求方案的净现值率$NPVR$。

依题意：$NCF_{0\sim1}=-50$（万元），$NCF_2=0$，$NCF_{3\sim10}=10+100\div8=22.5$（万元）

$NPV=-50-50\times(P/F,10\%,1)+22.5(P/A,10\%,8)\times(P/F,10\%,2)=3.74$（万元）

原始投资的现值$=50+50\times(P/F,10\%,1)=95.455$（万元）

$NPVR=3.74/95.455\times100\%=3.92\%$

净现值率是一个折现的相对量评价指标。它的优点在于：① 考虑了资金时间价值，可以从动态的角度反映项目投资的资金投入与净产出之间的关系；② 比其他折现相对数指标更容易计算。其缺点与净现值指标相似，同样无法直接反映投资项目的实际收益率，而且必须以已知净现值为前提。

只有当该指标大于或等于零的投资项目才具有财务可行性。

3．现值指数

现值指数（记作PI）又被称为获利指数，是指投产后按行业基准折现率或设定折现率折算的各年净现金流量的现值合计与原始投资的现值合计之比。

对该指标还有以下两种解释：获利指数是指投产后各年报酬的现值合计与原始投资的现值合计之比；获利指数是指项目计算期内现金流入量现值和与现金流出量现值和之间的比率。

$$获利指数(PI)=\frac{投产后各年净现金流量的现值合计}{原始投资的现值合计}$$

$$=\frac{\sum_{t=s+1}^{n}[NCF_t\cdot(P/F,i_c,t)]}{\left|\sum_{t=0}^{s}[NCF_t\cdot(P/F,i_c,t)]\right|}$$

或：$\quad$获利指数$(PI)=1+$净现值率$=1+NPVR$

这种方法的评价标准是：如果$PI\geqslant1$，则该投资项目可行；如果$PI<1$，则该投资项目不可行。如果几个投资项目的现值指数都大于1，那么现值指数越大，投资项目越好。但在进行互斥性投资决策时，正确的选择原则不是选择现值指数最大的项目，而是在保证现值指数大于1的情况下，使追加投资收益最大的项目。

[例5-8] 某物业企业用自有资金100万元建设一项目，建设期2年，固定资产投资于建设期各年初分别投入50万元，投产后可经营8年，每年可获取息税前利润10万，到期固定资产无余值。投资人要求的最低报酬率为10%，求方案的获利指数PI。

依题意：$NCF_{0\sim1}=-50$（万元），$NCF_2=0$，$NCF_{3\sim10}=10+100\div8=22.5$（万元）

$NPV=-50-50\times(P/F,10\%,1)+22.5\times(P/A,10\%,8)\times(P/F,10\%,2)$
$\quad\quad=3.74$（万元）

原始投资的现值$=50+50\times(P/F,10\%,1)=95.455$（万元）

投产后的现金净流量$=22.5\times(P/A,10\%,8)\times(P/F,10\%,2)=99.197$（万元）

$NPVR=3.74/95.455\times100\%=3.92\%$

$PI=99.197/95.455=1.039$

或 PI：$1+NPVR=1+3.92\%=1.039$

现值指数也是一个折现的相对量评价指标，其优点是可从动态的角度反映项目投资的资金投入与总产出之间的关系，其缺点除了无法直接反映投资项目的实际收益率外，计算起来比净现值率指标复杂，计算口径也不一致。

在实务中通常并不要求直接计算现值指数，如果需要考核这个指标，可在求得净现值率的基础上推算出来。

4．内部收益率

内部收益率（IRR）又称内含报酬率，是指能够使投资项目的未来现金流入量现值和流出量现值相等（净现值为零）时的折现率，它反映了投资项目的真实收益。该指标是一个动态指标，越大越好。一般情况下，财务内部收益率不小于基准收益率时，项目可行。内部收益率的计算过程是解一元 n 次方程的过程，只有常规现金流量才能保证方程式有唯一解。内部收益率应满足下面的公式：

$$NPV=\sum_{t=0}^{n}NCF_t(1+IRR)^{-t}=0$$

内部收益率是一个贴现正指标，其评价方法是：当内部收益率≥资金成本率（或预期收益率）时，项目可行；否则项目不可行。当进行多项目互斥决策时，内部收益率越大越好。

常见的内部收益率计算一般分为两种情况：一是经营期内各年净现金流量相等；二是经营期内各年净现金流量不相等。

（1）经营期内各年净现金流量相等，且全部投资均于建设起点一次投入，建设期为零。该方法是指当项目投产后的净现金流量表现为普通年金的形式时，可以直接利用年金现值系数计算内部收益率的方法，又称为简便算法。

该方法所要求的充分必要条件是：项目的全部投资均于建设起点一次投入，建设期为零，建设起点第0期净现金流量等于原始投资的负值，即 $NCF_0=-I$；投产后每年净现金流量相等，第1年至第 n 年每期净现金流量取得了普通年金的形式。

在此方法下，内部收益率可按下式确定：

年金现值系数＝投资额÷年现金净流量

$(P/A, IRR, n)=I/NCF$

这种方法的具体步骤如下：

第一步，根据上述公式计算年金现值系数。

年金现值系数＝投资额÷年现金净流量

第二步，根据计算出来的年金现值系数与已知的年限 n 查年金系数表确定内部收益率的范围。

第三步，用插入法求出内部收益率。

[例5-9] 某物业企业拟购入一台设备，价值60000元，按直线法计提折旧，使用6年，

期末无残值。预计投产后每年可获得利润8000元,设贴现率为12%,根据资料计算内部收益率。

解:依题意,$(P/A, IRR, 6) = 60000/18000 = 3.3333$

查表可知:

$(P/A, 18\%, 6) = 3.4976 > 3.3333$;$(P/A, 20\%, 6) = 3.3255 < 3.3333$

$IRR = 18\% + (3.4976 - 3.3333)/(3.4976 - 3.3255) \times (20\% - 18\%) = 19.91\%$

(2)经营期内各年净现金流量不相等。该方法是指先通过计算项目不同设定折现率的净现值,然后根据内部收益率的定义所揭示的现值与设定折现率的关系,采用一定技巧,最终设法找到能使净现值等于零的折现率——内部收益率的方法,又称为逐次测试逼近法。

具体应用步骤如下:

第一步,估计一个贴现率,用它来计算净现值。如果净现值为正数,说明该方法的实际内部收益率大于预计的贴现率,应提高贴现率再进一步测试;如果净现值为负数,说明该方法的实际内部收益率小于预计的贴现率,应降低贴现率再进一步测试。如此反复测试,找出使净现值由正到负或由负到正且接近于零的两个贴现率。

第二步,根据上述相邻的两个贴现率用内插法求出该方案的内部收益率。由于逐步测试逼近法是一种近似方法,因此相邻的两个贴现率不能相差太大,否则误差很大。

[例5-10] 已知一个项目各年的净现金流量为:$NCF_0 = -1000$万元,$NCF_1 = 0$万元,$NCF_{2\sim8} = 360$万元,$NCF_{9\sim10} = 250$万元,$NCF_{11} = 350$万元。要求:计算该项目的内部收益率(中间结果保留全部小数,最终结果保留两位小数)。

解:经判断,该项目只能用逐次测试逼近法计算。

按照要求,自行设定折现率并计算净现值,据此调整折现率。经过5次测试,得到如表5-6所示数据(计算过程略)。

测试数据　　　　　　　　　　　　　　　　表5-6

测试次数	设定折现率(%)	净现值(万元)
1	10	+918.3839
2	30	-192.7991
3	20	+217.3128
4	24	+39.3177
5	26	-30.1907

从表5-6中可以看出,内部收益率在24%和26%之间。

应用内插法得:

$IRR = 24\% + (39.3177 - 0)/[39.3177 - (-30.1907)] \times (26\% - 24\%) = 25.13\%$

若投资项目(方案)的内部收益率大于或等于项目的资本成本或投资最低收益率,则接受该项目；反之，则应放弃。项目的内部收益率大于资本成本，即使此项投资是以借款进行的，那么，在还本付息后，该投资项目仍能给企业带来较多的剩余收益。

内部收益率的评价。内部收益率是方案本身的收益能力，反映其内在的获利水平，以内部收益率的高低来决定方案的取舍，使资本预算更趋于精确化。内部收益率指标可直接根据投资项目本身的参数（现金流量）计算其投资收益率，在一般情况下，能够正确反映项目本身的获利能力，但在互斥项目的选择中，利用这一标准有时会得出与净现值不同的结论，这时应以净现值作为选择标准。

5.4 项目投资决策方法的应用

5.4.1 单一投资项目的财务可行性分析

如果某一投资项目的评价指标同时满足以下条件，则可以判定该投资项目无论从哪个方面来看，都具备财务可行性，可以接受此投资方案，这些条件是：① $NPV \geqslant 0$；② $NPVR \geqslant 0$；③ $PI \geqslant 1$；④ $IRR \geqslant i$（i 为资金成本或投资项目的行业基准利率）；⑤ $P \leqslant P_0$（P 为投资回收期，P_0 为标准投资回收期）；⑥ $ROI \geqslant i$（i 为基准投资收益率）。

如果某一投资项目的评价指标不满足上述条件，即发生以下情况：① $NPV < 0$；② $NPVR < 0$；③ $PI < 1$；④ $IRR < i$（i 为资金成本或投资项目的行业基准利率）；⑤ $P > P_0$（P 为投资回收期，P_0 为标准投资回收期）；⑥ $ROI < i$。则可以判定该投资项目无论从哪个方面来看，都不具备财务可行性，此时应当放弃该投资项目。

当静态投资回收期（次要指标）或投资利润率（辅助指标）的评价结论与净现值等主要指标的评价结论发生矛盾时，应当以主要指标的结论为准。

在评价过程中，如果发现某项目的主要指标① $NPV \geqslant 0$；② $NPVR \geqslant 0$；③ $PI \geqslant 1$；④ $IRR \geqslant i$，但次要指标或辅助指标⑤ $P > P_0$ 或⑥ $ROI < i$，则可断定该项目基本上具有财务可行性。相反，如果出现① $NPV < 0$；② $NPVR < 0$；③ $PI < 1$；④ $IRR < i$ 的情况，即使⑤ $P \leqslant P_0$ 或⑥ $ROI \geqslant i$，也可基本判定该项目不具有财务可行性。

此外，净现值率 $NPVR$ 的计算需要在已知净现值 NPV 的基础上进行，内部收益率 IRR 在计算时也需要利用净现值 NPV 的计算技巧或形式。这些指标都会受到建设期的长短、投资方式以及各年净现金流量的数量特征的影响。所不同的是 NPV 为绝对量指标，其余为相对量指标。计算净现值 NPV、净现值率 $NPVR$ 和获利指数 PI 所依据的折现率都是事先已知的 i_c，而内部收益率 IRR 的计算本身与 i_c 的高低无关。

[例5-11] 某物业企业的某个固定资产投资项目原始投资为100万元，项目计算期为11年（其中生产经营期为10年），基准投资利润率为9.5%，行业基准贴现率为10%，行业标准投资回收期为3年，相关投资决策评价指标分别为：$ROI = 10\%$，$P = 5$，$NPV = 16.2648$ 万元，$NPVR = 17.04\%$，$PI = 1.1704$，$IRR = 12.73\%$。判断该项目的可行性。

依题意分析：

$ROI(10\%) > i(9.5\%)$，$P(5年) > P_0(3年)$；$NPV(16.2648万元) > 0$，$NPVR(17.04\%) > 0$，$PI(1.1704) > 1$，$IRR(12.73\%) > i$。

该项目各项主要评价指标均达到或超过相应标准，所以该项目具有财务可行性，只是投资回收较长，超过了行业标准，投资回收期有一定风险。

5.4.2 多个互斥项目的财务可行性分析

互斥项目投资决策是指企业在进行项目投资决策时，可能会碰到必须从多个可供选择的投资项目中选择一个项目的情况，投资决策中的互斥项目决策是指在决策时涉及多个相互排斥、不能同时并存的投资方案。互斥方案决策过程是在每一个入选方案已具备财务可行性的前提下，利用具体决策方法比较各个方案的优劣，利用评价指标从各个备选方案中选择一个最优方案的过程。

互斥方案决策的方法主要有净现值法、净现值率法、差额投资内部收益率法和年等额净收回额法等。

1. 净现值法和净现值率法

净现值法和净现值率法，适用于原始投资相同且项目计算期相等的多方案比较决策，即可以选择净现值或净现值率大的方案为最优方案。

［例5-12］某物业企业的某个固定资产投资项目需要原始投资1500万元，有A、B、C、D四个相排斥的备选方案可供选择，各方案的净现值指标分别为325.79万元、421.98万元、560.67万元和466.76万元。用净现值法比较各方案，选择最优方案。

依题意：

A、B、C、D四个备选方案的NPV均大于零，所以这些方案都具备财务可行性。因为560.67>466.76>421.98>325.79，所以C方案为最优方案，其次为D方案，第三是B方案，最差是A方案。由于这些方案的原始投资额相同，采用净现值率方法分析的结果也完全相同。

［例5-13］某物业企业拥有一台旧设备，原始成本为10万元，使用年限是10年，已使用5年，已提折旧5万元，使用期满后无残值。如果出售该设备，可取得收入5万元；若继续使用该设备，每年可获得收入10.4万元，每年付现成本6.2万元；若采用新设备，购置成本为19万元，使用年限为5年，使用期满后残值为1万元，每年可获得收入18万元，每年付现成本为8.4万元。假定该企业的资金成本为12%，所得税税率为25%，新旧设备均采用直线法计提折旧，要求做出决策是继续使用旧设备，还是出售旧机器并购置新设备。

依题意：

使用旧设备方案：固定资产折旧额=5万/5=1（万元）

更新设备方案：固定资产折旧额=（19万-1万）/5=3.6（万元）

计算两个方案的年营业现金净流量，见表5-7、表5-8。

两方案营业现金净流量表　　　　　　单位：万元　　表5-7

项目	使用旧设备	采用新设备
销售收入	10.4	18
付现成本	6.2	8.4
年折旧额	1	3.6
税前净利	3.2	6
所得税	0.8	1.5
税后利润	2.4	4.5
营业现金净流量	3.4	8.1

两个方案现金流量表　　　　　　单位：万元　　表5-8

项目＼年份	0	1	2	3	4	5
使用旧设备方案原始投资营业现金净流量	−5	3.4	3.4	3.4	3.4	3.4
现金流量合计	−5	3.4	3.4	3.4	3.4	3.4
更新设备方案原始投资营业现金净流量	−19	8.1	8.1	8.1	8.1	8.1
固定资产残值						1
现金流量合计	−19	8.1	8.1	8.1	8.1	9.1

计算两个方案的净现值：

采用旧设备方案的净现值 $=3.4\times(P/A,12\%,5)-5$

$=3.4\times3.605-5$

$=7.257$（万元）

采用新设备方案的净现值 $=8.1\times3.605+1\times0.567-19=10.7675$（万元）

经计算后，固定资产更新后，可增加净现值35105元（10.7675万元−7.257万元），因此应采用设备更新方案。

2．差额投资内部收益率法和年等额净回收额法

差额投资内部收益率法和年等额净回收额法适用于原始投资不同的多项目的比较，后者尤其适用于项目计算期不同的多项目的比较决策。

（1）差额投资内部收益率法

差额投资内部收益率法是指在计算出两个原始投资额不同的投资项目的差量净现金流量的基础上，计算差额投资内部收益率，并据以判断两个投资项目的优劣的方法。此方法下，当差额内部收益率指标大于或等于基准收益率或设定贴现率时，原始投资额大的项目较优；反之，则投资少的项目为优。

差额投资内部收益率法和内部收益率法的计算过程一样，只是差额投资内部收益率法所依据的是差量净现金流量。差额投资内部收益率法经常被应用于更新改造项目的投资决策中。当某项目的差额投资内部收益率指标大于或等于基准收益率或设定贴现率时，该项目应当进行更新改造；反之，该项目就不应当进行更新改造。

[例5-14] 某物业企业有两个可供选择的投资项目的差量净现金流量，见表5-9。假设行业基准贴现率为10%，要求就以下两种不相关的情况选择投资项目。

投资项目差量净现金流量表　　　　　　　　　单位：万元　　表5-9

年份 项目	0	1	2	3	4	5
A项目	−200	128.23	128.23	128.23	128.23	128.23
B项目	−100	101.53	101.53	101.53	101.53	101.53
ΔNCF_i	−100	26.70	26.70	26.70	26.70	26.70

情况一：该企业的行业基准贴现率i为8%；

情况二：该企业的行业基准贴现率i为12%。

依题意：

根据资料可知，A项目和B项目的差量净现金流量为$\Delta NCF_0=-100$（万元），$\Delta NCF_{1-5}=26.70$（万元），经计算，A和B两个项目的差量内部收益率$\Delta IRR\approx 10.49\%$。

当该企业的行业基准贴现率i为8%时，A和B两个项目的差量内部收益率大于8%，应选择A项目。

当该企业的行业基准贴现率i为12%时，A和B两个项目的差量内部收益率小于12%，应选择B项目。

（2）年等额净回收额法

年等额净回收额法是指根据所有投资项目的年等额净回收额指标的大小，进行选择最优项目的一种投资决策方法。某一方案年等额净回收额等于该方案净现值与相关的资本回收系数的乘积。若某项方案净现金值为NPV，假设折现率或基准收益率为i，项目计算期为n，则年等额净回收额的计算公式为：

$$A=NPV\times(A/P, i, n)=NPV/(P/A, i, n)$$

式中，A为该项目的年等额净回收额；$(A/P, i, n)$为第n年的折现率为i的资本回收系数；$(P/A, i, n)$为第n年的折现率为i的年金现值系数。年等额净回收额法适用于在所有投资项目中，以年等额净回收额最大的项目为优。

[例5-15] 某物业企业拟投资新建一条生产线，现有三个方案可供选择：A方案原始投资为200万元，项目计算期为5年，净现值为120万元；B项目原始投资为150万元，项目计算期为6年，净现值为110万元；C方案原始投资为300万元，项目计算期为8年，净现值为−1.25万元。行业基准折现率为10%。选择何种方案？

依题意：按年等额净回收额法进行决策分析。

因为C方案净现值小于零，不具有财务可行性，所以不予考虑。而A方案、B方案净现值均大于零，具有财务可行性，进行分析可得：

A方案的年等额净回收额$=NPV/(P/A, i, n)=120/(P/A, 10\%, 5)=120/3.791\approx$

31.65（万元）

B方案的年等额净回收额＝$NPV/(P/A, i, n)$＝110/$(P/A, 10\%, 6)$＝110/4.355≈25.26（万元）

A方案的年等额净回收额31.65万元大于B方案的年等额净回收额25.26万元，因此选择A方案。

5.5 物业企业其他投资

物业企业除进行房地产等对内的项目投资，在经济许可资金有剩余或为了谋求其他经济目的时，还可以进行其他形式的对外投资。如进行股票投资、债券投资及基金投资等证券投资。

5.5.1 证券投资的目的

证券投资是指投资者将资金投资于股票、债券、基金及其他金融性资产，从而获取收益的一种投资行为。投资的目的主要有以下几个方面：

1．暂时存放闲置资金

证券投资在多数情况下是出于预防性的动机，以转化较多量的非盈利的现金余额。

2．与筹集长期资金相配合

处于成长期或扩张期的物业管理公司一般每隔一段时间就会发行长期证券，所获取的资金往往不会一次用完，企业可将暂时闲置的资金投资于有价证券，以获取一定的收益。

3．获得被投资企业的控制权

持有某一企业一定量的股票可以影响甚至控制该企业的经营决策，很多企业在发展过程中，需要控制与其处于同一产业或者相关产业链上的企业，可以采取投资目标企业股票的方式来达到目的。

4．满足季节性经营对现金的需求

如北方的物业企业在冬季要实施供暖服务，而到夏季却无此行为。冬季为购置燃料占用大量的资金，而到夏季却会出现大量的资金闲置。这时可以在资金有剩余时的月份将现金投资于期限和流动性较为恰当的证券，而在资金短缺的季节将证券变现，满足正常经营需要。

5.5.2 证券投资的特征

相对于实物投资而言，证券投资有以下主要特点：

1．流动性强。证券资产的流动性明显地高于实物资产。

2．价格不稳定。证券相对于实物资产，受人为因素的影响较大，且没有相应的实物作保证，其价值受政治、经济环境等各种因素的影响较大，具有价格不稳定，投资风险大的特点。

3. 交易成本低。证券交易过程快速、简捷，成本低。

5.5.3 主要证券投资的种类

金融市场上的证券很多，可供企业投资的主要有国债、短期融资券、可转让存单、企业股票与债券、投资基金以及期权、期货等。进行证券投资首先要选择合适的投资对象，这是证券投资最关键的一步。在证券投资时，要结合投资的目的，选择有利于投资目的，收益较好，风险适中，流动性适宜的证券进行投资。

1．股票投资

股票投资的目的一是获利，二是控股。获利是获取股利收入及股票买卖价差；控股是通过购买股票实现对发行股票公司的控制。总的来说股票投资具有风险高、收益高、容易变现的特点，但相对于债券投资而言，它又有以下特点：

（1）股票投资是权益性投资

股票是代表所有权的凭证，持有人作为发行公司的股东，有权参与公司的经营决策。

（2）投资风险大

投资人购买股票后，不能要求股份公司偿还本金，只能在证券市场上转让。投资人投资股票至少面临两方面的风险：一是股票发行公司经营不善所形成的风险；二是股票市场价格变动所形成的价差损失。

（3）收益率高，但不稳定

由于股票投资风险高，因此投资人要求的收益率也要高于其他证券的收益率，即风险越大，（要求）收益越高。相对于债券，股票的收益稳定性差，受投机等因素的影响，股票的价格波动性也会很大。

2．债券投资

企业对短期债券投资的目的主要是为了合理利用暂时闲置资金，调节现金余额，获取收益。对长期债券投资的目的主要是为了获取稳定的收入。

债券投资具有以下特点：投资有期限，与股票投资相比，不论是短期债券还是长期债券，均有到期日。债券到期应当收回本金，投资应当考虑期限的影响。

（1）权利与义务

在各种证券投资方式中，债券投资人的权利最小，无权参与被投资企业的经营管理，只有按约定取得利息、到期收回本金的权利。

（2）收益与风险

债券的收益通常是事前约定的，收益率一般没有股票高，但具有较强的稳定性，投资风险小。

3．基金投资

投资基金是一种利益共享、风险共担的集合投资方式。它是通过发行基金股份或受益凭证等有价证券聚集众多的不确定投资者的出资，交由专业投资公司经营运作，以规避投资风险并谋取投资收益的证券投资工具。

投资基金按不同标准有着不同的分类。按基金的组织形式，可以分为契约型基金和公司型基金；根据变现方式的不同，可以分为封闭式基金和开放式基金；根据投资标的不同，可以分为股票基金、债券基金、货币基金、期货基金、期权基金、认股权证基金、专门基金等。

基金投资涉及三个概念：基金的价值、基金单位净值、基金报价。

基金的价值取决于基金资产的现在价值，而不是像其他证券投资那样，如股票、债券等投资，取决于未来收益的现值。基金的价值主要由基金资产的现有市场价值决定。

基金单位净值也叫单位净资产值或单位资产净值，是在某一时点每一基金单位（或叫基金股份）所具有的市场价值，是评价基金价值的最直观指标。其计算公式为：

$$基金单位净值 = \frac{基金净资产价值总额}{基金单位总份数}$$

式中：基金净资产价值总额等于基金资产总值减基金负债，即减去对外借款、应付投资人的分红、应付基金管理者经理费等负债。

基金的报价理论上是由基金的价值决定的，基金单位净值高，基金的单位价格也高。具体而言，封闭基金在二级市场上竞价交易，其价格由供求关系和基金业绩决定，围绕基金单位净值上下波动；开放基金的柜台交易价格则完全以基金单位净值为基础，通常采用两种报价形式：认购价（卖出价）和赎回价（买入价）。

$$基金认购价 = 基金单位净值 + 首次认购费$$

$$基金赎回价 = 基金单位净值 - 基金赎回费$$

认购时支付认购费的，赎回时不再支付赎回费。

5.5.4　证券投资的基本程序

企业初次进行证券投资，其投资程序一般按下列步骤进行：

1．开户

证券投资大多要在证券交易所内进行，而一般的投资者不能直接在交易所进行证券交易的买卖。投资者必须委托有资格进入证券交易所进行证券交易买卖的证券商代为买卖证券。因此，投资者应该首先确定证券商，选定后，投资者要按照《交易市场业务试行规则》的规定，在证券商处开立账号。投资者开立的账号有证券账户和资金账户，其中资金账户的资金由证券商代为转存银行，利息会自动转入该账户。当账户具有足够的资金时，即可委托证券商购买证券。

2．委托买卖

委托者开立账户后，就可以委托证券商进行证券的买卖。投资者在委托买卖时必须说明委托的内容，委托的主要内容如下：

（1）购买证券的名称。投资者应该考虑各种证券的盈利性、流动性和风险性，正确选择投资对象。

（2）买进的数量及价格。买进的价格分为市价委托和限价委托等。

（3）委托的有效期。投资者要说明委托是当天有效还是几日内有效，一般当天有效的委托居多。

3. 清算交割

交易成功后，买卖双方要按交易的数量和价格相互交换证券和价款。投资者买入一笔股票，买卖成交后要向股票的卖方交付价款，收取股票；而卖方则要向投资者交付股票，收取价款，这一过程为证券的交割。投资者在交割过程中并不是逐笔进行的，一般采用清算制度，即将投资者买卖证券的数量、金额相互抵消，然后就抵消后的净额进行交割。

4. 过户

过户是指客户买进记名股票后，到该记名股票上市公司办理变更股东名簿记载的行为。股票过户以后，现股票的持有人就成为该记名股票上市公司的股东，并享有股东权。证券交易所的一般股票交易程序在无记名股票的清算交割之后或记名股票的过户以后才算正式了结。

本章小结

本章主要阐述了物业企业项目投资的含义与特点、项目投资的基本程序。项目投资的评估方法，主要包括现金流量的判断与估计，净现金流量的估算，应掌握各种项目投资评价指标的计算方法及特点，包括静态评价指标（包括投资收益率和投资回收期）和动态评价指标（包括净现值、净现值率、现值指数、内部收益率），以及如何综合利用这些财务指标判断投资项目的财务可行性等内容。另外本章还介绍了证券投资的相关内容，包括证券投资的目的、特征和种类等内容。

基础练习

一、单选题

1. 物业企业的下列各项支出中，不必实付现金流的是（　　）。
   A. 原始投资　　　　　　　　B. 垫支流动资金
   C. 营业成本　　　　　　　　D. 折旧

2. 某房地产开发公司经营一建设项目，每年的营业收入为100万元，营业成本支出（不含折旧）为50万元，年折旧额为20万元，每年流动资产增加额为10万元，流动负债增加额为5万元，企业的所得税税率为25%。则该项目的年营业净现金流量为（　　）。

A. 55万元　　　　　　　　　　B. 37.5万元

C. 45万元　　　　　　　　　　D. 52.5万元

3. 某完整投资项目的建设期为零，第一年流动资产需用额为1000万元，流动负债需用额为600万元，则该年流动资金投资额为（　　）万元。

A. 400　　　　　　　　　　　B. 600

C. 1000　　　　　　　　　　　D. 1600

4. 投资项目的现金是指（　　）。

A. 实际支付或取得的现金　　　　B. 货币资金

C. 货币资金和非货币资源的账面成本　　D. 货币资金和非货币资源的变现价值

5. 物业企业进行的项目投资大多近似于（　　）。

A. 单纯固定资产投资项目　　　　B. 固定资产投资项目

C. 更新改造投资项目　　　　　　D. 完整工业投资项目

6. 某企业原生产A产品，每年创造的现金流量为50万元，现在又开发出新的B产品，每年创造的现金流量为100万元，但由于与A产品属于同类型，使A产品每年减少10万元，则新产品给企业实际带来的年现金流量为（　　）。

A. 110万元　　　　　　　　　B. 90万元

C. 100万元　　　　　　　　　D. 150万元

7. 下列各项中，不属于投资项目现金流出量内容的是（　　）。

A. 固定资产投资　　　　　　　B. 折旧与摊销

C. 无形资产投资　　　　　　　D. 新增经营成本

二、多选题

1. 项目投资的特点有（　　）。

A. 需要的投资额大，建设规模大　　B. 变现能力差，回收资本的速度慢

C. 投资的风险大　　　　　　　D. 对企业的经营发展有深远影响

2. 原始总投资包括的内容有（　　）。

A. 固定资产投资　　　　　　　B. 无形资产投资

C. 流动资金投资　　　　　　　D. 资本化利息

3. 下列评价项目投资方案可行性的各种财务指标中，考虑了资金时间价值的有（　　）。

A. 净现值　　　　　　　　　　B. 静态投资回收期

C. 获利指数　　　　　　　　　D. 内部收益率

4. 净现值法的优点有（　　）。

A. 考虑了资金时间价值　　　　　B. 考虑了项目计算期的全部净现金流量

C. 考虑了投资风险　　　　　　　D. 可从动态上反映项目的实际投资收益率

5. 相对于项目投资而言，证券投资的特点有（　　）。
   A. 流动性强　　　　　　　　　B. 价格不稳定
   C. 投资风险大　　　　　　　　D. 交易成本低

三、计算题

1. 某物业管理公司投资50万元，建设一供水站。建设期一年，建成后可以使用15年，经营期每年可以获取供水收入35万元，耗费相关的运营成本23万元，该供水站到期后可变卖得净值10万。问：该项目的回收期是多少年？

2. 设贴现率为10%，有三个投资方案，有关现金流量数据见表5-10。

有关现金流量数据　　　　　　　　　单位：元　　表5-10

期　间	A方案	B方案	C方案
0	−20000	−9000	−12000
1	11800	1200	4600
2	13240	6000	4600
3		6000	4600

求三个方案的净现值、净现值率和获利指数。

3. 某投资项目在建设起点一次性投资254979元，当年完工并投产，经营期为15年，每年可获净现金流量50000元。求该项投资的内部收益率。

四、简答题

1. 请简述房地产投资的程序。
2. 请简述什么是项目的现金流量及其构成？
3. 请简述物业企业在估算项目的现金流量时需要注意哪些问题？
4. 请简述股票投资和债券投资的特点。

物业企业营运资金管理 6

营运资金概述　6.1
现金管理　6.2
应收账款管理　6.3
存货管理　6.4
物业维修基金管理　6.5

通过本章的学习,掌握营运资金和物业企业维修基金使用等财务管理基本知识,了解营运资金对物业企业财务管理的意义,能正确确定生产经营活动中各项营运资金的合理数额,掌握持有现金的动机和最佳持有量,应收账款的最优信用政策与持有成本,存货的功能、持有成本和最佳持有量的确定等知识,掌握维修基金使用方法,为物业企业日常资金规划方案、合理使用维修基金资金奠定基础。

营运资金管理是对企业流动资产及流动负债的管理,在市场经济条件下,这些必要的物质条件表现为货币资金、厂房场地、机械设备、原材料等。物业企业要维持正常的运转就必须要拥有适量的营运资金,营运资金所占的比重也较大,且分布于物业经营和物业管理的各个阶段,因此,营运资金管理是物业企业财务管理活动中非常重要的内容,营运资金管理可以最大限度地提高企业资本使用效率,提高资产利用率,同时降低企业风险,具体包括现金管理、应收账款管理和存货管理。

6.1 营运资金概述

6.1.1 营运资金的含义

营运资金又称营运资本,是指流动资产减去流动负债后的余额。流动资产是指一年或超过一年的一个营业周期内变现或耗用的资产,包括现金、应收账款、存货等。在工程领域,建筑施工企业、安装企业、房地产开发企业的经营活动比较特殊,从购进原材料到建造完工,从销售实现到收回货款,周期较长,往往超过一年,此时不能以一年作为流动资产的划分标准,而是将经营周期作为流动资产的划分标准;流动负债是指一年或超过一年的一个营业周期内偿还的债务,包括短期借款、应付账款、应付票据、预收账款等。

营运资金是扣除短期负债之后的剩余流动资产,具有较强的流动性,在企业日常生产经营活动必不可少,还是衡量企业短期偿债能力的重要指标,因此企业持有一定的营运资金十分重要,但企业应控制营运资金的持有数量,既要防止营运资金不足,也要避免营运资金过多。若营运资金不足,可造成企业经营发生困难,甚至造成企业停业或倒闭;但若营运资金过多,又可使企业的资金成本上升,从而使企业的资金使用效率下降,实际利润下降。所以要将营运资金的数量控制在一定范围之内。

6.1.2 营运资金的特点

营运资金的特点体现在流动资产和流动负债的特点上。

1. 周转期短

不管是流动资产还是流动负债，周转一次所需时间都较短。通常会在一年或超过一年的一个营业周期内收回或归还，对企业影响的时间比较短。根据这一特点，企业营运资金的供应，可用时间在一年或超过一年的一个营业周期内的短期银行借款、商业信用等短期筹资方式加以解决，使企业资源得到有效利用。

2. 变现性强

存货、应收账款、短期有价证券等流动资产一般具有较强的变现能力，即使遇到紧急情况，如企业出现资金周转不灵、现金短缺时，可迅速变卖这些资产以获取现金。从而满足企业生产经营中的急需。

3. 形态波动大

企业长期资金占用相对比较稳定，而流动资产占用波动性较大，数量也会随企业内外条件的变化而变化，时高时低、波动很大。因此，企业在流动资产的管理上，必须对各项流动资产进行合理配置，并根据波动情况，随时进行数量调整。

4. 实物形态具有变动性

企业营运资金的实物形态是经常变化的，包括供产销三个阶段，其占用形式从现金转化为材料，从材料转化为在产品，从在产品转化为产成品，再从产成品转化为应收账款，应收账款再转化为现金，这种转化循环往复。因此，在进行营运资金管理时，应在各项营运资金上都合理配置资金数额，以便使资金周转顺利进行。

5. 来源多样性

营运资金来源渠道多，企业可通过各种短期借款、应付账款、预收账款、应付票据、应付职工薪酬、应交税费、应付利润等筹资的方式来解决营运资金的需要，期限选择也比较灵活。

6.2 现金管理

6.2.1 现金的概念

现金是指物业企业在经营和管理过程中暂时停留在货币形态的资金，包括库存现金、银行存款和其他货币资金。

现金是变现能力最强的资产，可以用来满足生产经营开支的各种需要，也是还本付息和履行纳税义务的保证。如果不能如期支付到期的款项，将会损害企业的商业信誉，使企业在今后的采购等活动中遇到困难，甚至导致企业陷入财务危机。因此，拥有足够的现金对于降低企业的风险，增强企业资产的流动性和债务的可清偿性有着重要的意义。但是，现金属于非盈利资产，即使是银行存款，其利率也非常低。现金持有量过多，它所提供的流动性边际效益便会随之下降，进而导致企业的收益水平降低。因此，物业企业必须合理确定现金持有量，使现金收支不但在数量上，而且在时间上相互衔接，以便在保证企业经营活动所需现金的同时，尽量减少企业闲置的现金数量，提高资金收益率，在流动性和盈利性之间做出最佳选择。

6.2.2 现金的持有动机和成本

1．持有现金的动机

现金的持有动机，是指企业持有一定数量现金的原因。一般来说，企业持有现金，主要基于以下三个方面的动机：

（1）支付动机

支付动机又称交易动机，即企业在正常生产经营秩序下应当保持一定的现金支付能力。企业为了组织日常生产经营活动（如用于购买原材料、支付工资、偿付到期债务、派发现金股利等），必须保持一定数额的现金余额。一般来说，企业为满足交易动机所持有的现金余额主要取决于企业的销售水平。企业销售扩大，销售额增加，所需现金余额也随之增加。

（2）预防动机

预防动机，即企业为应付紧急情况而需要保持的现金数额。由于市场行情不确定（如销售不畅、价格波动、回款不及时等），企业通常难以对未来现金流入量与流出量做出准确的估计和预期。因此，在正常业务活动现金需要量的基础上，追加一定数量的现金余额以应付未来现金流入和流出的随机波动，是企业在确定必要现金持有量时应当考虑的因素。企业为应付紧急情况所持有的现金余额主要取决于以下几个因素：一是企业愿意承担风险的程度；二是企业临时举债能力的强弱；三是企业对现金流量预测的可靠程度；四是企业其他流动资产（如有价证券）的变现能力。

（3）投机动机

投机动机，即企业为了抓住各种瞬息即逝的市场机会，获得较大的利益而准备的现金余额。如在股票市价大幅下跌时购入股票，以期在股票价格反弹时卖出股票获取价差收入等。投机动机只是企业确定现金余额时所需考虑的次要因素之一，其持有量的大小往往与企业在金融市场的投资机会及企业对待风险的态度有关。

2．持有现金的成本

现金的成本通常由以下三个部分组成：

（1）持有成本

现金持有成本，也叫作现金的机会成本，是指企业因保留一定现金余额而增加的管理费及丧失的再投资收益。现金持有成本一般用于对现金的管理而发生的管理费用，如管理人员工资与安全措施费用等；丧失的再投资收益是由于企业不能同时用该项现金进行有价证券投资所产生的机会成本。管理费用具有固定成本的性质，它在一定范围内与现金持有量的多少关系不大，属于决策无关成本；而放弃的投资收益即机会成本则属于变动成本，它与现金持有的额度关系密切，它与现金持有量成正比例关系。即现金持有量越大，机会成本越高，反之越小，因此，它属于决策相关成本。

（2）转换成本

现金转换成本，是现金同有价证券之间相互转换的成本，如委托买卖佣金、委托手续费、证券过户费、实物交割手续费等。严格地讲，转换成本并不都是固定费用，有的具有变动成本的性质，如委托买卖佣金或手续费，这些费用通常是按照委托成交金额计算的。在有价证券总额一定的条件下，无论变现次数如何变动，所支付的委托佣金总额是相等的，那些依据委托成交额计算的转换成本与证券变现次数关系不大，属决策无关成本。这样，与证券变现次数密切相关的转换成本就只包括其中的固定性交易费用。固定性转换成本与现金持有量成反比例关系。

（3）短缺成本

现金的短缺成本，是指因现金持有量不足而又无法及时通过有价证券变现加以补充而给企业造成的损失，包括直接损失和间接损失。如丧失购买能力成本、信用损失成本等。现金短缺成本与现金持有量呈反方向变动关系，即现金持有量越大，短缺成本越低。

明确与现金有关的成本及其各自的特性，有助于从成本最低的角度出发确定现金最佳持有量。

6.2.3 最佳现金持有量

基于交易、投机、预防等动机的需要，企业必须保持一定数量的现金余额。确定最佳现金持有量是现金管理的重要内容。编制现金预算可以把握企业未来现金流入和流出的数量关系与期限结构，从而了解现金收支余缺，以便事先做出相应的财务安排。确定最佳现金持有量的模式主要有成本分析模式、存货模式和随机模式。

1. 成本分析模式

成本分析模式是通过分析持有现金的成本，寻找使持有成本最低的现金持有量的一种方法。运用成本分析模式确定现金最佳持有量，不考虑管理费用和转换成本，只考虑因持有一定量的现金而产生的机会成本及短缺成本。机会成本即因持有现金而丧失的再投资收益，与现金持有量成正比例变动关系，该模式考虑的持有成本包括：持有现金的机会成本、短缺成本和管理成本。使三项成本之和最小的现金持有量，就是最佳现金持有量，如图6-1所示。

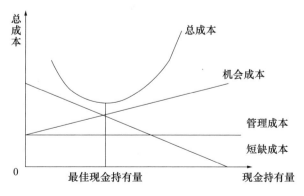

图6-1 成本分析模式示意图

从图6-1可以看出,由于各项成本同现金持有量的变动关系不同,使得总成本曲线呈抛物线形,抛物线的最低点,即为成本最低点,该点所对应的现金持有量便是最佳现金持有量,此时总成本最低。

实际工作中运用成本分析模式确定最佳现金持有量的步骤是:

(1)根据不同现金持有量测算并确定有关的成本数据;

(2)按照不同现金持有量及其有关成本资料编制最佳现金持有量测算表;

(3)在测算表中找出总成本最低时的现金持有量,即最佳现金持有量。

在这种模式下,最佳现金持有量,就是持有现金而产生的机会成本与短缺成本之和最小时的现金持有量。

[例6-1] 某公司有5种现金持有方案,它们各自的机会成本、管理成本和短缺成本,见表6-1。

现金持有方案　　　　　　　　　　单位:元　　表6-1

方　案	A	B	C	D	E
现金持有量	1000	2000	5000	10000	20000
机会成本	100	200	500	1000	2000
管理成本	80	80	80	80	80
短缺成本	1000	500	30	1	0

这五种方案的总成本计算结果见表6-2。

现金持有总成本　　　　　　　　　　单位:元　　表6-2

方　案	A	B	C	D	E
现金持有量	1000	2000	5000	10000	20000
机会成本($i=10\%$)	100	200	500	1000	2000
管理成本	80	80	80	80	80
短缺成本	1000	500	30	1	0
总成本	1180	780	610	1081	2080

通过分析比较上表中各方案的总成本可知,现金持有量为5000元时,现金的持有成本为610元,是各方案中最低的,因此,该企业现金最佳持有量为5000元。

2. 存货模式

现金是企业生产经营活动中的一种特殊的存货。像其他存货一样,为保证企业生产经营活动的正常运行,企业需要保持一定数量的现金,但同时要为此付出一定的成本。存货模式,是将存货经济订货批量模型原理用于确定目标现金持有量,与成本模式类似,存货分析模式也是现金相关成本之和最低为最佳持有量。存货模式一般适用于企业现金收支情况稳定的情况,存货模式主要考虑机会成本和转换成本。

运用存货模式确定最佳现金持有量时,是以下列假设为前提的:

（1）企业所需要的现金可通过证券变现取得，且证券变现的不确定性很小；

（2）企业预算期内现金需求总量可以预测；

（3）现金的支出过程比较稳定、流动较小，而且每当现金余额降至零时，均通过部分证券变现得以补足；

（4）证券的利率或报酬率以及每次固定性交易费用可以获悉。

利用存货模式计算现金持有量时，由于现金短缺时可以通过有价证券转换补充，对短缺成本不必考虑，只对机会成本和固定性转换成本予以考虑。二者与现金持有量的关系为：在现金需求总量一定的前提下，现金持有量越大，机会成本就越大，但由于证券转换次数减少，转换成本就越小。反之，减少现金持有量，尽管可以降低持有现金的机会成本，但转换成本会随着证券转换次数的增加而相应增加，转换成本和机会成本与现金持有量之间的反方向变动趋势要求企业对现金与有价证券的分配比例进行合理安排，从而使机会成本与转换成本保持最低的组合水平。因此，能够使持有现金的机会成本与固定性转换成本之和保持最低的现金持有量，即为最佳现金持有量。

在这4个假设前提下，物业企业的现金流量可以用图6-2来表示。

设 T 为一个周期内现金总需求量；F 为每次转换有价证券的固定成本；Q 为最佳现金持有量（每次证券变现的数量）；K 为有价证券利息率（机会成本）；TC 为现金相关总成本。则：

现金相关总成本＝持有机会成本＋固定性转换成本

即：

$$TC = (Q/2) \times K + (T/Q) \times F$$

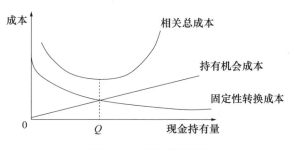

图6-2 存货模式示意图

从图6-2可以看出，现金管理的相关总成本与其持有量呈凹形曲线关系。持有现金的机会成本与证券变现的交易成本相等时，相关总成本最低，此时的现金持有量为最佳现金持有量，即：

$$Q = \sqrt{\frac{2TF}{K}}$$

将上式代入总成本计算公式得出最低现金管理相关总成本：

$$TC = \sqrt{2TFK}$$

该计算现金相关总成本的公式，只有在现金持有量为最佳持有量时才可以使用，若现金持有量不是最佳现金持有量，只能使用最初的公式计算。

[例6-2] 某物业企业现金收支状况比较稳定，预计全年（按360天计算）需要现金400万元，现金与有价证券的转换成本为每次400元，有价证券的年利率为8%，要求采用存货模式确定该企业的最佳现金持有量。则：

$$最佳现金持有量（Q）=\sqrt{\frac{2\times4000000\times400}{8\%}}=200000（元）$$

$$最低现金管理相关总成本（TC）=\sqrt{2\times4000000\times400\times8\%}=16000（元）$$

其中：有价证券交易次数＝4000000/200000＝20（次）

有价证券交易间隔期＝360÷20＝18（天）

转换成本＝（4000000÷200000）×400＝8000（元）

持有机会成本＝（200000÷2）×8%＝8000（元）

现金持有量的存货模式是一种简单、直观的确定最佳现金持有量的方法。但它也有缺点，主要是它假定现金的流出量均匀发生，而且现金的持有成本和转换成本比较容易确定，只有满足了上述条件，才可以使用存货模型来确定最佳现金持有量。

3．随机模式

现金存货模型得以成立的一个基本假设是企业将以均衡的速率取得和使用现金。但企业的实际现金收付是起伏不定的，有时取得一大笔款项，有时支出一大笔款项，因此，存货模型的假设过于简单。

随机模式适用于现金需求量难以预知的情况下进行现金持有量的控制。

该方法是企业测算出一个符合自身特点的现金持有量控制范围，即现金持有量的上限和下限，当现金持有量在该控制范围之内，企业不需要调整现金持有量，如果现金持有量超过了上限，则需要通过买入有价证券，降低现金持有量。如果现金持有量低于下限，企业则需要卖出持有的有价证券。该方法的关键在于确定一条最优现金返回线 R（即最佳现金持有量），当企业的现金持有量超越了上限或下限时，企业通过买入或卖出有价证券调整现金持有量，使现金持有额达到最优现金返回线，如图6-3所示。

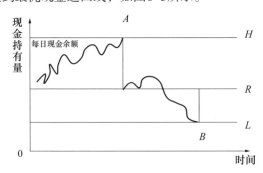

图6-3　随机模式示意图

图6-3中，H 为现金余额的上限，L 为现金余额的下限，返回线 R 为现金最佳持有量目标控制线。当现金余额升至 H 时，购进（$H-R$）金额的有价证券，使现金余额回落到 R 线上；当现金余额降到 L 时，出售（$R-L$）金额的有价证券，使现金余额上升到 R 线上。目标现金

余额 R 可按下面公式确定：

$$R=\sqrt[3]{\frac{3F\sigma^2}{4K}}+L$$

$$H=3R-2L$$

式中：F 为有价证券每次的转换成本；K 为有价证券的日期每日现金余额变化的标准差（可根据历史资料测算）；L 为现金持有额下限；H 为现金持有额上限。

由上述分析可知，随机模型根据每日现金收支变化幅度的大小、投资收益的高低和投资与现金之间相互转换成本的大小确定现金余额的均衡值和上下限的范围。如果现金收支变化幅度大、转换成本高，上下限之间的范围就应该大些；如果利息率高，这个范围就小些。

[例6-3] 某物业公司有价证券的年利率为9%，固定转换成本为50元，该企业的现金持有量下限为2500元，根据以往经验测算得出的每日现金余额变化的标准差为800元。试计算最佳现金返回线 R 和现金持有上限 H。

$$\text{有价证券的日利率}=9\%\div 360=0.025\%$$

$$R=\sqrt[3]{\frac{3\times 50\times 800^2}{4\times 0.025\%}}+2500=7079$$

$$H=3\times 7079-2\times 2500=16237$$

6.2.4 现金日常管理

企业在确定了最佳现金持有量后，还应采取各种措施，加强现金的日常管理，尽快加速现金的周转速度，尽量延缓现金支出的时间，提高现金的利用效率，有效控制现金支出，充分利用闲置现金，最大限度地发挥其效用。现金日常管理基本内容主要包括以下几个方面：

1．加速收款

加速收款主要是尽可能缩短从客户汇款或开出支票到企业收到客户汇款或将其支票兑现的过程。企业应根据成本与收益比较原则选用适当方法加速账款的收回。一般来说，企业账款的收回需要经过四个时点，即客户开出付款票据、企业收到票据、票据交存银行和企业收到现金。

企业账款收回的时间包括票据邮寄时间、票据在企业停留时间以及票据结算的时间。前两个阶段所需时间的长短不但与客户、企业、银行之间的距离有关，而且与收款的效率有关。在实际工作中，缩短这两段时间的方法一般有邮政信箱法、银行业务集中法等。

（1）邮政信箱法

邮政信箱法又称锁箱法，是西方企业加速现金流转的一种常用方法。企业可以在各主要城市租用专门的邮政信箱，并开立分行存款户，授权当地银行每日开启信箱，在取得客户票据后立即予以结算，并通过电汇再将货款拨给企业所在地银行。

在锁箱法下，客户将票据直接寄给客户所在地的邮箱而不是企业总部，不但缩短了票据邮寄时间，还免除了公司办理收账、货款存入银行等手续，因而缩短了票据邮寄以及在企业的停留时间。但采用这种方法成本较高，因为被授权开启邮政信箱的当地银行除了要求扣除相应的补偿性余额外，还要收取办理额外服务的劳务费，导致现金管理成本增加。因此，是否采用邮政信箱法，需视提前回笼现金产生的收益与增加的成本的大小而定。

（2）银行业务集中法

这是一种通过建立多个收账中心来加速现金流转的方法。在这种方法下，企业指定一个主要开户行（通常是总部所在地）为集中银行，并在收款额较集中的若干地区设立若干个收款中心；客户收到账单后直接汇给当地收款中心，中心收款后立即存入当地银行；当地银行在进行票据交换后立即转给企业总部所在银行。这种方法可以缩短客户邮寄票据所需时间和票据接收所需时间，也就缩短了现金从客户到企业的中间周转时间。但是，采用这种方法须在多处设立收账中心，从而增加了相应的费用支出。

上述两种加速收款的做法都是有代价的，只要其边际收益大于边际开支，这些做法都是可行的，否则是不可行的。比如，银行业务集中法缩短了现金从客户到企业的中间周转时间，但在多处设立收账中心，增加了相应的费用支出。为此，企业应在权衡利弊得失的基础上，做出是否采用银行业务集中法的决策。

除上述方法外，还可以采取电汇、大额款项专人处理、企业内部往来多边结算、集中轧抵、减少不必要的银行账户等方法加快现金回收。

2．现金支出管理

与现金收入管理相反，现金支出管理的主要任务是尽可能延缓现金的支出时间。当然这种延缓必须是合理合法的，否则企业延期支付账款所得到的收益将远远低于由此而遭受的损失。现金支出的控制包括金额上和时间上的控制，企业通常采用以下方法：

（1）合理利用"浮游量"。现金的浮游量是指企业账户上银行存款余额与银行账户上所示的存款余额之间的差额。有时，企业账户上的银行存款余额已为零或负数，而银行账上的该企业的银行存款余额还有很多，这是因为有些企业已经开出的付款票据尚处在传递中，银行尚未付款出账。如果能正确预测浮游量并加以利用，可节约大量现金。但这需要很精确地计算，如计算不准确，会发生银行存款透支现象。

（2）推迟支付应付款。它是指在不影响企业信誉的前提下，尽可能地推迟应付款的支付期，充分利用供货方所提供的信用优惠，使企业增加可利用的现金流量，减少持有现金总量，如在信用期的最后一天付款。

（3）汇票代替支票。在使用支票付款时，只要收款人将支票存入银行，付款人就要无条件地付款。与支票不同的是，汇票不是"见票即付"的付款方式，在收款人将汇票送达银行后，银行要将汇票送交付款人承兑，并由付款人将一笔相当于汇票金额的资金存入银行，银行才会付给收款人，这样推迟企业使用现金支付汇票的实际所需时间，从而延缓了现金的支出。例如，企业采购材料时，付款条件是（2/10, N/30），如果企业资金宽裕，应争取享受折扣，在第十天付款；如果企业资金紧张，无法享受折扣，应争取在第三十天付款。这样，企业就可以最大限度利用这笔现金。

（4）改进工资支付方式。企业在银行为支付工资单独开设一个账户。为了最大限度地减少这一存款余额，企业可预先估计开出支付工资支票到银行兑现的具体时间。例如，某企业在每月5日支付工资，根据经验，5日、6日、7日及7日以后的兑现率分别为20%、25%、30%和25%。这样，企业就不需在5日存足支付全部工资所需要的工资额。而可将节余下的部分现金用于其他投资。

除上述做法外，企业还可以利用银行向企业提供的信用进行透支，透支的限额由银行和企业共同商定，同时，企业尽量争取现金流出与现金流入同步也是控制现金支出的重要方法。

3．闲置现金投资管理

企业在筹资和经营时，会取得大量的现金，这些现金在用于资本投资或其他业务活动之前，通常会闲置一段时间。对暂时闲置的现金，企业把闲置资金投入到流动性高、风险性低、交易期限短的金融工具中，以期获得较多的收入。可以用于短期证券投资以获取利息收入或资本利得，如果管理得当，可为企业增加相当可观的净收益。在货币市场上，通常使用的金融工具主要有国库券、可转让大额存单、回购协议等。

6.3 应收账款管理

应收账款是指企业因对外赊销产品、材料、供应劳务等而应向购货或接受劳务的单位收取的款项。企业在采取赊销方式促进销售、减少存货的同时，会因持有应收账款而付出一定的代价，主要包括机会成本、管理成本、坏账成本，但同时也会因销售增加而产生一定的收益。信用政策的制定就是在成本与收益比较原则的基础上，做出信用标准、信用条件和收账政策的具体决策方案。企业还应通过采取应收账款的管理措施，主要包括应收账款追踪分析、应收账款账龄分析、应收账款收现率分析和建立应收账款坏账准备制度，降低坏账损失风险。随着商业信用范围的不断扩大，应收账款越来越多，使得应收账款管理成为营运资本管理的重要内容。

6.3.1 应收账款的功能

发生应收账款功能主要体现在以下两方面：

1．市场竞争

这是发生应收账款的主要原因。在社会主义市场经济条件下，存在着激烈的市场竞争。市场竞争迫使企业以各种手段扩大销售。企业除了依靠产品质量、价格、服务等手段促销外，赊销也是扩大销售的重要手段。例如，有甲乙两个供货商，甲企业的条件是全部付现，乙企业的付款条件是一个月后付款。如果是相同的价格，类似质量的产品，一样的售后服务，采购商一定愿意购买乙企业的商品。实行赊销，无疑给客户购买产品带来了更多的机会，相当于给客户提供一项无息贷款，对客户的吸引力极大，因此赊销能达到增加销售的目的。所以资金短缺时或新产品推广时赊销作用更为明显。

2．减少存货

企业持有存货，对存货的管理，需要支付管理费、仓储费、保险费等，但赊销能促进产品销售，企业持有应收账款则无需支付以上费用，从而减少了存货管理的相关支出。所以，企业销售淡季时，可以采用比较优惠的信用条件进行销售，将存货转为应收账款，节约各项支出。

6.3.2 应收账款的成本

应收账款是企业因赊销而产生的一项短期债权，是企业向客户提供的一种商业信用。与现销相比，由于企业在销售产品的同时向对方提供了相当于货款资金的信用资金，这对买方而言具有极大的吸引力；对赊销一方也可以强化市场竞争的地位和实力，扩大销售、增加收益，降低存货管理成本，尤其是在卖方产品销售不畅、竞争力不强的情况下，对于增加销售具有十分重要的意义。同时，有助于减少销货企业的存货，企业持有产成品存货不仅占用资金，而且还会发生仓储保管费、维护费、保险费等支出，同时还可能遭受毁损、变质等损失。物业企业出现应收账款的主要原因是为了扩大销售或服务，实现收入，增强企业的竞争力，所以它是一种资金投放，也必然产生成本，主要表现为以下几种成本：

1．机会成本

应收账款的机会成本是指因资金投放在应收账款上而丧失的其他收入，如投资于有价证券便会有利息、股息收入。用于企业内部周转会有一个相当于企业投资利润率的收益。机会成本的大小通常与企业应收账款占用资金的数额成正向关系，即应收账款占用资金数额越大，机会成本越高，反之越低。这种成本一般按有价证券的利息率或资本成本率来计算，计算公式为：

应收账款的机会成本＝维持赊销业务所需要的资金×资本成本率（或有价证券利息率）

公式中的资金成本率一般可按有价证券利息率计算，也可按企业综合资金成本率计算。

维持赊销业务所需要的资金数量可按下列步骤计算：

（1）计算应收账款平均余额：

$$应收账款平均余额 = \frac{年赊销额}{360} \times 平均收账天数$$

$$= 平均每日赊销额 \times 平均收账天数$$

（2）计算维持赊销业务所需要的资金：

$$维持赊销业务所需要的资金 = 应收账款平均余额 \times \frac{变动成本}{销售收入}$$

$$= 应收账款平均余额 \times 变动成本率$$

以上分析是建立在赊销数量是在业务量的相关范围之内，即企业的成本水平保持不变（单位变动成本不变，固定成本总额不变），因此，随着赊销业务的扩大，只有变动成本总额随之上升。

[例6-4]假设某物业企业预测的年度赊销额为60万元，应收账款平均收账天数为60天，变动成本率为60%，资金成本率为8%，则应收账款的机会成本是多少呢？

应收账款的机会成本可计算如下：

$$应收账款平均余额 = (60/360) \times 60 = 10（万元）$$
$$维持赊销业务所需要的资金 = 10 \times 60\% = 6（万元）$$
$$应收账款机会成本 = 6 \times 8\% = 0.48（万元）$$

上述计算表明，企业投放6万元的资金可维持60万元的赊销业务，相当于垫支资金的10倍之多。这一较高的倍数在很大程度上取决于应收账款的收账速度。正常情况下，应收账款收账天数越短，一定数量资金所维持的赊销额就越大；应收账款收账天数越长，维持相同赊销额所需要的资金数量就越大。而应收账款的机会成本在很大程度上取决于企业维持赊销业务所需要资金的多少。

2．管理成本

应收账款的管理成本是指企业对应收账款进行管理而耗费的开支，主要包括对客户的资信调查费用、进行账龄分析、采取催款行动等收账费用和其他费用。

3．坏账成本

应收账款基于商业信用而产生，存在无法收回的可能性，由此给应收账款持有企业带来的损失，即为坏账成本。这一成本一般与应收账款数量同方向变动，即应收账款越多，坏账成本也越多。为规避发生坏账成本给企业生产经营活动的稳定性带来不利影响，企业应合理提取坏账准备。

6.3.3 信用分析

对客户进行信用分析的目的是确定其能否取得销货企业给予的商业信用和以什么样的条件取得商业信用。信用分析的对象有两类：新客户和老客户。显然，对新客户进行信用分析的难度更大。

1．信息渠道

进行信用分析首先需要了解客户的信用状况，这就需要信用分析者善于利用各种信息渠道。可以利用的信息渠道主要有：① 商业代理机构或资信调查机构所提供的客户信息资料及信用等级标准资料；② 委托往来银行信用部门向与客户有关联业务的银行索取信用资料；③ 同与相同客户有信用关系的其他企业相互交换该客户的信用资料；④ 客户的财务报告资料；⑤ 企业自身的经验与其他可取得的资料等。

2．5C要素分析

5C要素分析法是分析借款人品德、经营能力、资本、资产抵押、经济环境五个方面信用要素的方法。

（1）借款人品德（Character）。要求借款人必须诚实可信，善于经营。通常要根据过去记录结合现状调查来进行分析，包括企业经营者的年龄、文化、技术结构、遵纪守法情况、开拓进取及领导能力，有无获得荣誉奖励或纪律处分，团结协作精神及组织管理能力。

（2）经营能力（Capacity）。要分析借款企业的生产经营能力及获利情况，管理制度是否健全，管理手段是否先进，产品生产销售是否正常，在市场上有无竞争力，经营规模和经营实力是否逐年增长，财务状况是否稳健。

（3）资本（Capital）。企业资本往往是衡量企业财力和贷款金额大小的决定因素，企业资本雄厚，说明企业具有强大的物质基础和抗风险能力。因此，信用分析必须调查了解企业资本规模和负债比率，反映企业资产或资本对于负债的保障程度。

（4）资产抵押（Collateral）。资产可以用作贷款担保和抵押品，有时申请贷款也可由其他企业担保。有了担保抵押，信贷资产就有了安全保障。信用分析必须分析担保抵押手续是否齐备。抵押品的估值和出售有无问题，担保人的信誉是否可靠。

（5）经济环境（Condition）。经济环境对企业发展前途具有一定影响，也是影响企业信用的一项重要的外部因素。信用分析必须对企业的经济环境，包括企业发展前景、行业发展趋势、市场需求变化等进行分析，预测其对企业经营效益的影响。

通过上述五种信用标准的分析，基本上可以判断客户的信用状况，为物业企业最终决定是否向客户提供信用做准备。

［例6-5］某物业公司原来的信用标准是只对预计坏账损失率低于4%的客户提供商业信用。该企业的销售利润率为20%，变动成本率为60%，同期有价证券的利息率为10%。面对激烈的市场竞争，该企业为扩大销售，拟放松信用标准，有关资料见表6-3。

两种不同的信用标准所产生的结果　　　　　　　　　　表6-3

项目	改变前	改变后
信用标准（预计坏账损失率）	4%	8%
赊销收入净额/元	100000	240000
应收账款的平均收款期/天	45	60
应收账款的管理成本/元	1000	1500

要求：根据上述资料，计算两种不同信用标准对企业利润的影响，并判断企业是否应改变原有的信用标准。

解：两种不同的信用标准对企业利润的影响见表6-4。

两种不同的信用标准对企业利润影响的计算　　　　单位：元　　表6-4

项目	改变前	改变后	差额
销售利润	100000×20%＝20000	240000×20%＝48000	28000
应收账款的机会成本	100000÷360×45×60%×10%＝750	240000÷360×60×60%×10%＝2400	1650

续表

项目	改变前	改变后	差额
应收账款的管理成本	1000	1500	500
坏账损失	100000×4%=4000	240000×8%=19200	15200
应收账款的成本总额	5750	23100	17350
净利润	20000－5750=14250	48000－23100=24900	10650

从上面计算结果可知，改变信用标准后该企业的净利润增加了10650元，在这种情况下应改变原来的信用标准。

3．财务分析

财务分析的主要手段是通过各项财务比率对客户的偿债能力、盈利能力、运营能力等进行分析，并对其信用状况得出总体评价。

4．信用评分

信用评分是指根据客户的历史信用资料，利用一定的信用评分模型，得到不同等级的信用分数。根据客户的信用分数，授信者可以分析客户按时还款的可能性。据此，授信者可以决定是否准予授信以及授信的额度和利率。虽然授信者通过分析客户的信用历史资料，同样可以得到这样的分析结果，但利用信用评分却更加快速、更加客观、更具有一致性。

6.3.4 应收账款信用政策

应收账款信用政策，是指企业为对应收账款投资进行规划与控制而确立的基本原则与行为规范，包括信用标准、信用条件和收账政策三部分内容。

1．信用标准

信用标准是客户获得物业企业商业信用所应具备的最低条件，通常以预期的坏账损失率表示。企业在信用标准的确定上，面临着两难选择，即标准过低，销售扩大但增加坏账风险和收账费用；标准过严过高，固然可以降低违约风险，减少坏账损失及收账费用，但许多客户会因不达标而不能享受企业的信用政策，从而影响企业的市场竞争力和销售收入的增加。到底应向客户提供什么样的信用标准，企业至少应做好两方面的工作：一是综合分析影响信用政策制定的因素；二是在应收账款投资所增加的收益与增加的成本之间进行权衡。

主要通过以下三个步骤来完成：

（1）设定信用等级标准。即根据对客户信用资料的调查分析，确定评价信用优劣的数量标准。这可以以一组具有代表性、能够说明付款能力和财务状况的若干比率（如流动比率、速动比率、应收账款平均收账天数、存货周转率、产权比率或资产负债率、赊购付款履约情况等）作为信用风险指标，根据信用指标的历史数据，分别确定信用好和信用差两类顾客的上述比率的平均值，作为比较其他顾客的信用标准。

（2）计算各自的指标值，利用既有或潜在客户的财务报表数据，并与上述标准比较。比较的方法是：若某客户的某项指标值等于或低于差的信用标准，则该客户的拒付风险系数（即坏账损失率）增加10个百分点（10%）；若客户的某项指标值介于好与差的信用标准之间，则该客户的拒付风险系数（坏账损失率）增加5个百分点（5%）；当客户的某项指标值等于或高于好的信用标准时，则视该客户的这一指标无拒付风险，最后，将客户的各项指标的拒付风险系数累加，即作为该客户发生坏账损失的总比率。

（3）确定各有关客户的信用等级。依据上述风险系数的分析数据，按照客户累计风险系数由小到大进行排序。然后，结合企业承受违约风险的能力及市场竞争的需要，具体划分客户的信用等级，如累计拒付风险系数在5%以内的为A级客户，在5%与10%之间的为B级客户等。对于不同信用等级的客户，分别采取不同的信用对策，包括拒绝或接受客户信用订单，以及给予不同的信用优惠条件或附加某些限制条款等。

2. 信用条件

信用条件是企业评价客户等级，决定给予或拒绝客户信用的依据。即业主或客户应物业企业的要求支付应付账款的条件。主要包括信用期限、折扣期限及现金折扣率等。一旦企业决定给予客户信用优惠时，就需要考虑具体的信用条件。

（1）信用期限

信用期限是指物业企业给顾客或业主规定的最长付款时间。例如：若某物业企业允许客户在某服务项目完成后10天内付款，则信用期限为10天。通常，延长信用期限，有利于企业营业额上升，增加收入，但不适当地延长或缩短信用期限，也会给企业造成损失，因为若使平均收账期延长，应收账款占用的资金相应增加，引起机会成本等信用成本增加，还会引起坏账损失和收账费用的增加；若缩短信用期限，虽然能减少信用成本的发生，但可能吸引顾客或业主，不利于扩大销售，导致企业收入减少。因此，企业是否给客户延长信用期限，应视延长信用期限增加的边际收入是否大于增加的边际成本而定。

［例6-6］某物业公司采用30天按发票全额付款的信用规定，现准备将信用期限放宽至60天仍按发票金额付款，如投资收益率为15%，则信用期限应采用30天还是60天对企业有利。有关数据见表6-5。

两种不同的信用期限产生的影响　　　　表6-5

项目＼信用期	30天	60天
营业量（个）	50000	60000
销售额（元，每个5元）	250000	300000
变动成本（元，每个4元）	200000	240000
固定成本（元）	25000	25000
毛利（元）	25000	35000
可能的收账费用（元）	1500	2000
可能的坏账损失（元）	2500	4500

先计算分析放宽信用期得到的收益，再计算增加的成本，最后根据两者比较的结果做出判断。

1）信用条件变化对收益的影响。

$$收益的增加＝销售量的增加×单位边际贡献$$
$$＝（60000－50000）×（5－4）＝10000（元）$$

2）信用条件变化对应收账款机会成本的影响。

$$应收账款机会成本＝应收账款占用资金×资金成本率$$
$$应收账款占用资金＝应收账款平均余额×变动成本率$$
$$应收账款平均余额＝\frac{年赊销额}{360}×平均收账天数$$
$$＝平均每日赊销额×平均收账天数$$

30天信用期机会成本＝250000÷360×30×200000÷250000×15%＝2500（元）
60天信用期机会成本＝300000÷360×60×240000÷300000×15%＝6000（元）
机会成本增加额＝6000－2500＝3500（元）

3）信用条件变化对收账费用和坏账损失的影响。

收账费用增加＝2000－1500＝500（元）
坏账损失增加＝4500－2500＝2000（元）

4）信用期限变化的净收益或净损益。

信用期限变化的净损益＝10000－（3500＋500＋2000）＝4000（元）

由于企业采用60天信用期限，可以增加收益4000元，所以信用期限采用60天对企业有利。

（2）现金折扣和折扣期限

折扣期限是物业企业给予客户折扣的期限，通常用天数来表示。现金折扣一般在赊销的情况下存在，物业企业为鼓励业主或客户早日付款而给予其在商品价格上所做的扣减，且在赊销信用订单上加以注明。折扣的主要目的是吸引业主或客户为享受优惠政策而提前付款，缩短企业应收账款的平均收账期。现金折扣的表示方式一般采用"2/10，1/20，n/30"。分子代表的是折扣期。其含义是：2/10表示在10天内付款，可享受2%的优惠，即只需要原价的98%；1/20表示在20天内付款，可享受1%的优惠，即只需要原价的99%；n/30表示在付款的最后期限付款，也就是企业要求要求客户支付货款的宽限期限，此时无任何优惠条件。

物业企业是否采用折扣及折扣条件如何确定，关键还是要看折扣所能带来的收益与应收账款的成本孰高孰低，权衡决断。确定折扣的方法和程序与确定信用期限的方法和程序一致，只不过把所提供的延期付款时间和折扣综合起来，看各方案的延期与折扣能取得多大的收益增量，再计算各方案带来的成本变化，最终确定最佳方案。

［例6-7］解：根据物业企业业务资料，可计算相应指标，见表6-6。

信用条件分析评价表　　　　　　　　　　　　单位：万元　　表6-6

项目	A（n/30）	B（n/60）	C（n/90）
年赊销额	3360	3600	4200
变动成本	2016	2160	2520
信用成本前收益	1344	1440	1680
信用成本：			
应收账款机会成本	168×10%=16.8	396×10%=39.6	630×10%=63
坏账损失	67.2	108	210
收账费用	35	58	102
小计	119	205.6	375
信用成本后收益	1225	1234.4	1305

根据表6-6中的资料可知，在这三种方案中，C方案（n/90）的获利最大，它比A方案（n/30）增加收益80万元；比B方案（n/60）的收益要多70.6万元。因此，在其他条件不变的情况下，应选择C方案。

[例6-8] 仍以[例6-7]所列的资料为例，如果企业为了加速应收账款的回收，决定在C方案的基础上将赊销条件改为"2/10，1/30，n/90"（D方案），估计约有60%的客户（按赊销额计算）会利用2%的折扣；15%的客户将利用1%的折扣。坏账损失率降为2%，收账费用降为85万元。根据上述资料，有关指标可计算如下：

应收账款平均收账天数=60%×10+15%×30+（1-60%-15%）×90=33（天）

应收账款平均余额=4200÷360×33=385（万元）

维持赊销业务所需要的资金=385×60%=231（万元）

应收账款机会成本=231×10%=23.1（万元）

坏账损失=4200×2%=84（万元）

现金折扣=4200×(2%×60%+1%×15%)=56.7（万元）

根据以上资料可编制表6-7。

信用条件分析表　　　　　　　　　　　　单位：万元　　表6-7

项目	C（n/90）	D（2/10，1/30，n/90）
年赊销额	4200	4200
减：现金折扣	—	56.7
年赊销净额	4200	4143.3
减：变动成本	2520	2520
信用成本前收益	1680	1623.3
信用成本：		
应收账款机会成本	630×10%=63	231×10%=23.1
坏账损失	210	84
收账费用	102	85
小计	375	192.1
信用成本后收益	1305	1431.2

计算结果表明，实行现金折扣以后，企业的收益增加126.2万元，因此，企业最终应选

择D方案（2/10，1/30，n/90）作为最佳方案。

企业制定的现金折扣率越高，折扣期限越长，对客户提前付款的吸引力越大，但相应的折扣成本也越高。因此，企业需要坚持成本效益原则，慎重制定现金折扣政策。

3．收账政策

收账政策，是指当客户或业主违反信用条件，拖欠甚至拒付账款时，物业企业所采取的收账策略或措施。一般而言，企业在对客户提供商业信用时，就应该考虑到客户是否会拖欠或拒付，企业对拖欠的应收账款进行催收，需要付出一定费用，如收款所花的邮电通讯费、派专人收款的差旅费和不得已时的法律诉讼费等。考虑一旦发生拖欠或拒付，企业应采取怎样的措施应对。因此制定完善的收账政策是保证应收账款及时收回的前提和保证。通常情况下，企业为了扩大销售，增强竞争能力，往往对客户的逾期未付款项规定一个允许的拖欠期限，超过规定的期限，企业就应采取各种形式进行催收。如果企业制定的收款政策过宽，会导致逾期未付款项的客户拖延时间更长，对企业不利；收账政策过严，催收过急，又可能伤害无意拖欠的客户，影响企业未来的销售和利润。因此，企业在制定收账政策时，要权衡利弊，掌握好宽严界限。

物业企业收账的措施很多，如打电话、写信或下催缴通知单、派专人登门面谈催收、采用法律手段等，企业可视具体情况酌情而定。一般对有良好信用记录的超过付款期限较短的客户或业主，不予过多打扰，或可采用书信方式催讨欠款，以免将来失去这一市场。如过去缴费记录情况一直良好突然某个月欠缴的业主或客户，要核实清楚，再用电话联系提醒业主尽快缴费。对经常性欠缴费用的业主或客户，除打电话催收外，还可采用措辞严厉的信件或下发催缴单。对长期不缴费的业主或客户应派专人登门面谈催收，如谈判不成，只能求助于法律手段，采取强制措施。需要注意的是，物业企业不要对所有的拖欠客户或业主均通过法律途径解决，因为企业的目的，不是争论谁是谁非，而是在于怎样最有效的将客户或业主所欠的账款收回。实际上，每个客户拖欠或拒付账款的原因是不尽相同的，如果能够同客户商量拿出折衷的方案，或许会有意外的收获，甚至有可能将大部分账款收回。

企业如果采用较积极的收账政策，可能减少应收账款机会成本，减少坏账损失，但会增加收账的成本。如果采用消极的收账政策，可能增加应收账款的机会成本，增加坏账损失，但可以减少收账费用。虽然收账成本与应收账款机会成本成反比例关系，但这一关系不是线性关系，他们的关系可以描述为：

（1）开始花费一些收账费用，应收账款机会成本和坏账损失都有部分降低。

（2）收账费用继续增加，应收账款机会成本和坏账损失明显减少。

（3）收账费用达到某一限度以后，应收账款机会成本和坏账损失的减少呈减弱趋势，这个限度称为饱和点。

（4）到达饱和点，企业再增加应收账款收账费用可能对进一步降低应收账款机会成本和坏账损失没有作用。以上关系如图6-4所示。

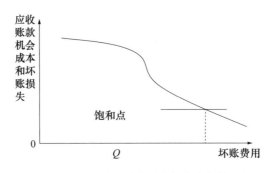

图6-4 收账成本与应收账款机会成本关系图

4．综合信用政策

要制定最优的信用政策，应把信用标准、信用条件和收账政策结合起来，考虑其综合变化对销售额、应收账款机会成本、坏账成本和收账成本的影响。决策的原则仍是赊销的总收益应大于赊销带来的总成本。综合决策的计算相对复杂，计算中的几个变量都是预计的，有相当大的不确定性。因此，信用政策的制定并不能仅靠数量分析，在很大程度上要由管理的经验来判断决定。一般可按如下步骤来制定综合信用政策：

（1）根据一定的信用标准建立相应的信用期限以及收账政策。

（2）根据信用政策和预计销售收入指标来计算确定应收账款占用金额。

（3）根据应收账款所占用的资金来合理安排资金的筹集，以保证生产、销售的正常需求。

6.3.5 应收账款日常管理

应收账款发生之后，企业应加强对应收账款的日常管理，采取有力措施进行分析控制，争取及时收回，减少坏账损失。当然，影响应收账款的因素很多，在控制过程中应按以下原则进行。

1．加强信用调查

物业企业应做好对业主的信用管理，加强建立健全信息管理制度，做好业主信息管理，物业管理公司在办理业主入户手续时登记清楚详细信息，并核实信息的真实性，同时，物业企业需要定期对业主资料进行更新，对业主经济能力及信用进行评估，不断优化业主资料，建立诚信档案，为信用状况良好的业主提供赊销服务。当新业主提出赊销的信用要求时，企业调查人员可以通过与客户当面采访、询问或通过信用评估机构、商业银行信用部门和财务咨询公司等方式获得信用资料，经过调查分析，再决定是否同意赊销以及赊销金额的大小，以防止意外情况造成的损失。

2．加强应收账款信息跟踪管理

对于已发生的应收账款，除账面记录外，还应依据一定标准进行跟踪管理，对发生应收账款的客户或业主，企业要区别对待，集中精力用于信用差、可靠性较低的客户的调查分析，对其严格控制，而不是把精力平均分摊到每一个客户或业主上。定期进行应收账款账龄结构分析，即对已经发生的各账龄应收账款的余额占应收账款总计余额的比重。

企业已发生的应收账款时间长短不一,有的尚未超过信用期,有的则已逾期拖欠。一般来讲,逾期拖欠时间越长,账款催收的难度越大,成为坏账的可能性也就越高。因此,企业应对应收账款回收情况进行严密的监督。一般可通过编制账龄分析表进行。应收账款账龄表根据应收账款拖欠期的长短将其划分为不同的类别,并注明其在全部应收账款中所占的比例,从而可以为企业提供应收账款管理的具体信息。其格式见表6-8。

账龄分析表　　　　　　　　　　　表6-8

2016年12月31日

应收账款账龄	账户数量(个)	金额(万元)	百分率(%)
信用期内	200	8	40
超过信用期1~20天	100	4	20
超过信用期21~40天	50	2	10
超过信用期41~60天	30	2	10
超过信用期61~80天	20	2	10
超过信用期81~100天	15	1	5
超过信用期100天以上	5	1	5
合　　计	420	20	100

利用账龄分析表,企业可以了解到以下情况:

(1)有多少欠款尚在信用期内。表6-8显示,有价值8万元的应收账款处在信用期内,占全部应收账款的40%。这些欠款是正常的,但届时能否收回不能肯定,所以及时监管非常重要。

(2)有多少欠款超过了信用期限,各时间段分别有多少款项,有多少欠款会因拖欠时间太久而可能成为坏账。表6-8显示,有价值12万元的应收账款已超过了信用期,占全部应收账款的60%。不过,其中拖欠时间较短的(20天内)有4万元,占全部应收账款的20%,这部分欠款收回的可能性很大,拖欠时间较长的(21~100天)有7万元,占全部应收账款的35%,这部分欠款回收有一定难度;拖欠时间很长的(100天以上)有1万元,占全部应收账款的5%,这部分欠款有可能成为坏账。对不同拖欠时间的客户,企业应采取不同的收账方法,制定经济、可行的收账政策,对可能发生的坏账损失,则应提前做出准备,充分估计这一因素对企业损益的影响。

应收账款方案账龄表　　　　　　单位:元　表6-9

应收款账龄(天)	A物业公司		B物业公司	
	应收账款数额	百分率(%)	应收账款数额	百分率(%)
0~10	8000	53.3	13000	86.6
11~30	3500	23.3	1900	12.6
31~45	1800	12.0	100	0.8
46~60	1200	8.0	0	0.0

续表

应收款账龄（天）	A物业公司		B物业公司	
	应收账款数额	百分率（%）	应收账款数额	百分率（%）
60以上	500	3.4	0	0.0
应收账款总计	15000	100.0	15000	100.0

由表中数据可以看出，虽然A、B两家物业公司的应收账款总额相同，但A公司的"高龄"应收账款高于B公司，表示其应收账款发生坏账的可能高于B公司，如果两家公司的信用条件相同，说明A公司在应收账款管理上存在某些漏洞，如对客户信用分析不够，导致一些逾期款项无法及时收回等。

3．加强应收账款责任管理

应收账款管理的控制直接影响物业企业现金流量，企业管理人员需要提高对应收账款控制和管理，明确相关部门责任、义务和权利，根据实际情况制定合理的应收账款控制和管理规章制度，将应收账款的回收与销售人员绩效薪金关联。

4．调整应收账款回收政策

科学的收款政策是提高应收账款回收率的重要保障，物业企业应根据不同业主制定不同的收款政策，对于逾期未缴费的业主需要进行合适的催缴，对于逾期较长时间的业主，适当调整折扣，以便更好地与业主进行协商。

5．建立应收账款坏账制度

在商业信用行为当中，坏账是不可避免的，为将损失降到最低，物业企业应对坏账的发生进行提前评估，建立健全坏账准备制度，并根据业主的财务状况评估坏账风险。

6.4 存货管理

存货管理就是指物业企业对存货要合理安排储备量，避免因存货不足而影响物业经营和服务，企业持有充足的存货，不仅有利于生产过程的顺利进行，节约采购费用与生产时间，而且能够迅速地满足客户各种订货的需要，从而为企业的生产与销售提供较大的机动性，避免因存货不足带来的机会损失。然而，存货的增加必然要占用更多的资金，将使企业付出更大的持有成本即存货的机会成本，而且存货的储存与管理费用也会增加，影响企业获利能力的提高。因此，如何在存货的功能（收益）与成本之间进行利弊权衡，在充分发挥存货功能的同时降低成本、增加收益、实现它们的最佳组合，成为存货管理的基本目标，加强存货的管理，是物业企业的一项重要内容。

6.4.1 存货的概述

1．存货的内容

存货是物业企业在经营管理和服务过程中为销售或耗用而储存的各种材料、用具、工等流动资产。一般包括原材料、燃料、低值易耗品、物料用品和库存商品等。

2．存货的特点

（1）保证服务。物业企业的存货体现了物业企业具有服务性的特点。物业企业的存货的库存量可根据公共设备设施质量及已使用年限来核定。库存不必占用太多的资金，能满足日常维修需要即可。

（2）严格管理。物业企业的库存存货数量不大，但品种规格较多，要求有严格的管理制度。

（3）适应市场变化。由于客户批量采购、市场季节性变化等因素影响，企业必须保持一定的商品库存，才能满足不断变化的市场需求。物业企业的主要库存为维修常用材料、工具备品、清洁剂及清洁用的各种用具、办公用品。

6.4.2 存货的成本

为了保证物业企业的经营管理服务活动正常进行，企业必须储备一定量的存货，但也会由此而发生各项支出，这就是存货成本，主要包括取得成本、存储成本和缺货成本。

1．取得成本

取得成本是企业为取得某种存货而发生的成本，由购置成本C_p和订货成本C_o组成。

（1）购置成本

购置成本是指存货本身的价值，经常用采购数量与采购单价的乘积来表示。在一定时期进货总量既定的条件下，无论企业采购次数如何变动，存货的进价成本通常是保持相对稳定的（假设物价不变且无采购数量折扣），因而属于决策无关成本。如果用D表示全年存货需要量，用U表示采购单价单位，则购置成本$C_p = D \times U$。

（2）订货成本

订货成本是指企业为取得某种存货而支付的成本，如办公费、差旅费、邮资、电报电话费等支出。订货成本中有一部分与订货次数无关，如专设采购机构的经费等，称为订货的固定成本，用FC_o表示；另一部分与订货次数成正比，如订货发生的差旅费、邮资等，称为订货的变动成本，通常可以用订货次数与单次订货成本的乘积表示。如果用Q表示一次订货数量，用VC_o表示一次订货成本，则订货成本：

$$C_o = FC_o + \frac{D}{Q} \times VC_o$$

根据上面分析，全年存货的取得成本（C_a）为：

$$取得成本 = 购置成本 + 订货成本$$

$$C_a = C_o + C_p = FC_o + \frac{D \times VC_o}{Q} + D \times U$$

2．存储成本

存储成本指存货在储存过程中发生的有关费用。主要包括：存货资金占用费（以贷款购买存货的利息成本）或机会成本（以现金购买存货而同时损失的证券投资收益等）、仓储费用、保险费用、存货残损霉变损失等。存储成本也分为变动成本和固定成本。其中，固定成本与存货储存数额的多少没有直接的联系，如仓库折旧费、仓库职工的固定月工资等，用 FC_c 表示；而变动成本则随着存货储存数额的增减成正比例变动关系，如存货资金的应计利息、存货残损和变质损失、存货的保险费用等，单位变动成本用 VC_c 表示。则全年存货的存储成本（C_c）可表示为：

$$储存成本 = 固定储存成本 + 变动储存成本$$

对于物业企业而言，只有减少库存数量才有可能降低储存成本。

$$C_c = FC_c + \frac{Q}{2} \times VC_c$$

3. 缺货成本

缺货成本是指一定期间内（一般为一年）企业因存货不足而导致的损失，如停工待料损失、延期交货损失、临时应急购货的额外支出、因错失商机而造成的损失，以及在信誉上蒙受的损失等，其总额等于平均缺货量与单位缺货成本的乘积。缺货成本能否作为决策的相关成本，应视企业是否允许出现存货短缺的不同情形而定。若企业不允许发生缺货，则缺货成本恒为零，即属于决策无关成本，反之，则因为每次订货数量的大小会影响全年平均缺货量，从而影响全年缺货成本总额，所以是决策相关成本。用 C_s 表示缺货成本。物业企业在选择确定采购批量时应注意到缺货成本。

用 TC 表示企业持有存货的总成本，则计算公式可表示为：

$$TC = FC_o + \frac{D \times VC_o}{Q} + D \times U + FC_c + \frac{Q \times VC_c}{2} + C_s$$

6.4.3 经济订货量

1. 经济订货量

经济订货量是指在保证生产经营需要的前提下，能使企业在存货上所花费用总额，即存货总成本达到最低的每次订货数量（记作 Q）。在不同的条件下，经济订货量控制所考虑的相关成本的构成不同，但在任何情况下，都存在变动性储存成本和变动性订货成本两项内容。

经济订货量基本模型需要设立以下假设条件：

（1）企业一定时期的订货总量可以较为准确地予以预测；

（2）存货的耗用或者销售比较均衡；

（3）存货的价格稳定，且不存在数量折扣，进货日期完全由企业自行决定，并且每当存货量降为零时，下一批存货均能马上一次到位；

（4）仓储条件及所需现金不受限制；

（5）不允许出现缺货情形；

（6）所需存货市场供应充足，不会因买不到所需存货而影响其他方面。

经济订货量的计算公式为：

$$经济订货量（Q^*）=\sqrt{\frac{2AC}{S}}$$

式中　A——年进货数量；
　　　C——平均每次订货成本；
　　　S——单位储备成本。

$$最低相关总成本（TC^*）=\sqrt{2ACS}$$

［例6-9］某企业全年需要甲零件1875件，每订购一次的订货成本为400元，每件年均储存成本为6元。如何做出经济订货量的控制并计算出最低的相关总成本。

解：依题意：

$A=1875$件；$C=400$元；$S=6$元

利用经济订货量控制模型，则有：

$$经济订货量（Q^*）=\sqrt{\frac{2AC}{S}}=\sqrt{\frac{2\times1875\times400}{6}}=500（件）$$

$$最低相关总成本（TC^*）=\sqrt{2ACS}=\sqrt{2\times1875\times400\times6}=3000（元）$$

为了更清楚地显示存货经济订货量模型，绘制下列存货经济订货量函数图。

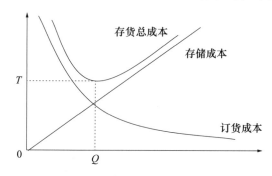

图6-5　存货经济订货量模型

由各有关成本构成的订货成本线、储存成本线和总成本线，总成本线的最低点（或者是订货成本线和储存成本线的交接点）相应的批量，即为**经济订货量**。

2．保险存货量的确定

经济采购批量的确定，是假设公司在一定时期内生产需要量固定不变，而且各项存货从订货至到货间隔期均已确定，企业不存在缺货的情况做出的。但实际上，各种存货的需求量与耗用量经常发生变动，交货日期也可能由于某种原因延误。由于这些不确定因素的存在，公司必须备有一定的保险存货，来防止供应延误、库存短缺而造成的损失。

公司保持多少保险库存，取决于订货间隔期和存货需要量的变化。订货间隔期不确定性越大，存货供应脱节风险越大，保持的保险库存量就越大；预期存货需要量变动越大，需要保持的保险库存量就越大。过大的保险库存虽然可减少缺货损失，但不可避免会增加储存费用,所以,最佳的保险存货量应使存货短缺造成的损失和保险存货的储存保管费用之和最小。

[例6-10] 某物业公司20XX年耗用进水管4000m。平均每米购价150元,一次采购费用为100元,年度保管成本为存货购价的13.33%,其经济采购批量见表6-10(订货次数分别为50,40,32,25,20,16,10,8共八种)。

进水管订货批量成本计算表　　　　　　　　　　　　　　表6-10

全年耗用量(A)4000m；平均每次订货成本(C)100元；每米年保管费用(S)20元(150×13.33%)

订货次数	采购批量	平均存量	年平均采购周期(天)	全年储存保管费用(元)	全年采购费用(元)	全年保管及采购总费用(元)
$N=A/Q$	Q	$Q/2$	$360/N$	$Q/2 \times S$	$A/Q \times C$	$TC=Q/2 \times S+A/Q \times C$
50	80	40	7.2	800	5000	5800
40	100	50	9	1000	4000	5000
32	125	62.5	11.25	1250	3200	4450
25	160	80	14.4	1600	2500	4100
20	200	100	18	2000	2000	4000
16	250	125	22.5	2500	1600	4100
10	400	200	36	4000	1000	5000
8	500	250	45	5000	800	5800

当经济批量为200m时,设一个时期内安装需要量不确定的概率见表6-11。

缺货总损失额是按下述公式计算的:

缺货总损失额＝采购次数缺货数量×缺货概率×单位缺货损失

材料采购统计表　　　　　　　　　　　　　　表6-11

安装需要量(m)	概率(%)	安装需要量(m)	概率(%)
200	90	240	3
220	5	260	2

解:假定该安装公司在此期间内短缺1m进水管将损失40元。则保险存货量见表6-12。

存货保险量计算表　　　　　　　　　　　　　　表6-12

保险存货量(m)	短缺数(m)	短缺概率(%)	短缺损失(元)		保管费用(元)	合计(元)
0	20	5	①20×20×0.05×40	①~⑥=2720	0	2720
	40	3	②20×20×0.03×40			
	60	2	③20×20×0.02×40			
20	20	3	④20×20×0.03×40	④~⑥=1120	20×150×13.33%=400	1520
	40	2	⑤20×20×0.02×40			
40	20	2	⑥20×20×0.02×40	⑥=320	40×150×13.33%=800	1120
60	0	0	0	0	60×150×13.33%=1200	1200

从表6-11中可以得出当保险储备为40m时,缺货损失与保管费用之和最小,因此以40m水管为保险储备量较合适。

3. 再订购点的确定

经济订货量加保险存货量即为预定的最高存货水平。库存材料量随生产的不断进行逐渐减少。为确保生产经营的不间断,应确定再订购点。即在库存材料降至某一程度时,采购部门必须提前发出订货单,以补充存量预防缺货的存货点。

其计算公式为:

再订购点=(订货至到货间隔期×平均每日耗用量)+保险存货量

沿用前例,该安装公司日耗用量为11.11m,从订货至到货间隔期为10天,保险储备量40m,则再订购点为:10×11.11+40=151.1(m)。

6.4.4 存货日常管理

存货日常管理的目标是在保证物业企业经营管理服务正常进行的前提下,尽量减少库存,防止积压。物业企业的存货品种规格繁多,存货的价值与生产耗用量差距很大,有些构成工程或产品实体,有些只起到辅助作用。为了加强存货管理,节约资金占用,就必须有所侧重。

ABC分类管理是由意大利经济学家巴雷特于19世纪首创的,经过一个多世纪的发展和完善,现已广泛用于存货管理、成本管理和生产管理,是企业管理中常用的一种方法。ABC分类管理就是按照一定的标准,将企业的存货划分为A、B、C三类,分别实行分品种重点管理、分类别一般控制和按总额灵活掌握的存货管理方法。存货ABC分类的标准主要有两个:一是金额标准;二是品种数量标准。其中金额标准是最基本的,品种数量标准仅作为参考。

A类存货的特点是金额巨大,但品种数量较少;B类存货金额一般,品种数量相对较多;C类存货品种数量繁多,但价值金额却很小。一般而言,三类存货的金额比重大致为A:B:C=0.7:0.2:0.1,而品种数量比重大致为A:B:C=0.1:0.2:0.7。可见,由于A类存货占用着企业绝大多数的资金,只要能够控制好A类存货,基本上也就不会出现较大的问题。同时,由于A类存货品种数量较少,企业完全有能力按照每一个品种进行管理。B类存货金额相对较小,企业不必像对待A类存货那样花费太多的精力。同时,由于B类存货的品种数量远远多于A类存货,企业通常没有能力对每一具体品种进行控制,因此可以通过划分类别的方式进行管理。C类存货尽管品种数量繁多,但其所占金额却很小,对此,企业只要把握一个总金额也就完全可以。不过,在此需要提醒的是,由于C类存货大多与消费者的日常生活息息相关,虽然这类存货的直接经济效益对企业并不重要,但如果企业能够在服务态度、花色品种、存货质量、价格方面加以重视的话,其间接经济效益将是无法估量的。相反,企业一旦忽视了这些方面的问题,其间接的经济损失同样也是无法估量的。

ABC分类管理方法的一般程序是：

（1）列示企业全部存货的明细表，并计算出每种存货的价值总额及占全部存货金额的百分比；

（2）按照金额标志由大到小进行排序并累加金额百分比；

（3）根据金额百分比划分出A、B、C三类存货。

当金额百分比累加到70%左右时，以上存货视为A类存货；百分比介于70%～90%之间的存货作为B类存货，其余则为C类存货。

ABC分类法在存货管理中的运用。根据ABC控制法，针对三类存货不同的特点，需采取不同的管理方法。

（1）对于A类存货，按品种管理进行重点管理。A类存货占用企业绝大多数的资金，只要能够控制好该存货，一般不会出现什么大问题。但由于A类存货品种数量少，企业完全有能力按品种进行管理。因此，A类存货应按品种重点管理和控制，实行最为严格的内部控制制度。

（2）对于B类存货，按类别进行控制管理。由于B类存货金额相对较小，而品种数量远多于A类存货，因此，不必像A类存货那样严格管理，可通过分类别的方式进行管理和控制。

（3）对于C类存货，按总额灵活管理。在管理上可以采用较为简化的方法，只要把握总金额就完全可以了，所以，对C类存货只要进行一般控制和管理。

6.5 物业维修基金管理

6.5.1 物业维修基金定义

物业住宅共用部位、共用设施设备维修基金（简称维修基金）：是指由开发建设单位和购房人以购房款总额为基数，按一定比例缴存，用于商品住宅共用部位、共用设施设备保修期满后的大修、更新、改造，由物业公司依据业主要求或物业的实际情况制定维修方案，经管理区域内全体业主所持投票权2/3以上通过予以使用的专用款项。

所谓共用部位：是指住宅主体结构部位（包括基础、墙体、柱、梁、楼板、屋顶等）、楼梯间、电梯间、共用门厅、走廊通道、户外墙面等。

共用设施设备：是指住宅小区或单幢住宅内，建设费用已分摊进入住房销售价格的共用的上下水管道、落水管、水箱、加压水泵、电梯、天线、供电线路、照明、锅炉、暖气线路、煤气线路、消防设施、绿地、道路、路灯、沟渠、池、井、非经营性车场车库、公益性文体设施和共用设施设备使用的房屋等。

房屋主体：房屋结构相连或具有共有、共用性质的部位、设施，包括：房屋的承重结构部位（包括基础、屋盖、梁、柱、墙体等）、抗震结构部位（包括构造柱、梁、墙等）、外墙面、楼梯间、公共通道、门厅、屋面、主体共用排烟道（管）等。

设备大修：对设备进行全部解体、更换主要部件或修理不合格的零部件，使设备基本恢复原有性能。更换率一般超过30%。

设备中修：对设备进行部分解体修理和更换少量磨损零部件，保证设备能恢复和达到应有的标准和技术要求，使设备能正常运转到下一次修理。更换率一般在10%～30%。

房屋主体中修：房屋少量部位已损坏或不符合建筑结构要求，须进行局部修理，在修理中需牵动或拆换少量主体构件，但保持原房屋的规模和结构。

房屋主体大修：房屋的主要结构部位损坏严重，房屋已不安全，需要进行全面的修理，在修理中需牵动或拆除部分主体构件的修理工作。

为加强住宅共用部位、共用设施设备维护基金的管理，维护房屋产权人和使用人的合法权益，保障住宅正常的维修、使用，根据建设部、财政部所发布的自2008年2月1日起实施的《住宅专项维修资金管理办法》等有关规定，各城市都建立了各自的住房维修基金缴存使用的具体实施办法。

6.5.2 使用方法

维修基金专项用于商品住宅共用部位、共用设施设备保修期满后的大修、更新、改造，不得挪作他用。商品住宅共用部位、共用设施设备属于人为损坏的，其维修、更新费用应当由责任人承担。按规定建立共用部位、共用设施设备维修基金，并存入维修基金专款中。

1．使用维修基金的条件

（1）按政府相关规定建立共用部位、共用设施设备维修基金，并存入维修基金专款，统一归集、专户存储；商品住宅共用部位、共用设施设备保修期满后的大修、更新、改造等维修工程；物业公司或各管理处依据业主的要求或物业的实际情况制定维修基金使用方案报业主大会或业主委员会审议；维修基金使用方案，须经过物业管理区域内全体业主所持投票权2/3以上通过后使用。

（2）业主大会成立前，住宅共用部位共用设施设备未过保修期：业主大会成立前发生的物业维修、更新，不得使用维修基金，其费用由开发企业承担；共用部位、共用设施设备属于人为损坏的，其维修费用应当由责任人承担。

（3）住宅共用部位共用设施设备已过保修期，业主大会成立前，需使用维修基金，遇有特殊情况经确认属于应使用维修基金的维修工程，管理处可采取以下程序：

1）向政府主管部门（房地产管理局）提出申请，并由其委托并认可的专业中介机构对维修工程的必要性及费用依照相关标准定额进行评估和核算；

2）经中介机构认定后，管理处可进行维修工程的操作工作；

3）小区维修工程结束后，应由政府委托的中介机构进行验收，验收合格后须出具证明，不合格的，维修工程的施工单位进行返工；

4）维修工程完成后，物业公司或管理处持维修工程结算发票及中介机构出具的证明到维修基金代管单位申请支取维修基金。

（4）如发生危及房屋使用或者公共安全的紧急情况，管理处应立即做好防护，组织维修更新，并及时通知街道办事处或居民委员会告知实际发生的情况，如情况允许，可申请由街道办事处或居民委员会出具该发生情况的书面证明，维修过程可予以照片存档保留。将此次维修情况及证明材料到管理处留存一份，到房地产管理局备案一份，以备业主大会成立后为支取使用提供证明。

（5）未售出的房屋所分摊的维修费用，由开发企业承担。

（6）维修基金的使用方案可采取征集全体业主所持投票权2/3以上书面同意的方式或自业主大会、业委员会公布之日起15个工作日内，未有1/3以上业主提出书面反对意见的方式，满足其中一项方式即该项维修工程可使用维修基金支付。

（7）属于单幢、独立围合范围内应属于使用维修基金事项：

1）在单幢楼内，属于单幢楼内业主共同使用的设施设备，如需进行大修、维修、更新、改造等事项，在该范围内自行选出代表，经由该代表在楼内征集该楼2/3以上的业主同意的书面建议，知会业主委员会后留存一份复印件在业主委员会，即可使用该幢楼内业主账下的维修基金。

2）独立围合同样可参照单幢楼内的使用方式使用。

（8）其他情况应使用维修基金事项

除上述两项外，但属于存在安全隐患应使用维修基金支付维修工程款，可采取：

1）管理处将具体情况予以说明的材料报业主委员会；

2）业主委员会应对该情况向全体业主公示；

3）是否可以使用采取上述两项方式征询意见后予以使用。

2．维修基金的分摊

对已经使用的维修基金选择合理合法的标准和谁受益谁分摊的原则进行分摊。

（1）属于人为因素造成但无法确认责任人的：共用部位、共用设施设备的受损是人为因素造成的，此项维修工程费用则由责任人承担，不能使用公共维修基金。如果无法确认责任人的，按照受益人原则分摊：

1）物业管理区域内住宅楼房外的公共设施的维修工程，除由专业管理部门维护管理的部分外，其余部分的维修费用由全体产权人按建筑面积比例分摊；

2）住宅楼房内的共用部位、共用设施设备的维修费用由该幢住宅楼房内全体产权人按所拥有的建筑面积比例分摊；

3）一幢住宅有两个或两个以上单元门的，专属于一个单元全体产权人使用的设施设备的维修费用由该单元门内全体产权人按所拥有的建筑面积的比例分摊；在一幢住宅内，专属于一层住宅内全体产权人使用的设施设备的维修费用由该层住宅内的全体产权人按所拥有建筑面积的比例分摊。开发企业应根据以上原则依照其尚未售出的房屋面积占全部房屋面积的比例，承担维修费用。

（2）属于设施设备自身因素原因（区域部分）：共用部位、共用设施设备的维修、更新费用，发生在楼栋内的，由该栋楼的业主按照拥有建筑面积的比例共同承担；发生在楼栋外的，由全体业主按各自建筑面积的比例共同承担。

（3）属于设施设备自身因素原因（全体业主分摊部分）：

1）由物业公司确定维修计划以及维修费用，确定维修工程，报业主大会同意后，通过信息管理系统分摊到维修工程涉及的各家各户，到银行的维修管理系统提取资金，银行再从每家每户中扣取专项维修资金；

2）对已经使用的维修基金选择合理合法的标准和谁受益谁分摊的原则进行分摊；

3）楼栋内共用部位、共用设备的维修、更新费用，应由本栋、本单元的业主按建筑面积分摊；

4）楼栋外公共部位，供全体业主使用的设备、公共设施的维修、更新费用，由全体业主按照建筑面积分摊。如独立围合的院内的公用设施是其他院不能使用的，则由该院全体业主按照建筑面积分摊；

5）业主委员会活动经费在维修基金中列支的，由全体业主按照建筑面积分摊。

6.5.3 维修基金的筹集与续筹

1．维修基金的筹集

没有维修基金的储备或储备不足使用的，管理处在每年的年初做好维修基金使用方案，并将此方案报业主委员会，通过后，由业主委员会决定维修基金如何收缴及收缴比例。如未通过该项审批，须将事项说明并将业主委员会的意见附后并备案留存。

2．维修基金的续筹

维修基金不敷使用时，业主委员会根据业主大会的决议组织业主按照拥有商品住宅的建筑面积比例续缴。

本章小结

本章主要阐述了营运资金管理的基本内容、概念、特点以及维修资金的管理和使用；介绍了物业企业持有现金的目的和成本、最佳现金持有量的确定以及现金的日常管理；明确了应收账款信用成本的确定、管理政策以及日常管理；阐述了存货成本的内容以及存货控制方法、经济订货量的基本模型和方法；最后介绍了物业维修资金的使用和管理。

基础练习

一、单选题

1. 所谓营运资金指的是（　　）。
   A. 流动资产减去流动负债后的余额
   B. 增加的流动资产减去增加的流动负债后的余额
   C. 减少的流动资产减去减少的流动负债后的余额
   D. 增加的流动负债减去增加的流动资产后的余额

2. （　　）是流动性最强的资产。
   A. 现金
   B. 应收账款
   C. 存货
   D. 短期债券

3. 在确定最佳现金持有量时，成本分析模式和存货模式均需考虑的因素是（　　）。
   A. 持有现金的机会成本
   B. 固定性转换成本
   C. 现金短缺成本
   D. 现金保管费用

4. 企业为满足交易动机而持有现金，所需考虑的主要因素是（　　）。
   A. 企业销售水平的高低
   B. 企业临时举债能力的大小
   C. 企业对待风险的态度
   D. 金融市场投机机会的多少

5. 通常在确定经济订货批量时，应考虑的成本是（　　）。
   A. 采购成本
   B. 订货成本
   C. 储存成本
   D. 订货和储存成本

二、计算题

某物业公司年耗用乙零件年需要量16200件，日供应量60件，一次订货成本25元，单位年储存成本1元。假设1年按360天计算，需求是均匀的，不设保险库存，并且按照经济订货量进货。

要求：计算经济订货量以及相应的总成本。

三、简答题

1. 应收账款的管理目标是什么？
2. 应收账款产生的原因是什么？其成本包括哪些方面？
3. 存货成本包括哪几个方面？存货管理的目标是什么？

物业企业利润分配 7

物业企业利润的构成　7.1

利润的分配　7.2

学习目标

通过本章学习，了解物业企业利润的构成，理解利润分配的原则以及影响利润分配政策的因素，掌握利润分配的程序，确定股利分配方案以及不同股利政策的特点。能够运用所学的实务知识规范利润分配的相关技能活动，分析企业行为的善恶，强化职业道德素质。

7.1 物业企业利润的构成

利润是企业在一定期间的经营成果。它是衡量企业经营管理水平、评价企业经济效益的一项重要指标。利润是指企业在一定时期从事生产经营活动的最终财务成果，也就是收入与费用相抵后的差额。企业利润就其构成来看，既有通过生产经营活动而获得的，也有通过投资活动而获得的，还包括那些与生产经营活动无直接关系的事项所引起的盈亏。物业管理企业的利润总额由营业利润、投资净收益、营业外收支净额、补贴收入四部分组成。

7.1.1 营业利润

营业利润是企业利润的主要来源，物业管理企业的营业利润是指物业管理企业一定时期内从事物业管理经营活动实现的利润。物业管理企业营业利润按经营业务的主次可以划分为主营业务利润和其他业务利润。

主营业务利润是指物业管理企业从事物业管理业务所实现的利润。它在数量上等于主营业务收入净额减去主营业务成本和主营业务应负担的流转税后的余额，通常称为毛利。

物业公司主营业务收入指企业在从事物业管理活动中，为物业产权人、使用人提供维修、管理和服务所取得的收入，包括：物业管理收入、物业经营收入、物业大修收入。

物业管理收入，指企业向物业产权人、使用人收取的公共性服务费收入、公众代办性服务费收入（如：代购订车船票、飞机票，代办学龄儿童晚托班，代理邮政业务，代请保姆，代办房屋出租等）和特约服务收入（如：在合法前提下，受业主使用人委托，送孩子入学、入托，代购物品，为业主清扫卫生等）。

物业经营收入，指企业经营业主管理委员会或者物业产权人、使用人提供的房屋建筑物和共用设施取得的收入（如：社区便利店、饮食店、社区文化场所经营收入）以及业主提供的公建配套的管理费用收入（如：房屋出租收入、经营停车场、游泳池、各类球场等共用设施收入，也包括受业主委托利用场地、公共设施停车管理服务、设置广告管理服务收入等）。

物业大修收入，指企业接受业主管理委员会或者物业产权人、使用人的委托，对房屋共用部位、共用设施设备进行大修取得的收入。物业大修收入，应当根据业委员会或者物业产权人、使用人签章认可的工程造价款结算账单确认营业收入的实现。物业服务企业接受业主管理委员会或物业产权人、使用人委托，对住宅小区和商用楼宇等进行物业大修理等工程施工活动，由物业服务企业自行出具工程价款结算账单，但必须经委托方签章认可后，才能作为营业收入处理。

物业经营成本是指物业管理企业经营物业产权人、使用人提供的各种建筑物和附属设备而发生的各项费用支出。包括：物业共用部位、共用设施设备的日常运行、维护费用。① 物业共用部位指的是：小区道路、外墙、活动场地和公共房屋等。共用设施设备则包括：护栏、围墙、桌、椅、楼道灯、绿化设施等公共设施以及供水、供暖、供电、照明、中控系统等公共设备。在有的小区还包括中水系统、地热水循环系统、可视对讲系统等。② 物业管理区域清洁卫生费用主要包括：保洁人员工资，清洁用品费用，垃圾清运费用等。③ 物业管理区域秩序维护费用，之前称为"保安费"，主要包括：安保人员工资，服装费用及安保器具费用，此外还包括消防用具的检验维护费用等。④ 绿化养护费用主要包括：购买苗木的成本，日常护理用药费用，日常护理用具费用，冬季防寒费用等。

其他业务利润是指物业管理企业因从事物业管理业务以外的其他业务经营而实现的利润。企业的其他业务收入减去其他业务成本后的差额，即为其他业务利润。包括商品房售后服务利润、材料经营利润、无形资产转让利润、固定资产出租利润和企业从事工业、商业、饮食服务业等多种经营所取得的利润。其他业务成本包括其他业务所发生的成本以及应由其他业务负担的流转税。

主营业务利润与其他业务利润之和再扣除期间费用即得营业利润，营业利润这一指标能够比较恰当地反映企业管理者的经营业绩。

7.1.2　投资净收益

投资净收益是指物业管理企业对外投资取得的投资收益减去投资损失后的净额。

投资收益包括对外投资应享有的利润、股利、债券利息、投资到期收回或中途转让取得款项高于账面价值的差额，以及按照权益法核算的股权投资在被投资单位增加的净资产中所拥有的数额等。

投资损失包括对外投资分担的亏损、投资到期收回或者中途转让取得款项低于账面价值的差额，以及按照权益法核算的股权投资在被投资单位减少的净资产中所分担的数额等。

7.1.3　营业外收支净额

营业外收支净额是指物业管理企业的营业外收入减去营业外支出后的差额。营业外收支虽然与企业的生产经营活动没有直接关系，但从企业主体来考虑，同样是增加或减少利润的因素，对企业的利润总额及净利润会产生较大的影响。

1．营业外收入

营业外收入是指与企业生产经营活动没有直接关系的各项收入。营业外收入并不是企业经营资金耗费所产生的，一般不需企业付出代价，实际上是一种纯收入，不可能也不需要与有关费用进行配比。物业管理企业的营业外收入主要包括：固定资产盘盈、处置固定资产净收益、出售无形资产净收益、罚款收入、非货币性交易收益、教育费附加返还款等。营业外收入应当按照实际发生的金额进行核算。发生营业外收入时，增加企业当期的利润总额。

2．营业外支出

营业外支出是指与企业生产经营活动没有直接关系，但应从企业实现的利润总额中扣除的支出。物业管理企业的营业外支出主要包括：固定资产盘亏、处置固定资产净损失、出售无形资产净损失、非常损失、罚款支出、债务重组损失、捐赠支出、计提的固定资产减值准备、计提的无形资产减值准备、计提的在建工程减值准备等。营业外支出应当按照实际发生的金额进行核算。发生营业外支出时，在相对应的会计期间，冲减企业当期的利润总额。

7.1.4　补贴收入

补贴收入是指物业管理企业收到的各种补贴收入，包括国家拨入的亏损补贴、退还的增值税等。

7.1.5　利润总额

利润是企业生产经营成果的综合反映，是企业会计核算的重要组成部分。物业管理企业在物业管理过程中，取得公共性服务收入、公众代办性服务收入、物业大修收入等，扣除投入的成本及其他一系列费用，再加减非经营性质的收支及投资收益，即为物业管理企业的利润总额（或亏损总额）。其计算过程可用公式表示如下：

利润总额＝营业利润＋投资净收益＋营业外收支净额＋补贴收入

营业利润＝主营业务利润＋其他业务利润－管理费用－财务费用－销售费用

主营业务利润＝主营业务收入－主营业务成本－主营业务税金及附加

其他业务利润＝其他业务收入－其他业务成本

物业管理企业的净利润为利润总额减去所得税后的余额，其计算公式为：

净利润＝利润总额－所得税

7.2　利润的分配

7.2.1　利润分配的概念

1．利润分配的内容

企业利润分配是指对企业当年所实现的税后利润按照国家有关规定在国家、企业和投资者之间进行的分配，以维护国家、企业、职工个人和投资者的利益。

依据《中华人民共和国公司法》(以下简称《公司法》)的规定，企业利润分配的项目包括以下内容：

(1) 提取盈余公积金。盈余公积金是从税后净利润中提取形成的。其主要用途是弥补亏损、扩大公司生产经营或转增资本。盈余公积金分为法定盈余公积金和任意盈余公积金。公司分配当年税后利润时应当按照10%的比例提取法定盈余公积金；当盈余公积金累计额达到注册资本的50%时，可以不再继续提取。任意盈余公积金的提取由股东会根据需要决定。

(2) 提取公益金。公益金也是从公司的税后利润中提取形成。专门用于职工集体福利设施的建设。公益金按照税后利润的5%～10%的比例提取。

(3) 分派股利。公司向股东（投资者）分配利润，要在提取盈余公积金和公益金之后。股利（利润）分配应以股东（投资者）持有股份（投资额）的多少为依据。每一股东（投资者）取得的股利（分得的利润）与其持有的股份数（投资额）成正比。股份有限公司原则上从累计盈利中分配股利，无盈利不得支付股利。但若公司用盈余公积金弥补亏损后，为维持其股票信誉，经股东大会特别会议，也可用盈余公积金支付股利，这样支付股利后留存的法定盈余公积金不得低于公司注册资本的25%。

2．利润分配的程序

(1) 弥补以前年度亏损

以前年度亏损是指超过所得税前的利润抵补亏损的法定期限后，仍未补足的亏损。将本年净利润（或亏损）与年初未分配利润（或亏损）合并，计算出可供分配利润。如果可供分配利润为负数，则不能进行后续分配；如果为正数，则进一步进行分配。

(2) 提取法定盈余公积

提取法定盈余公积是指企业按照抵减年初累计亏损后的本年净利润的一定比例提取的盈余公积金。提取公积金的基数，不一定是可供分配的利润，也不一定是本年的税后利润。只有不存在年初累计亏损时，才能按本年税后计算应提取数。根据公司法的规定，公司制企业（包括国有独资公司、有限责任公司和股份有限公司）按10%的比例提取；其他企业可以根据需要确定提取比例，但至少应按10%提取。企业提取的法定盈余公积金累计额已达到注册资本的50%时，可以不再提取。

(3) 提取任意盈余公积金

公司制企业提取法定盈余公积金后，经过股东大会决议，可以提取任意盈余公积金；其他企业也可以根据需要提取任意盈余公积金。任意盈余公积金的提取比例由企业视情况而定。

(4) 向投资者分配利润

企业当年实现的净利润扣除抵补亏损和提取的法定公积金后所余税后利润可向投资者分配。利润的分配应以各投资者持有的投资额为依据，每个投资者分得的利润与其持有的投资额成正比。

7.2.2 利润分配的基本原则

利润分配是企业财务管理的一个重要组成部分。利润分配政策是否适当，直接关乎国家、企业、投资者、职工个人等利益集团的利益划分是否适当，即直接关乎国家的财政收入、企业的经营积累、投资者回报以及职工个人的福利待遇是否得到保障。因此企业必须根据国家有关法律、法规、方针政策和企业的实际情况，制定合理的利润分配政策。为合理组织企业财务活动和正确处理财务关系，企业在进行利润分配时应遵循以下原则：

1．依法分配原则

企业的利润分配必须依法进行，国家制定和颁布了一系列的法律法规，如《公司法》《税法》以及财务管理的有关规章制度，企业应当遵循国家的这些财经法规，按程序、按比例进行利润分配，不得违反。

2．各方面利益兼顾原则

利润分配是利用价值形式对社会产品的分配，直接关系到有关各方的切身利益。因此，利润分配要坚持全局观念，兼顾各方利益。企业进行利润分配，应正确处理企业长远利益和近期利益的关系，将两者有机地结合起来，提高企业经营的安全性和稳定性。

3．分配与积累并重原则

企业进行利润分配，应当统筹兼顾，合理安排，既要满足国家集中财力的需要，又要考虑企业自身发展的需要；既要维护投资者的权益，又要保证职工的切身利益；既要不损害债权人的利益，又要保证社会公众的利益不受侵害。考虑未来发展需要，企业除按规定提取法定盈余公积金以外，可适当留存一部分利润作为积累。这部分留存收益虽暂未分配，但仍归企业所有者所有，这部分留存不仅为企业扩大再生产筹措了资金，同时也增强了企业抵抗风险的能力，提高企业经营的稳定性，有利于增加所有者的回报。通过正确处理利润分配和留存的关系，留存一部分利润以供未来分配之需，还可以达到以丰补亏，平抑利润分配数额波动，稳定投资报酬率的效果。只有这样，企业才能持续、健康、稳定发展。

4．投资与收益对等原则

企业分配收益应当体现"谁投资，谁受益"、受益大小与投资比例相适应，即投资与收益对等原则，这是正确处理投资者利益关系的关键。投资者因其投资行为而享有收益权，并且其投资收益须同其投资比例对等。这就要求企业在向投资者分配利益时，应本着平等一致的原则，按照各方投入资本的多少来进行，决不允许发生任何一方随意多分多占的现象。这样才能从根本上保护投资者的利益，鼓励投资者投资的积极性。

5．无利不分，资本保全原则

一般情况下，企业进行利润分配时，必须有净利润。在公司亏损，特别是连年亏损的情况下，不得进行利润分配，既保证资本保全，又维护投资者的利益。需要说明的是，股份有限公司为维护公司声誉，避免股票价格大幅度波动，经股东大会决议，可用盈余公积金分配股利。在分配股利后，企业的法定盈余公积金不得低于注册资本的25%。

7.2.3 确定利润分配政策时应考虑的因素

利润分配政策的确定受到各方面因素的影响,一般说来,应考虑的主要因素有:

1. 法律因素

为了保护债权人和股东的利益,国家有关法规如《公司法》对企业利润分配予以一定的硬性限制。这些限制主要体现为以下几个方面:

(1) 资本保全约束

《公司法》对公司利润分配政策做出限制,保护资本完整,即不能因支付股利而减少资本总额,目的在于使公司有足够的资本来保护债权人的权益。股份公司只能用当期利润或留存利润来分配股利,不能用公司出售股票而募集的资本发放股利。同时规定:各种资本公积准备不能转增股本,已实现的资本公积只能转增股本,不能分派现金股利;各种盈余公积主要用于弥补亏损和转增股本,一般情况下不得用于向投资者分配利润或现金股利。这些规定是为了保全公司的股东权益资本,以维护债权人的利益。

(2) 资本积累约束

股份公司在分配股利之前,应当按法定的程序先提取各种公积金。我国有关法律法规明确规定,股份公司应按税后利润的10%提取法定盈余公积金,并且鼓励企业在分配普通股股利之前提取任意盈余公积金,只有当法定盈余公积金累计数额已达到注册资本50%时,可不再提取。另外,它要求在具体的分配政策上,只有在企业以前年度的亏损全部弥补完之后,若还有剩余利润,才能用于分配股利,否则不能分配股利。这是为了增强企业抵御风险的能力,维护投资者的利益。

(3) 合同限制

在公司债务和贷款合同上,有限制公司支付股利的条款,这种限制通常规定股利的支付不能超过可供分配利润的一定百分比;对股份公司而言,当其支付现金股利后会影响公司偿还债务和正常经营时,公司发放现金股利的数额就要受到限制,为的是让公司具有到期偿债能力。

(4) 超额累积利润约束

由于股东接受现金股利缴纳的所得税率高于其进行股票交易的资本利得税,于是很多国家规定企业不得超额累积利润,一旦企业的保留盈余超过法律许可的水平,将被加征额外税收。我国法律对公司累积利润尚未作出限制性规定。

2. 公司自身因素

公司自身因素的影响是指股份公司内部的各种因素及其面临的各种环境、机会而对其股利政策产生的影响。主要包括盈利状况、变现能力、筹资能力、投机机会、资本成本、债务需要六方面。

(1) 盈余状况

一个公司是否能够获得长期稳定的盈余是其股利决策的重要基础。当盈利状况相对良好时，公司有可能支付较高的股利或稳定增长的利润分配政策，而公司盈余不稳定甚至亏损，公司只能采用低股利政策或不发股利政策。因为，对于盈利不稳定的企业，低股利政策可以减少因盈利下降而造成的股利无法支付、企业形象受损、股价急剧下降的风险，还可以将更多的盈利用于再投资，以提高企业的权益资本比重，减少财务风险。

（2）变现能力

变现能力是指公司将资产变为现金的能力，企业在经营活动中，必须有充足的现金，保持较好的资产流动性，否则就会发生支付困难。公司在分配现金股利时，必须要考虑到现金流量以及资产的流动性，过多地分配现金股利会减少公司的现金持有量，影响未来的支付能力，甚至可能会失去应对意外情况的能力。

（3）筹资能力

筹资能力是指公司随时筹集到所需资金的能力，不同的企业在资本市场上的筹资能力会有一定的差异。规模大效益好的公司，筹资能力较强，在企业缺乏资金时，能够较容易地在资本市场上筹集到资金，所以在利润分配政策上，可以考虑高股利政策，可采取比较宽松的股利政策；规模小风险大的企业，筹资能力较差，就应当采取比较紧缩的股利政策，少发放现金股利，留有较多的公积金。

（4）投资机会

企业的投资机会也是影响股利政策的一个非常重要的因素。在企业有良好的投资机会时，这时需要大量的现金，企业就应当考虑较紧的利润分配政策，少发放现金股利，增加留存利润；缺乏良好投资机会的企业，保留大量盈余的结果必然是大量资金闲置，所以可以采取偏松的利润分配政策，倾向于支付较高的现金股利。

（5）资本成本

与发行新股相比，保留盈余不需花费筹资费用，是一种比较经济的筹资渠道。所以，从资本成本考虑，如果公司有扩大资金的需要，也应当采取低股利政策。

（6）债务需要

具有较高债务偿还需要的公司，可以通过举借新债、发行新股筹集资金偿还债务，也可直接用经营积累偿还债务。如果公司认为后者适当的话（比如，前者资本成本高或受其他限制难以进入资本市场），将会减少股利的支付。

3．股东因素

股东出于对自身利益考虑，可能对公司的利润分配提出限制、稳定或提高股利发放率等不同意见。包括：

（1）**防止控制权的稀释**

股东投资目的在于获取高额股利，偏爱定期支付高股息的政策，但公司的股利支付率高，必然导致保留盈余减少，这又意味着将来发行新股的可能性加大，而发行新股会稀释公司的控制权。永久性股东，关注公司长期稳定发展，不大注重现期收益，他们希望公司暂时少分股利以进一步增强公司长期发展能力，所以愿意较多地保留盈余，以防止控制权旁落他人。

（2）稳定的收入和避税考虑

一些股东的主要收入来源是股利，他们往往要求公司支付稳定的股利，他们认为通过保留盈余引起股价上涨而获得资本利得是有风险的，因为股利收入的所得税高于交易的资本利得税，所以，一些高收入的股东出于避税考虑，往往要求限制股利的支付。

4．其他因素

（1）债务合同限制

企业的债务合同，尤其是长期债务合同，通过设置限制企业现金支付程度的条款，来保护债权人的利益。通常包括：未来的股利只能以签订合同之后的收益来发放，也就是说不能以过去的留存收益来发放；营运资金低于某一特定金额时不得发放股利；将利润的一部分以偿债基金的形式留存下来；利息保障倍数低于一定水平时不得支付股利。企业出于方便未来负债筹资的考虑，一般都能自觉恪守与债权人事先签订的有关合同的限制性条款，以协调企业与债权人之间的关系。

（2）通货膨胀

通货膨胀会带来货币购买力水平下降，固定资产重置资金来源不足，此时企业往往不得不考虑留用一定的利润，以便弥补由于货币购买力水平下降而造成的固定资产重置的资金缺口。因此，在通货膨胀时期，企业一般采取偏紧的利润分配政策。

7.2.4 利润分配程序

利润分配程序是指公司制企业根据适用法律、法规或规定，对企业一定期间实现的净利润进行分派必须经过的先后步骤。根据我国《公司法》等有关规定，企业当年实现的利润总额应按国家有关税法的规定作相应的调整，然后依法交纳所得税。交纳所得税后的净利润按弥补以前年度的亏损、提取法定盈余公积金、提取任意盈余公积、向投资者分配利润进行分配。

利润分配的过程与结果，是关系到所有者的合法权益能否得到保护，企业能否长期、稳定发展的重要问题，为此，企业必须加强利润分配的管理和核算。企业利润分配的主体是投资者和企业，利润分配的对象是企业实现的净利润；利润分配的时间即确认利润分配的时间，是利润分配义务发生的时间和企业做出决定向内向外分配利润的时间。

1．非股份制企业利润分配的程序

（1）弥补以前年度亏损

弥补以前年度亏损是指在会计处理上，如果上年的净利润为负（或以前各年的净利润总和为负），本年的税后净利润要首先弥补掉这部分亏损，才能作为可供分配的净利润，来计提公积金、公益金或者分红。本年可供分配的利润为：本年可供分配的利润＝本年净利润＋上年未分配利润。

（2）提取法定盈余公积

提取法定盈余公积是指企业按照抵减年初累计亏损后的本年净利润的一定比例提取的盈

余公积金。提取公积金的基数，不一定是可供分配的利润，也不一定是本年的税后利润。只有不存在年初累计亏损时，才能按本年税后计算应提取数。根据《公司法》的规定，公司制企业（包括国有独资公司、有限责任公司和股份有限公司）按10%的比例提取；其他企业可以根据需要确定提取比例，但至少应按10%提取。企业提取的法定盈余公积金累计额已达到注册资本的50%时，可以不再提取。

（3）提取任意盈余公积金

公司制企业提取法定盈余公积金后，经过股东大会决议，可以提取任意盈余公积金；其他企业也可以根据需要提取任意盈余公积金。任意盈余公积金的提取比例由企业视情况而定。

（4）提取法定公益金

法定公益金的计提基数与法定盈余公积金的计提基数相同，提取比例为5%～10%。

（5）向投资者分配利润

企业当年实现的净利润扣除抵补亏损和提取的法定公积金后所余税后利润可向投资者分配。利润的分配应以各投资者持有的投资额为依据，每个投资者分得的利润与其持有的投资额成正比。

2. 股份制企业利润分配的程序

股份制企业依法缴纳所得税，弥补以前年度亏损和提取法定盈余公积金之后的分配程序为支付优先股股息、提取任意盈余公积金和支付普通股股利。

（1）支付优先股股息

股份制企业不论是否盈利或盈利多少，一般都应按事先约定的股息率向优先股股东支付股息。对于可以参与优先股股东，在向优先股支付固定股息后，还应按照约定的条款允许优先股股东与普通股股东一起参与剩余利润的分配。

（2）提取任意盈余公积金

任意盈余公积金是根据公司章程及股东会的决议，从公司盈余中提取的公积金。公司的公积金用于弥补公司的亏损，扩大公司生产经营或者转为增加公司资本。股份有限公司经股东大会决议将公积金转为资本时，按股东原有股份比例派送新股或者增加每股面值。但法定公积金转为资本时，所留存的该项公积金不得少于注册资本的百分之二十五。任意盈余公积金属于股东的合法权益，计提的目的是为了减少以后年度可供分配的利润，其主要用途是为了扩大再生产。任意盈余公积金计提标准由股东大会确定，如确因需要，经股东大会同意后，也可用于分配。

（3）支付普通股股利

支付普通股股利是按照利润分配方案分配给普通股股东的现金股利。股份有限公司通常在年终结算后，将盈利的一部分作为股息按股额分配给股东，包括企业分配给投资者的利润。股利的派发权属于股东大会，但派发股利的具体方案则由董事会提出，然后经股东大会认可通过再进行派发。支付普通股股利的数额与提取任意盈余公积、未分配利润数额成反比,其从另一个侧面反映出企业当前面临的经营状态和理财政策。

股份有限公司支付股利的基本形式主要有现金股利和股票股利。

现金股利,是指以现金形式分派给股东的股利,是股利分派最常见的方式。上市公司发放现金股利主要出于三个原因:投资者偏好、减少代理成本和传递公司的未来信息。大多数投资者都喜欢现金分红,因为是到手的利润。企业发放现金股利,可以刺激投资者的信心。现金股利侧重于反映近期利益,对于看重近期利益的股东很有吸引力。公司采用现金股利形式时,必须同时具备三个条件:有足够的留存收益;有足够的现金;有董事会的决定。现金股利适用于企业现金较充足,分配股利后企业的资产流动性能达到一定的标准的,并且有有效广泛的筹资渠道的,才能发放现金股利。

股票股利,是指公司用无偿增发新股的方式支付股利,因其既可以不减少公司的现金,又可使股东分享利润。对于企业来说,当公司注册资本尚未足额投入时,公司可以以股东认购的股票作为股利支付,也可以是发行新股支付股利。实际操作过程中,有的公司增资发行新股时,预先扣除当年应分配股利,减价配售给老股东;也有的发行新股时进行无偿增资配股,即股东不需缴纳任何现金和实物,即可取得公司发行的股票。而对于投资者来说,可以免交个人所得税,因而对长期投资者更为有利。股票股利侧重于反映长远利益,对看重公司的潜在发展能力,而不太计较即期分红多少的股东更具有吸引力。股票股利只要符合股利分配条件,即企业不管是否实际收到现金,只要账上能够赢利,就可以采用股票股利。

除上述两种基本股利形式外,还有财产股利(公司用现金以外的公司财产向股东支付的股利,可以是上市公司持有的其他公司的有价证券,也可以是实物)、负债股利(公司通过建立负债的方式所发放的股利。例如以应付票据作为股利发给股东或临时借条的方式分派股利)等形式。

[例7-1] 某物业服务股份有限公司20××年有关数据如下:

(1)上年度实现利润总额5000万元,所得税税率按25%计算;

(2)公司前两年累计亏损2000万元;

(3)经董事会决定,法定盈余公积金提取比例为10%,任意盈余公积金提取比例为20%;

(4)支付2000万股普通股股利,每股0.5元。

要求:根据资料确定利润分配顺序?

解:

(1)弥补以前年度亏损、计缴所得税后的净利润:(5000-2000)×(1-25%)=2250(万元)

(2)提取法定盈余公积金:2250×10%=225(万元)

(3)提取任意盈余公积金:2250×20%=450(万元)

(4)可用于支付股利的利润:2250-225-450=1575(万元)

(5)实际支付普通股股利:2000×0.5=1000(万元)

(6)年末未分配利润:1575-1000=575(万元)

7.2.5 股利政策

股利政策是指在法律允许的范围内，可供企业管理当局选择的，有关净利润分配事项的方针及对策。

股利政策不仅影响股东的财富，而且会影响公司在资本市场上的形象和股票的价格，更会影响到公司的短期利益和长期利益。因此，合理的股利政策对公司及股东来讲是非常重要的。企业在确定利润分配政策时，应综合考虑各种影响因素，结合自身实际情况，权衡利弊得失，从优选择。企业经常采用的股利政策主要有以下几种：

1．剩余股利政策

剩余股利政策是指在企业有良好投资机会时，根据公司设定的目标资本结构（在此资本结构下，加权资本成本最低），确定目标资本结构下投资所需的股权资本，先最大限度地使用留存收益来满足投资方案所需的股权资本，如有剩余就作为股利发放给股东。剩余股利政策的具体应用程序为：

第一步：确定公司的最佳资本结构；

第二步：确定公司下一年度的资金需求量；

第三步：确定按照最佳资本结构，为满足资金需求所需增加的股东权益数额；

第四步：将公司税后利润首先满足公司下一年度的增加需求，剩余部分用来发放当年的现金股利。

（1）剩余股利政策的优点是：

利用留存收益这一筹资成本最低的资金来源，留存收益优先满足再投资的需要，有助于降低再投资的资金成本，保持最佳的资本结构，实现企业价值的长期最大化。

（2）剩余股利政策的缺点是：

股利发放额每年随着投资机会和盈利水平的波动而波动，完全遵照剩余股利政策执行，不利于投资者安排收入与支出，也不利于公司树立良好的形象。剩余股利政策一般适用于公司初创阶段。

［例7-2］某物业企业采用剩余股利政策，2018年实现税后净利润为15000万元，目前资本结构为债务资本占60%，权益资本占40%，且这一资本结构为目标资本结构，公司无未弥补亏损和优先股。2019年有一项投资项目，需要资金总额为20000万元。则该公司2018年度可以发放的普通股股利为多少？

依题意：15000－20000×40%＝7000（万元）

2．固定股利政策

固定股利政策是指公司在较长时间内每股支付固定股利额度股利政策。固定股利政策在公司盈利发生一般变化时，并不影响股利的支付，而是使其保持稳定的水平；只有当公司对未来利润增长确有把握，并且这种增长被认为是不会发生逆转时，才会增加每股利润额。实行这种股利政策者都支持股利相关论，他们认为公司的股利政策会对公司股票价格产生影响,股利的发放是向投资者传递公司经营状况的某种信息。采用该政策的依据是股利重要理论。

(1) 固定股利政策的优点是:

1) 固定的股利有利于公司树立良好的形象,稳定的股利向市场传递公司正常发展的信息,有利于树立公司良好的形象,增强投资者对公司的信心,稳定股票的价格。

2) 稳定的股利有利于投资者安排收入与支出。

(2) 固定股利政策的缺点是:

1) 股利支付与公司盈利相脱离,会造成投资的风险与投资的收益不对称。

2) 固定股利政策不能像剩余股利政策那样保持较低的资本成本。可能会给公司造成较大的财务压力,尤其是在公司的净利润下降或是现金紧张的情况下,公司为了保证股利的照常支付,容易导致现金短缺,财务状况恶化。

固定股利政策一般适用于经营比较稳定或正处于成长期、信誉一般的公司,这一政策要求公司每年按固定的比例从税后利润中支付现金股利。从企业支付能力的角度看,这是一种真正稳定的股利政策,但这一政策将导致公司股利分配额的频繁变化,传递给外界一个公司不稳定的信息,所以很少有企业采用这一股利政策。

3. 固定股利支付率政策

固定股利支付率政策是指公司先确定一个股利占净利润(公司盈余)的比率,然后每年都按此比率从净利润中向股东发放股利,每年发放的股利额都等于净利润乘以固定的股利支付率。这样,净利润多的年份,股东领取的股利就多;净利润少的年份,股东领取的股利就少。也就是说,采用此政策发放股利时,股东每年领取的股利额是变动的,其多少主要取决于公司每年实现的净利润的多少及股利支付率的高低。我国的部分上市公司采用固定股利支付率政策,将员工个人的利益与公司的利益捆在一起,从而充分调动了广大员工的积极性。固定股利支付率政策的理论依据是股利重要理论。

(1) 固定股利支付率政策的优点是:

1) 采用固定股利支付率政策,股利与公司盈余紧密地配合,体现了多盈多分、少盈少分、无盈不分的股利分配原则。

2) 采用固定股利支付率政策,公司每年按固定的比例从税后利润中支付现金股利,由于公司的盈利能力在年度间是经常变动的,因此每年的股利也应随着公司收益的变动而变动,保持股利与利润间的一定比例关系,体现投资风险与收益的对等。

(2) 固定股利支付率政策的缺点是:

1) 由于股利波动容易使外界产生公司经营不稳定的印象,公司财务压力较大,不利于股票价格的稳定与上涨。

2) 公司每年按固定比例从净利润中支付股利,缺乏财务弹性。

3) 确定合理的固定股利支付率难度很大。如果固定股利支付率确定得较低,不能满足投资者对投资收益的要求;而固定股利支付率确定得较高,没有足够的现金派发股利时会给公司带来巨大的财务压力。另外，当公司发展需要大量资金时，也要受其制约。所以，确定较优的股利支付率的难度很大。

固定股利支付率政策只能适用于稳定发展的公司和公司财务状况较稳定的阶段。

4．低正常股利加额外股利政策

低正常股利加额外股利政策是公司事先设定一个较低的经常性股利额，一般情况下，公司每期都按此金额支付正常股利，只有企业盈利较多时，再根据实际情况发放额外股利。

将公司派发的股利固定地维持在较低的水平，则当公司盈利较少或需用较多的保留盈余进行投资时，公司仍然能够按照既定的股利水平派发股利。而当公司盈利较大且有剩余现金，公司可派发额外股利，体现了股利信号理论。公司将派发额外股利的信息传播给股票投资者，有利于股票价格的上扬。

（1）低正常股利加额外股利政策的优点是：

1）低正常股利加额外股利政策具有较大的灵活性。由于平常股利发放水平较低，故在企业净利润很少或需要将相当多的净利润留存下来用于再投资时，企业仍旧可以维持既定的股利发放水平，避免股价下跌的风险；而企业一旦拥有充裕的现金，就可以通过发放额外股利的方式，将其转移到股东的手中，也有利于股价的提高。

2）它既可以在一定程度上维持股利的稳定性，又有利于企业的资本结构达到目标资本结构，使灵活性与稳定性较好地相结合，因而为许多企业所采用。

（2）低正常股利加额外股利政策的缺点：

1）由于年份之间公司的盈利波动使得额外股利不断变化，时有时无，造成分派的股利不同，容易给投资者造成公司收益不稳定的印象。

2）如果公司较长时期持续发放额外股利，股东就会误认为这是正常股利，一旦取消，极易造成公司"财务状况"逆转的负面影响，股价下跌在所难免。

上面所介绍的几种股利政策中，固定股利政策和低正常股利加额外股利政策被企业普遍采用，并为广大的投资者所认可的两种基本政策。企业在进行利润分配时，应充分考虑各种政策的优缺点和企业的实际情况，选择适宜的净利润分配政策，见表7-1。

企业不同发展阶段应采取不同的股利政策　　　　　表7-1

企业发展阶段	特点	适合股利政策
初创期	经营风险大、筹资能力差	剩余股利政策
高速发展期	大规模投资	正常股利加额外股利政策
稳定成长期	收入与盈利稳定增长	固定股利支付率政策
成熟期	盈利稳定	固定股利政策
衰退期	收入与盈利减少	适当的股利政策

7.2.6　确定股利发放日期

股份公司分配股利必须遵循法定的程序，先由董事会提出分配预案，然后提交股东大会审议，股东大会决议通过分配预案之后，向股东宣布发放股利的方案，并确定股权登记日、除息（或除权）日和股利支付日等。制定股利政策时必须明确这些日期界限。

1. 股利宣告日

股利宣告日即公司股东大会决议通过并由董事会将股利支付情况予以公告的日期。公告中将宣布每股股利、股权登记日、除息日和股利支付日等事项。我国的股份公司通常一年派发一次股利，也有在年中派发中期股利的。

2. 股权登记日

股权登记日即有权领取本期股利的股东资格登记截止日期，在这一天之后取得股票的股东则无权领取本次分派的股利。只有在股权登记日前在公司股东名册上有名的股东，才有权分享股利，证券交易所的中央清算登记系统为股权登记提供了很大的方便，一般在营业结束的当天即可打印出股东名册。

3. 除息日

除息日即领取股利的权利与股票分离的日期（股权登记日的下一个交易日）。在除息日前，股利权从属于股票，持有股票者即享有领取股利的权利；从除息日开始，股利权与股票相分离，新购入股票的人不能分享股利。通常在除息日之前进行交易的股票，其价格高于在除息日之后进行交易的股票价格，其原因就主要在于前种股票的价格包含应得的股利收入在内。

4. 股利支付日

公司按照公布的分红方案向股权登记日在册的股东实际支付股利的日期，从这一天起，公司便派发每一股东应得股利。

［例7-3］某公司于6月5日公布上年度的最后分红方案，其公告为"6月4日召开的股东大会，通过了董事会关于每股分派0.25元的年度股息分配方案。股权登记日为6月20日，除息日为6月21日，股东可在7月5日至20日之间，通过上海交易所按照交易方式领取股息。"

要求：说明股利宣告日、股权登记日、除息除权日和股利发放日是哪一天？

解：6月5日为股利宣告日，6月20日为股权登记日，6月21日为除息除权日，7月5日至20日为股利发放日。

📒 本章小结

本章主要阐述了物业企业利润的构成，利润分配的基本原则，分析了影响利润分配政策的因素，以及企业不同发展阶段如何选择合理的股利分配政策（包括剩余股利政策、固定股利政策、固定股利支付率政策、低正常股利加额外股利政策）和利润分配的基本程序等内容。

基础练习

一、单选题

1. 造成股利波动较大，给投资者以公司不稳定的感觉，对于稳定股票的价格不利的股利分配政策是（　　）。
   A. 剩余股利政策
   B. 固定或持续增长的股利政策
   C. 固定股利支付率政策
   D. 低正常股利加额外股利政策

2. 采用低正常股利加额外股利政策的股利分配政策的理由是（　　）。
   A. 保持理想的资本结构，使加权平均资本成本最低
   B. 使公司具有较大的灵活性
   C. 向市场传递着公司正常发展的信息，有利于树立公司良好形象
   D. 能使股利的支付与盈余不脱节

3. 根据我国《公司法》的规定，法定盈余公积金按税后利润的（　　）提取。
   A. 5%
   B. 10%
   C. 5%~10%
   D. 50%

4. 我国股利支付最主要的形式是（　　）。
   A. 现金股利与财产股利
   B. 财产股利与负债股利
   C. 现金股利与股票股利
   D. 股票股利与财产股利

5. 有权领取股利的股东有资格登记的截止日期，是指（　　）。
   A. 股利宣告日
   B. 股权登记日
   C. 除息日
   D. 股利支付日

二、多选题

1. 利润分配的原则有（　　）。
   A. 依法分配原则
   B. 兼顾各方面利益原则
   C. 分配与积累并重原则
   D. 投资与收益对等原则

2. 根据股利相关论，影响股利分配的因素有（　　）。
   A. 法律因素
   B. 股东因素
   C. 公司的因素
   D. 债务的因素
   E. 通货膨胀

3. 关于股利分配政策，下列说法正确的是（　　）。
   A. 剩余分配政策能充分利用筹资成本最低的资金资源保持理想的资金结构
   B. 固定股利政策有利于公司股票价格的稳定
   C. 固定股利比例政策体现了风险投资与风险收益的对策
   D. 正常股利加额外股利政策有利于股价的稳定和上涨

三、简答题

1. 股份制企业常采用的股利政策有哪几种？
2. 各种股利政策的优缺点是什么？

财务报告与分析 8

财务报告概述　8.1
财务报表的编制　8.2
财务报告分析　8.3

学习目标

通过本章学习，应了解财务分析的定义、作用和目的；掌握财务分析的基本概念和基本方法；掌握财务比率分析法对企业偿债能力、营运能力、盈利能力、市场价值的分析；熟悉财务状况的综合分析方法。

8.1 财务报告概述

8.1.1 财务报表的意义

1．财务报表的概念

财务报表是对企业财务状况、经营成果和现金流量的结构性表述。

企业财务报表是对会计核算工作阶段性的总结，它所提供的财务会计信息是财务会计工作的最终产品。

2．财务报表的作用

财务报表的根本作用是向会计资料使用者提供正确、及时、真实、可靠的财务会计信息。企业财务会计信息的内部使用者包括企业的管理者、员工等，外部使用者包括投资者、贷款人、供应商和其他债权人、顾客、政府机构、社会公众等。这些财务会计信息的使用者和企业之间存在着各种各样的利益关系，他们需要做出各种各样和企业有关的经济决策。但是，他们不能直接利用会计日常核算中比较分散的会计资料来分析企业的财务状况和经营情况。因此，这就需要企业必须定期地将日常的会计资料进行分类、整理、汇总等处理，按照规定的格式编制财务报表。

企业按照企业会计准则的要求，规范、及时、真实地提供财务报表的目的就是为财务会计信息的使用者提供有用的决策信息。因此，企业财务报表至少有以下几个方面的作用：

（1）全面系统地揭示企业一定时期的财务状况、经营成果和现金流量，有利于经营管理人员了解本单位各项任务指标的完成情况，评价管理人员的经营业绩，以便及时发现问题，调整经营方向，制定措施改善经营管理水平，提高经济效益。

（2）有利于国家经济管理部门了解国民经济的运行状况。通过对各单位提供的财务报表资料进行汇总和分析，了解和掌握各行业、各地区的经济发展情况，以便宏观调控经济运行，优化资源配置。

（3）有利于投资者、债权人和其他有关各方掌握企业的财务状况、经营成果和现金流量情况，进而分析企业的盈利能力、偿债能力、投资收益、发展前景等，为他们投资、贷款和贸易提供决策依据。

（4）有利于满足财政、税务、工商、审计等部门监督企业经营管理。

3．财务报表的种类

《企业会计准则第30号——财务报表列报》规定，企业财务报表至少应当包括资产负债表、利润表、现金流量表、所有者权益（或股东权益，下同）变动表和附注。对这些财务报表可以根据需要，按照其经济内容、编报时间、编制基础、指标特点等标准进行不同分类。

8.1.2 财务报表列报的基本要求

1．列报基础

财务报表以持续经营为列报基础。企业以实际发生的交易或事项为依据，按照会计准则的要求进行确认和计量，不得以附注披露来代替。在编制财务报表过程中，企业管理当局应当对企业持续经营的能力进行评价，充分考虑市场风险、盈利能力、偿债能力、财务弹性、经营政策等因素，对企业的持续经营能力进行评价，在保证企业具有持续经营能力的基础上编制财务报表。如果对企业持续经营能力产生重大怀疑，应当在附注中披露产生重大怀疑的影响因素。因各种原因使企业决定或准备进行清算或停止营业的，表明企业处于非持续经营状态，而采用其他基础编制财务报表，应当在附注中予以声明，并披露未以持续经营为基础编制财务报表的原因和财务报表的编制基础。

2．报表项目一致性

企业提供的不同时期的财务报表，其报表项目在各个会计期间应当保持一致，除了会计准则要求改变财务报表项目的列报，或由于企业经营业务的性质发生重大变化，使得变更财务报表项目能提供更可靠、更相关的会计信息外，不得随意变更财务报表的列报项目，以保证会计信息的一致性和可比性。在以下规定的特殊情况下，财务报表项目的列报是可以改变的：

（1）会计准则要求改变；

（2）企业经营业务的性质发生重大变化后，变更财务报表项目的列报能够提供更可靠、更相关的会计信息。

3．重要性判断

重要性项目是指财务报表某项目的省略或错报会影响使用者据此作出的经济类决策的项目。企业在编制财务报表时，要根据企业所处的环境，从项目的性质和金额两个方面进行判断。一是判断项目性质的重要性，应当考虑该项目的性质是否属于企业日常活动等因素；二是判断项目金额大小的重要性，应当通过单项金额占资产总额、负债总额、所有者权益总额、营业收入总额、营业成本总额、净利润等直接相关项目的比重加以确定。对性质与功能不同的项目，除不具有重要性外，应当在财务报表中单独列报。对性质与功能类似的项目，其所属类别具有重要性的，应当按其类别在财务报表中单独列报。

4．报表项目不得随意抵销

企业会计准则规定，财务报表中资产项目与负债项目的金额、收入项目与费用项目的金额不得相互抵销，但满足抵销条件的除外。

企业符合具有现在可执行的抵销已确认金额的法定权利，企业之间约定以净额进行定期结算，或同时变现该金融资产和清偿该金融负债等条件，对产生的金融资产和金融负债可以互相抵销后在资产负债表中列示。

企业提取各项资产减值准备，在资产负债表中按扣除减值准备后的资产账面价值列示，不属于抵销。非日常活动中产生的收益，以收入扣减费用后的净额反映，也不属于抵销。

5．要提供相关说明或上期可比数据

企业在编制的当期财务报表中，至少应当提供所有列报项目上一可比会计期间的比较数据，以及与理解当期财务报表相关的说明，但另有规定的可以除外。

财务报表项目的列报发生了变更，应当对上期比较数据按当期数据的要求进行调整，并在附注中披露调整的原因和性质以及调整的各项目金额。因某些原因使得对上期比较数据进行调整不可行，要在附注中说明不能调整的原因。

6．不能缺少的内容

在企业编制的财务报表中，必须在显著的位置披露下列各项：

（1）编报企业的名称；

（2）资产负债表日或财务报表涵盖的会计期间；

（3）人民币金额单位；

（4）属于合并财务报表的，应当予以标明。

7．编报时间要求

企业至少应当按年编制财务报表。年度财务报表涵盖的期间短于一年的，应当披露年度财务报表的涵盖期间以及短于一年的原因。

8.2 财务报表的编制

8.2.1 资产负债表

1．资产负债表的概念

资产负债表是反映企业在一定时期内全部资产、负债和所有者权益的财务报表，是企业经营活动的静态体现，根据"资产＝负债＋所有者权益"这一平衡公式，依照一定的分类标准和一定的次序，将某一特定日期的资产、负债、所有者权益的具体项目予以适当的排列编制而成。

2．资产负债表的作用

通过编制资产负债表，可以起到以下重要作用：

（1）可以提供企业某一特定日期资产的总额及其结构，表明企业拥有或控制的经济资源及其分布情况，明确有多少资源是流动资产、有多少资源是非流动资产等。

（2）可以提供企业某一特定日期的负债总额及其结构，表明企业承担的现时义务需要用多少资产或劳务来清偿以及清偿期间的长短，明确有多少流动负债、有多少非流动负债等。负债结构反映了企业偿还负债的紧迫性和偿债压力的大小，通过资产负债表可以了解企业负债的基本信息。

（3）可以提供企业某一特定日期所有者所拥有的权益及其结构，表明投资者在企业资产中所占的份额，据以判断企业资本保值增值情况以及对负债的保障程度。

（4）还可以提供财务分析的基本资料，如将流动资产与流动负债进行比较，计算出流动比率；将速动资产与流动负债进行比较，计算出速动比率等，可以表明企业的变现能力、偿债能力和资金周转能力，从而有助于会计报表使用者做出正确的经营决策。

3. 资产负债表的格式及项目列示

资产负债表反映的是资产、负债和所有者权益三大会计要素的内容。其格式主要有账户式和报告式两种。

账户式资产负债表，又称平衡式资产负债表，它是利用账户的形式列示各类项目，形成左右对称式结构。账户式资产负债表的优点是使资产和权益间的平衡关系一目了然。但不便于编制反映多年资料的比较资产负债表。

报告式资产负债表，又称竖式资产负债表，它是依据"资产－负债＝所有者权益"的会计平衡等式，自上而下列示各类项目，即报表自上而下先列示资产类项目，再列示负债类项目，后列示所有者权益项目。报告式资产负债表的优点是便于编制多年的比较资产负债表。但资产与权益之间的平衡关系不如账户式资产负债表那样一目了然。

我国《企业会计准则》规定资产负债表的格式是账户式结构。它将资产负债表的主体部分分为左右两方，左方为资产项目，反映全部资产的分布及存在形态；右方为负债和所有者权益项目，反映全部负债和所有者权益的内容及构成情况。资产负债表左右双方平衡，即"资产＝负债＋所有者权益"。资产和负债项目分别按流动资产和非流动资产、流动负债和非流动负债列示。

（1）满足下列条件之一的资产，可作为流动资产项目，在资产负债表中列示：

1）预计在一个正常营业周期中变现、出售或耗用；

2）主要为交易目的而持有；

3）预计在资产负债表日起一年内（含一年，下同）变现；

4）自资产负债表日起一年内，交换其他资产或清偿负债的能力不受限制的现金或现金等价物。

流动资产以外的资产应当归类为非流动资产，并按其性质分类列示。

（2）满足下列条件之一的负债，可作为流动负债项目，在资产负债表中列示：

1）预计在一个正常的营业周期中清偿；

2）主要为交易目的而持有；

3）自资产负债表日起一年内到期应予以清偿；

4）企业无权自主地将清偿推迟至资产负债表日后一年以上。

流动负债以外的负债应当归类为非流动负债，并按其性质分类列示。

对于在资产负债表日起一年内到期的负债，企业预计能够自主地将清偿义务展期至资产负债表日后一年以上的，应当归类为非流动负债；不能自主地将清偿义务展期的，即使在资产负债表日后、财务报告批准报出日之前签订了重新安排清偿计划协议，该项负债仍应归类为流动负债。

企业在资产负债表日或之前违反了长期借款协议，导致贷款人可随时要求清偿的负债，应当归类为流动负债。贷款人在资产负债表日或之前同意提供在资产负债表日后一年以上的宽限期，企业能够在此期限内改正违约行为，且贷款人不能要求随时清偿，该项负债应归类为非流动负债。

企业资产负债表的基本格式见表8-1。

资产负债表　　　　　　　　　　　会企01表　　表8-1

编制单位：　　　　　　　　　年　月　　　　　　　　单位：元

资产	行次	期末余额	年初余额	负债及所有者权益（或股东权益）	行次	期末余额	年初余额
流动资产	1			流动负债	34		
货币资金	2			短期借款	35		
交易性金融资产	3			交易性金融负债	36		
应收票据	4			应付票据	37		
应收账款	5			应付账款	38		
预付款项	6			预收款项	39		
应收利息	7			应付职工薪酬	40		
应收股利	8			应交税费	41		
其他应收款	9			应付利息	42		
存货	10			应付股利	43		
一年内到期的非流动资产	11			其他应付款	44		
其他流动资金	12			一年内到期的长期负债	45		
流动资产合计	13			其他流动负债	46		
非流动资产	14			流动负债合计	47		
可供出售金融资产	15			非流动负债	48		
持有至到期投资	16			长期借款	49		
长期应收款	17			应付债券	50		
长期股权投资	18			长期应付款	51		
投资性房地产	19			专项应付款	52		
固定资产	20			预计负债	53		
在建工程	21			递延所得税负债	54		

续表

资产	行次	期末余额	年初余额	负债及所有者权益（或股东权益）	行次	期末余额	年初余额
工程物资	22			其他非流动负债	55		
固定资产清理	23			非流动负债合计	56		
生产性生物资产	24			负债合计	57		
油气资产	25			所有者权益（或股东权益）：	58		
无形资产	26			实收资本（或股本）	59		
开发支出	27			资本公积	60		
商誉	28			减：库存股	61		
长期待摊费用	29			专项储备	62		
递延所得税资产	30			盈余公积	63		
其他非流动资产	31			未分配利润	64		
非流动资产合计	32			所有者权益（或股东权益）合计	65		
资产总计	33			负债及所有者权益（或股东权益）总计	66		

单位负责人： 财会负责人： 复核： 制表：

4．资产负债表的编制

资产负债表的编制依据包括会计报告期末的总账账户余额、有关明细分类账户记录和上年末的资产负债表。资产负债表的编制就是通过对账户资料的有关数据进行归类、整理和汇总，加工成报表项目数据的过程。

（1）"年初余额"的填列

"年初余额"栏内的各项数字，应根据上年末资产负债表的"期末余额"栏内所列数字填列。如果本年度资产负债表规定的各个项目的名称和内容与上年不一致，应对上年末资产负债表各个项目的名称和数字按照本年度的规定进行调整，按调整后的数字填入报表中的"年初余额"栏内。

（2）"期末余额"的填列

"期末余额"的填列方法有直接填列法和分析计算填列法。资产负债表各项目"期末余额"的数据可以通过以下几种方式取得：

第一，根据总账账户余额直接填列；

第二，根据几个总账账户余额计算填列；

第三，根据有关明细账户余额计算填列；

第四，根据总账账户和明细账户余额分析计算填列；

第五，根据总账账户余额减去其备抵项目后的净额填列；

第六，根据有关明细余额减去其备抵项目后的净额填列。

期末余额各项目分析和填列方法　　　　　　　　表8-2

	项目	分析	填列方法
1	货币资金	反映企业库存现金、银行基本存款户存款、银行一般存款户存款、外埠存款、银行汇票存款等的合计数	应根据"库存现金""银行存款""其他货币资金"科目的期末余额合计数填列
2	交易性金融资产	反映企业持有的以公允价值计量且其变动计入当期损益的为交易目的而持有的债券投资、股票投资、基金投资、权证投资等交易性金融资产	应根据"交易性金融资产"账户的期末余额填列
3	应收票据	反映企业收到的未到期收款、也未向银行贴现的商业承兑汇票和银行承兑汇票等应收票据余额,减去已计提的坏账准备后的净额	应根据"应收票据"科目的期末余额减去"坏账准备"科目中有关应收票据计提的坏账准备余额后的金额填列
4	应收账款	反映企业因销售商品、提供劳务等而应向购买单位收取的各种款项,减去已计提的坏账准备后的净额	应根据"应收账款"和"预收账款"科目所属各明细科目的期末借方余额合计,减去"坏账准备"科目中有关应收账款计提的坏账准备期末余额后的金额填列。如果"应收账款"账户所属明细账户期末为贷方余额,应在本表"预收账款"项目内填列。需要注意的是企业于同一客户在购销商品结算过程中形成的债权债务关系,应当单独列示,不应相互抵销。即应收账款不能与预收账款相互抵销,应付账款不能与预付账款相互抵销,应付账款不能与应收账款相互抵销,预收账款不能与预付账款相互抵销
5	预付账款	反映企业预付的款项减去已计提的坏账准备后的净额	根据"预付账款"和"应付账款"科目所属各明细科目的期末借方余额合计,减去"坏账准备"科目中有关预付账款计提的坏账准备期末余额后的金额填列。如果"预付账款"账户所属细账户的期末为贷方余额的,应在本表"应付账款"项目填列
6	应收股利	反映企业应收取的现金股利和应收取其他单位分配的利润	应根据"应收股利"账户期末余额减去"坏账准备"科目中有关应收股利计提的坏账准备期末余额后的金额填列
7	应收利息	反映企业因持有交易性金融资产、持有至到期投资、可供出售金融资产等应收取的利息	应根据"应收利息"账户的期末余额减去"坏账准备"科目中有关应收利息计提的坏账准备期末余额后的金额填列
8	其他应收款	反映企业对其他单位和个人的应收和暂付的款项,减去已计提的坏账准备后的净额	应根据"其他应收款"科目的期末余额,减去"坏账准备"科目中有关其他应收款计提的坏账准备期末余额后的金额填列
9	应收补贴款	反映企业按规定应收的各种补贴款	根据"应收补贴款"科目的期末余额填列
10	存货	反映企业期末在库、在途和在加工中的各项存货的可变现净值,包括各种材料、库存商品、发出商品、低值易耗品等	应根据"在途物资(材料采购)""原材料""采购保管费""低值易耗品""材料成本差异""库存商品""周转材料""委托加工物资""生产成本""劳务成本"等科目的期末余额合计,减去"存货跌价准备"科目期末余额后的金额填列

续表

	项目	分析	填列方法
11	一年内到期的非流动资产	反映企业非流动资产项目中在一年内到期的金额，包括一年内到期的"持有至到期投资"、一年内摊销的"长期待摊费用"和一年内可收回的"长期应收款"	应根据上述账户余额之和分析计算后填列
12	待处理财产流动资产损失	反映企业在财产清查中发现的尚待批准处理的流动资产盘亏和毁损扣除盘盈、溢余后的净损失	根据"待处理财产损溢"科目所属"待处理流动资产损溢"明细科目余额填列
13	其他流动资产	反映企业除以上流动资产项目外的其他流动资产	应根据有关科目的期末余额填列
14	流动资产合计	反映企业所用流动资产的总额	应根据上述1～13项金额相加填列
15	可供出售金融资产	反映企业持有的可供出售金融资产的公允价值。包括划分为可供出售的股票投资、债券投资等金融资产	应根据"可供出售金融资产"账户期末借方余额减去"可供出售金融资产减值准备"账户期末贷方余额填列
16	持有至到期投资	反映企业持有至到期投资的摊余成本	应根据"持有至到期投资"账户期末借方余额减去一年内到期的投资部分和"持有至到期投资减值准备"账户期末贷方余额后的净额填列
17	长期应收款	反映企业融资租赁产生的应收款项、采取递延方式具有融资性质的销售商品和提供劳务等产生的长期应收款项等	应根据"长期应收款"期末余额，减去一年内到期的部分、"未确认融资收益"账户期末余额、"坏账准备"账户中按长期应收款计提的坏账损失后的金额填列
18	长期股权投资	反映企业可供出售金融资产的公允价值，包括划分为可供出售的股票投资、债券投资等金融资产	根据"长期股权投资"账户的期末借方余额减去"长期股权投资减值准备"账户期末贷方余额后填列
19	长期债权投资	指对在1年内（含1年）不能变现或不准备随时变现的债券和其他长期债权的投资	应根据"长期债权投资"科目的期末余额，减去"长期投资减值准备"科目中的有关债权投资减值准备期末余额和1年内到期的长期债权投资后的金额填列
20	投资性房地产	反映企业持有的投资性房地产	企业采用成本模式计量投资性房地产的，本项目应根据"投资性房地产"科目的期末余额，减去"投资性房地产累计折旧（摊销）"和"投资性房地产减值准备"科目余额后的金额填列；企业采用公允价值模式计量投资性房地产的，本项目应根据"投资性房地产"科目的期末余额填列
21	固定资产	反映企业固定资产的净值	根据"固定资产"科目期末余额，减去"累计折旧"和"固定资产减值准备"科目期末余额后填列
22	固定资产原价	反映企业所有固定资产原价。融资租入固定资产在产权尚未移交本单位之前，其原价及已提折旧不包括在内。融资租入固定资产原价应在本表补充资料内另行反映	应根据"固定资产"科目填列
23	累计折旧	反映企业所有固定资产累计折旧	应根据"累计折旧"科目填列

续表

	项目	分析	填列方法
24	待处理固定资产损失	反映企业在清查财产中发现的尚待批准处理的固定资产盘亏扣除盘盈后的净损失	应根据"待处理固定资产损溢"明细科目期末余额填列
25	专项工程	反映企业期末尚未竣工投入使用的各种专项工程，包括自行建造固定资产，固定资产改扩建，购入需要安装设备的安装工程以及建造临时设施等各种专项工程发生的实际成本	应根据"专项工程支出"科目期末余额填列
26	工程物资	反映企业为在建工程准备的各种物资的价值	根据"工程物资"科目期末余额，减去"工程物资减值准备"科目期末余额后填列
27	在建工程	反映企业尚未达到预定可使用状态的在建工程价值	根据"在建工程"科目期末余额，减去"在建工程减值准备"科目期末余额后填列
28	固定资产清理	反映企业因出售、毁损、报废等原因转入清理，但尚未清理完毕的固定资产的账面价值，以及固定资产清理过程中所发生的清理费用和变价收入等各项金额的差额	应根据"固定资产清理"科目的期末借方余额填列
29	生产性生物资产	反映企业（农业）持有的生产性生物资产净价，本项目根据"生产性生物资产"项目，反映企业持有的生产性生物资产	根据"生产性生物资产"账户期末余额，减去"生产性生物资产累计折旧"和"生产性生物资产减值准备"账户期末贷方余额后填列
30	油气资产	反映企业（石油天然气开采）持有的矿区权益和油气井及相关设施减去累计折耗和累计减值准备后的净价	应根据"油气资产"账户的期末余额减去"累计折耗"账户期末余额和相应减值准备后的金额填列
31	无形资产	反映企业持有的各项无形资产的净值	应根据"无形资产"科目期末余额，减去"累计摊销"和"无形资产减值准备"科目的期末余额填列
32	开发支出	反映企业开发无形资产过程中发生的、尚未形成无形资产成本的支出	应根据"研发支出"科目中所属的"资本化支出"明细科目期末余额填列
33	商誉	反映企业商誉的价值	应根据"商誉"账户期末余额减去相应减值准备填列
34	临时设施	反映企业所有各种临时设施原值	应根据"临时设施"科目的期末余额填列
35	临时设施摊销	反映企业所有各种临时设施累计摊销	应根据"临时设施摊销"科目的期末余额填列
36	临时设施净值	反映企业临时设施原值减去累计摊销后的净值	应根据"临时设施"项目数字减去"临时设施摊销"项目数字后的差额填列
37	临时设施清理	反映企业已转入清理但尚未清理完毕的临时设施净值以及在清理过程中发生的清理费用减去变价收入后的数额	应根据"固定资产清理"科目所属"临时设施清理"明细科目余额填列
38	长期待摊费用	反映企业尚未摊销的摊销期限在一年以上（不含一年）的各项费用	应根据"长期待摊费用"科目的期末余额减去将于一年内（含一年）摊销的数额后的金额填列
39	其他非流动资产	反映企业除以上资产以外的其他非流动资产	应根据有关账户的期末余额填列
40	递延所得税资产	反映企业应可抵扣暂时性差异形成的递延所得税资产	根据"递延所得税资产"账户期末余额填列

续表

	项目	分析	填列方法
41	非流动资产合计	反映企业所用非流动资产的总额	本项目应根据上述15~40项金额相加填列
42	资产总计	反映企业所用全部资产的总额	本项目应根据14、41项目之和填列
43	短期借款	反映企业借入、尚未归还的一年期以下（含一年）的借款	应根据"短期借款"科目的期末余额填列
44	交易性金融负债	反映企业发行短期债券等所形成的交易性金融负债公允价值	本项目根据"交易性金融负债"账户期末余额填列
45	应付票据	反映企业为了抵付货款等而开出并承兑的尚未到期付款的应付票据，包括银行承兑汇票和商业承兑汇票	应根据"应付票据"科目的期末余额填列
46	应付账款	反映企业购买原材料、商品和接受劳务供应等而应付给供应单位的款项	应根据"应付账款"和"预付账款"科目所属各明细科目的期末贷方余额合计填列
47	预收账款	反映企业按合同规定预收的款项	根据"预收账款"和"应收账款"科目所属各明细科目的期末贷方余额合计填列
48	应付职工薪酬	反映企业应付未付的工资和社会保险费等职工薪酬	应根据"应付职工薪酬"账户的期末贷方余额填列，如"应付职工薪酬"账户期末为借方余额，以"－"号填列
49	应交税费	反映企业期末未交、多交或未抵扣的各种税金	应根据"应交税费"账户的期末贷方余额填列；如"应交税费"账户期末为借方余额，以"－"号填列
50	应付股利	反映企业尚未支付的现金股利或利润	应根据"应付股利"科目的期末余额填列
51	应付利息	反映企业应付未付的各种利息	本项目根据"应付利息"账户期末余额填列
52	其他应交款	指企业需要向国家缴纳的各项款项中除了税金以外的各种应交款项，主要包括教育附加费、车辆购置附加费等	应根据"其他应交款"科目的期末贷方余额填列；如"其他应交款"账户期末为借方余额，以"－"号填列
53	其他应付款	反映企业所有应付和暂收其他单位和个人的款项	应根据"其他应付款"科目的期末余额填列
54	一年内到期的非流动负债	反映企业各种非流动负债在一年之内到期的金额，包括一年内到期的长期借款、长期应付款和应付债券、预计负债	本项目应根据上述57~59项账户分析计算后填列
55	其他流动负债	反映企业除以上流动负债以外的其他流动负债	应根据有关账户的期末余额填列
56	流动负债合计	反映企业所有流动负债合计金额	项目应根据43~55项目之和填列
57	长期借款	反映企业借入尚未归还的一年期以上（不含一年）的各期借款	应根据"长期借款"科目的期末余额减去一年内到期部分的金额填列
58	应付债券	反映企业尚未偿还的长期债券摊余价值	根据"应付债券"科目期末余额减去一年内到期部分的金额填列
59	长期应付款	反映企业的各种长期应付款	应根据"长期应付款"科目的期末余额，减去"未确认融资费用"科目期末余额和一年内到期部分的长期应付款后填列
60	专项应付款	反映企业各项专项应付款的期末余额	应根据"专项应付款"科目的期末余额填列
61	其他长期负债	反映企业除以上长期负债项目以外的其他长期负债	应根据有关科目的期末余额填列

续表

	项目	分析	填列方法
62	预计负债	反映企业计提的各种预计负债	根据"预计负债"科目期末余额填列
63	递延所得税负债	反映企业根据应纳税暂时性差异确认的递延所得税负债	根据"递延所得税负债"账户期末贷方余额填列
64	其他非流动负债	反映企业除长期借款、应付债券等负债以外的其他非流动负债	本项目应根据有关账户的期末余额填列
65	非流动负债合计	反映企业全部非流动负债总额	本项目根据57~64项填列
66	负债合计	反映企业负债全部总额	本项目根据56、65项之和填列
67	实收资本（股本）	反映企业各投资者实际投入的资本总额	应根据"股本（实收资本）"科目的期末余额填列
68	已归还投资	反映中外合作经营企业按合同规定在合作期间归还投资者的投资	应根据"已归还投资"科目的期末借方余额填列
69	资本公积	反映企业资本公积的期末余额	应根据"资本公积"科目的期末余额填列。其中"库存股"，按"库存股"科目余额填列
70	盈余公积	反映企业盈余公积的期末余额	应根据"盈余公积"科目的期末余额填列
71	未分配利润	反映企业尚未分配的利润	应根据"本年利润"科目和"利润分配"科目的期末余额计算填列。如为未弥补的亏损，在本项目内以"—"号填列
72	所有者权益合计	反映企业所有者权益的总额	项目根据67~71项之和填列
73	负债和所有者权益总计	反映企业全部负债和所有者权益的总额	本项目根据66、72项之和填列

8.2.2 利润表

1．利润表的概念

利润表是反映企业在一定会计期间（如月度、季度、半年度或年度）生产经营成果的报表，是一张动态报表。利润表从经营情况和财务成果两方面综合反映了企业一定期间的收入实现情况、费用耗费情况，一定期间实现利润（或发生亏损）的总量、构成和影响利润形成的各项因素等状况。

2．利润表的作用

通过编制利润表，可以反映企业在一定会计期间的收入实现情况、费用耗费情况和企业生产经营活动的成果，据以判断资本保值和增值情况。

企业还可以将利润表与资产负债表中的信息相结合，提供财务分析的基本资料，为预测企业未来经营与盈利趋势提供依据。如将赊销收入净额与应收账款平均余额进行比较，计算出应收账款周转率；将销货成本与存货平均余额进行比较，计算出存货周转率；将净利润与资产总额进行比较，计算出资产收益率等。

通过利润表，可以分析利润增减变化的原因，便于会计报表使用者判断企业未来的发展趋势，为编制下期的利润预算、改进经营管理提供科学的依据。主要作用有：

（1）解释、评价和预测企业的经营成果和获利能力；

（2）解释、评价和预测企业的偿债能力；

（3）企业管理人员可作出经营决策；

（4）评价和考核管理人员的绩效。

3．利润表的内容和格式

（1）利润表的基本结构。利润表的基本结构总的来讲就是利润合成公式的表格化。由于收入和成本费用在利润表中有不同的列示方法，因而利润表的具体结构形式有单步式和多步式两种。单步式利润表是指通过全部收入和全部成本费用相对比，只经过一个相减的步骤，即可得出最终净利润的利润表。多步式利润表是指按企业利润形成的主要环节，依次分步计算得出最终净利润的利润表。在多步式利润表中，收入与成本费用按同类属性分别加以归类分配，分步计算营业利润、利润总额和净利润。多步式利润表能反映出企业利润的具体构成情况。我国《企业会计准则第30号——财务报表列报》中规定，企业的利润表采用多步式结构，见表8-3。

（2）利润表的内容。利润表按照收入、费用以及构成利润的各个项目分项列示，并按不同的利润计算层次排列。利润表将净利润的计算过程按以下层次划分：

1）营业收入，营业收入由主营业务收入和其他业务收入组成。

2）营业利润，是指企业从事各种经营业务活动所获得的利润，是企业财务成果的主要组成部分。它以企业的营业收入为基础，减去营业成本、营业税金及附加、销售费用、管理费用、财务费用、资产减值损失后，再加（或减）公允价值变动和投资收益后得出。

3）利润总额，反映了企业某一特定期间的总体经营成果。在营业利润的基础上，加上营业外收入，减去营业外支出后得出。

4）净利润，体现了企业的最终经营成果。在利润总额的基础上减去所得税费用后得出。

利润表的金额部分分为"本期金额"和"上期金额"两栏。在编制月度利润表时，本期金额栏反映本月数，上期金额栏反映上年同期数。编制年度利润表时，本期金额反映本年数，上期金额反映上年数。

利润表的具体格式见表8-3。

利润表 会企02表 表8-3

编制单位： 年 月 单位：元

项目	本期金额	上期金额
一、营业收入		
减：营业成本		
营业税金及附加		
销售费用		
管理费用		
财务费用		

续表

项　　目	本期金额	上期金额
资产减值损失		
加：公允价值变动收益（损失以"－"号填列）		
投资收益（损失以"－"号填列）		
其中：对联营企业和合营企业的投资收益		
二、营业利润（亏损以"－"号填列）		
加：营业外收入		
减：营业外支出		
其中：非流动资产处置损失		
三、利润总额（亏损总额以"－"号填列）		
减：所得税费用		
四、净利润（净亏损以"－"号填列）		
五、每股收益：		
（一）基本每股收益		
（二）稀释每股收益		
六、其他综合收益		
七、综合收益总额		

4．利润表的编制

（1）月度利润表的编制

1）"本期金额"栏的填列。月度利润表的本期金额栏反映企业利润形成各项目的本月实际发生数。在采用账结法时，可以按本月损益类账户结转本年利润之数填列；如果采用表结法，则应当根据有关损益类账户的本月发生额直接填列或计算分析填列。

2）"上期金额"的填列。月度利润表的"上期金额"栏反映上月数。应当根据上月利润表的"本期金额"栏的数字填列。

利润表各项目分析和填列方法　　　　　　　　　　　　　　表8-4

	项目	分　　析	填列方法
1	营业收入	反映企业所有经营业务所取得的收入总额	应根据"主营业务收入"和"其他业务收入"账户的发生额分析填列
2	营业成本	反映企业所有经营业务所发生的实际成本	应根据"主营业务成本"和"其他业务成本"账户的发生额分析填列
3	营业税金及附加	反映企业经营业务应负担的消费税、城市维护建设税、资源税、土地增值税和教育费附加等	应根据"营业税金及附加"账户的发生额分析填列
4	销售费用	反映企业在销售商品过程中发生的费用	应根据"销售费用"账户的发生额分析填列
5	管理费用	反映企业发生的管理费用	应根据"管理费用"账户的发生额分析填列
6	财务费用	反映企业发生的财务费用	应根据"财务费用"账户的发生额分析填列

续表

	项目	分析	填列方法
7	资产减值损失	反映企业发生的资产减值损失	应根据"资产减值损失"账户的发生额分析填列
8	公允价值变动收益	反映企业交易性金融资产和交易性金融负债等按公允价值计量的资产和负债在期末公允价值发生变动形成的收益	根据"公允价值变动损益"账户的发生额分析填列;若期末公允价值变动形成公允价值变动损失时,本项目用"－"号表示
9	投资收益	反映企业以各种方式对外投资所取得的收益	应根据"投资收益"账户的发生额分析填列;如为投资损失,以"－"号填列。其中"对联营企业和合营企业的投资收益",根据"投资收益"有关明细账户发生额分析填列
10	营业利润	反映企业经营活动产生的营业利润	通过计算后填列,若为亏损,用"－"表示
11	营业外收入	反映企业发生的与生产经营无直接关系的各项收入	根据"营业外收入"账户的发生额分析填列
12	营业外支出	反映企业发生的与生产经营无直接关系的各项支出	应根据"营业外支出"账户的发生额分析填列
13	利润总额	反映企业实现的利润总额	根据营业利润及营业外收支项目计算后填列。若为亏损,用"－"表示
14	所得税费用	反映企业发生的所得税费用	应根据"所得税费用"账户的发生额分析填列
15	净利润	反映企业实现的净利润	如为净亏损,以"－"号填列
16	每股收益	本项目在月度利润表中一般不予列示	

(2) 年度利润表的编制

1) "本期金额"填列。年度利润表中"本期金额"栏各项目反映企业本年度全年累计实际金额,可以根据损益类账户全年发生额分析后填列。如果采用表结法进行利润合成的,可以按年度结转本年利润的数额填列。

2) "上期金额"填列。年度利润表中"上期金额"栏各项目反映企业上年度全年累计实际金额,可以根据上年度利润表的本期数填列。

8.2.3 现金流量表

1. 现金流量表的概念

现金流量表是反映企业一定会计期间现金和现金等价物流入和流出的报表。现金流量表中所指的现金是广义的现金,包括企业的库存现金以及可以随时用于支付的存款;现金等价物是指企业持有的期限短、流动性强、易于转换为已知金额现金,价值变动风险很小的投资,通常是指企业从购买日起,3个月内到期的短期债券投资。通过现金流量表提供的信息,报表使用者可以了解和评价企业获得现金和现金等价物的能力,并预测企业未来的现金流量。

2. 现金流量表的作用

在激烈的市场竞争中,现金取得与使用的重要性有时甚至超过获利能力,成为关系到企业生死攸关的大事。无论企业的债务偿付能力、利润分配能力、结算支付能力还是企业今后的发展，均取决于能否及时地获取足够的现金和合理使用现金。编制现金流量表的目的，就是向报表使用者提供企业一定时期内现金流入与流出的信息，以便他们了解和评价企业获取现金的能力，并据以预测企业未来的现金流量。现金流量表的作用具体体现在以下三个方面：

（1）有助于评价企业支付能力、偿债能力和资金周转能力；

（2）有助于预测企业未来的现金流量；

（3）有助于分析企业的收益质量及影响现金净流量的因素。

3．现金流量表的结构和内容

现金流量是指现金及现金等价物的流入和流出，通常分为三大类：经营活动产生的现金流量、投资活动产生的现金流量和筹资活动产生的现金流量。现金流量的具体内容体现在现金流量表的项目之中。

企业的现金流量表的结构见表8-5。其内容包括：经营活动产生的现金流量、投资活动产生的现金流量、筹资活动产生的现金流量、汇率变动对现金的影响、现金及现金等价物净增加额和期末现金及现金等价物余额。经营活动是指企业投资以外和筹资活动以外的所有交易和事项，包括销售产品或提供劳务、收到税费返还、支付职工薪酬、支付各项税费、支付广告费等。投资活动是指企业长期资产的购建和不包括在现金等价物范围内的投资及其处置活动，包括取得和收回投资、购建和处置固定资产、购买和处置无形资产等。筹资活动是导致企业资本及债务规模和构成发生变化的活动，包括吸收投资、发行股票、分配现金股利或利润、取得和偿还银行借款、发行和偿还公司债券等。

企业发生的未特别明确的现金流量，按照现金流量的分类要求和重要性原则，判定其应当归属的类别，对某些重要的现金流入或流出项目应当单独列示。对于自然灾害、保险索赔等特殊项目，要按其性质分别归入相关类别中，并单独予以反映。

现金流量表　　　　　　　会企03表　　表8-5

编制单位：　　　　　　　××年度　　　　　　　　　　　单位：元

项　　目	行次	本年金额	上年金额
一、经营活动产生的现金流量	1		
销售商品、提供劳务收到的现金	2		
收到的税费返还	3		
收到其他与经营活动有关的现金	4		
经营活动现金流入小计	5		
购买商品、接受劳务支付的现金	6		
支付给职工以及为职工支付的现金	7		
支付的各项税费	8		
支付其他与经营活动有关的现金	9		

续表

项 目	行次	本年金额	上年金额
经营活动现金流出小计	10		
经营活动产生的现金流量净额	11		
二、投资活动产生的现金流量	12		
收回投资收到的现金	13		
取得投资收益收到的现金	14		
处置固定资产、无形资产和其他长期资产收回的现金净额	15		
处置子公司及其他营业单位收到的现金净额	16		
收到其他与投资活动有关的现金	17		
投资活动现金流入小计	18		
购建固定资产、无形资产和其他长期资产支付的现金	19		
投资支付的现金	20		
取得子公司及其他营业单位支付的现金净额	21		
支付其他与投资活动有关的现金	22		
投资活动现金流出小计	23		
投资活动产生的现金流量净额	24		
三、筹资活动产生的现金流量	25		
吸收投资收到的现金	26		
取得借款收到的现金	27		
收到其他与筹资活动有关的现金	28		
筹资活动现金流入小计	29		
偿还债务所支付的现金	30		
分配股利、利润或偿付利息所支付的现金	31		
支付其他与筹资活动有关的现金	32		
筹资活动现金流出小计	33		
筹资活动产生的现金流量净额	34		
四、汇率变动对现金及现金等价物的影响	35		
五、现金及现金等价物净增加额	36		
期初现金及现金等价物余额	37		
期末现金及现金等价物余额	38		

4．现金流量表的填列方法

（1）经营活动产生的现金流量

经营活动产生的现金流，项目应当采用直接法填列。直接法是指通过现金收入与现金支出的主要类别列示经营活动的现金流量，现金流量通常按现金流入和流出的总额反映，但为客户代收或代付的现金，以及周转快、金额大、期限短的项目的现金流入和流出，可以按相抵后的净额填列。

1）"销售商品、提供劳务收到的现金"项目。反映企业销售商品、提供劳务实际收到的现金（含销售收入和应向购买者收取的增值税额），包括本期销售商品、提供劳务收到的现金以及前期销售和提供劳务、本期收到的现金和本期预收的款项，减去本期退回本期销售的商品和前期销售、本期退回的商品支付的现金。企业销售材料和代购代销业务收到的现金，也在本项目反映。本项目可以根据"库存现金""银行存款""应收账款""应收票据""预收账款""主营业务收入""其他业务收入"等账户的记录分析填列。

销售商品、提供劳务收到的现金可按下列公式计算：

销售商品、提供劳务收到的现金＝当期销售商品、提供劳务收到的现金＋当期收回前期应收账款和应收票据＋当期预收账款－当期销售退回支付的现金＋当期收回前期核销的坏账损失

2）"收到的税费返还"项目。反映企业收到返还的各种税费，包括收到返还的增值税、消费税、关税、所得税、教育费附加等。本项目可以根据"库存现金""银行存款""营业外收入""其他应收款"等账户的记录分析填列。

3）"收到的其他与经营活动有关的现金"项目。反映企业除上述项目以外所收到的其他与经营活动有关的现金流入，如罚款收入、流动资产损失中由个人赔偿的现金收入、经营性租赁的租金收入等。其他现金流入如果金额较大，应单列项目反映。本项目可以根据"库存现金""银行存款""营业外收入"等账户的记录分析填列。

4）"购买商品、接受劳务支付的现金"项目。反映企业购买材料、商品、接受劳务实际支付的现金（含增值税进项税额），包括本期购入材料、商品、接受劳务支付的现金，以及本期支付前期购入商品、接受劳务的未付款和本期预付款项；减去本期发生的购货退回收到的现金。企业代购代销业务支付的现金也在本项目反映。本项目可以根据"库存现金""银行存款""应付账款""应付票据""预付账款""主营业务成本""其他业务成本"等账户的记录分析填列。

购买商品、接受劳务支付的现金可按下列公式计算：

购买商品、接受劳务支付的现金＝当期购买商品、接受劳务支付的现金＋当期支付前期应付账款和应付票据＋当期预付账款－当期购货退回收到的现金

5）"支付给职工以及为职工支付的现金"项目。反映企业实际支付给职工以及为职工支付的现金，包括本期实际支付给职工的工资、奖金、各种津贴和补贴等，以及为职工支付的其他费用和由企业代扣代缴的个人所得税；不包括支付给离退休人员和在建工程人员的工资及其他费用。企业支付给离退休人员的各期费用（包括支付的统筹退休金以及未参加统筹的退休人员的费用），在"支付其他与经营活动有关的现金"项目反映；支付给在建工程人员的工资及其他费用，在"购建固定资产、无形资产和其他长期资产支付的现金"项目反映。本项目可以根据"库存现金""银行存款""应付职工薪酬"等账户的记录分析填列。

企业为职工支付的养老、失业等社会保险基金，补充养老保险，住房公积金，支付给职工的住房困难补助以及支付给职工或为职工支付的其他福利费用等，应按职工的工作性质和服务对象，分别在本项目和在"购建固定资产、无形资产和其他长期资产支付的现金"项目反映。

6）"支付的各项税费"项目。反映企业按规定支付的各种税费，包括本期发生并支付的税费以及本期支付以前各期发生的税费和预缴的税金，如支付的增值税、所得税、消费税、城市维护建设税、印花税、房产税、土地增值税、车船使用税、教育费附加、矿产资源补偿费等；不包括计入固定资产价值、实际支付的耕地占用税等，也不包括本期退回的各项税费。本项目可以根据"库存现金""银行存款""应交税费"等账户的记录分析填列。

7）"支付的其他与经营活动有关的现金"项目。反映企业除上述各项目外支付的其他与经营活动有关的现金，如经营租赁支付的租金、罚款支出、差旅费、业务招待费、保险费等。其他现金流出如金额较大的，应单列项目反映。本项目可以根据"库存现金""银行存款""管理费用""营业外支出"等账户的记录分析填列。

（2）投资活动产生的现金流量

1）"收回投资收到的现金"项目。反映企业出售、转让或到期收回除现金等价物以外的对其他企业的权益工具、债务工具等投资收到的现金，收回债务工具实现的投资收益、处置子公司及其他营业单位收到的现金净额不包括在本项目内。本项目可以根据"交易性金融资产""持有至到期投资""长期股权投资""库存现金""银行存款"等账户的记录分析填列。

2）"取得投资收益收到的现金"项目。反映企业除现金等价物以外的对其他企业的权益工具、债务工具和合营企业中的权益投资而取得的现金股利和利息等，不包括股票股利。本项目可以根据"库存现金""银行存款""投资收益"等账户的记录分析填列。

3）"处置固定资产、无形资产和其他长期资产收回的现金净额"项目。反映企业处置固定资产、无形资产和其他长期资产所取得的现金（包括固定资产毁损收到的保险赔偿款），减去为处置这些资产而支付的有关费用后的净额。如所收回的现金净额为负数，则在"支付其他与投资活动有关的现金"项目中反映。本项目可以根据"固定资产清理""库存现金""银行存款"等账户的记录分析填列。

4）"处置子公司及其他营业单位收到的现金净额"项目。反映企业处置子公司及其他营业单位收到的现金，减去相关处理费用以及子公司及其他营业单位持有的现金和现金等价物后的净额。本项目可以根据"长期股权投资""库存现金""银行存款"等账户的记录分析填列。

5）"收到其他与投资活动有关的现金"项目。反映企业除了上述各项目外，收到的其他与投资活动有关的现金流入，如收回企业在购买股票、债券时确认的应收股利和应收利息。其他现金流入如金额较大，应单列项目反映。本项目可以根据"应收股利""应收利息""库存现金""银行存款"等账户的记录分析填列。

6)"购建固定资产、无形资产和其他长期资产支付的现金"项目。反映企业购买、建造固定资产,取得无形资产和其他长期资产实际支付的现金,以及用现金支付的应由在建工程和无形资产负担的职工薪酬,不包括为购建固定资产而发生的借款利息资本化的部分以及融资租入固定资产支付的租赁费。借款利息和融资租入固定资产支付的租赁费在筹资活动产生的现金流量中反映。本项目可以根据"固定资产""在建工程""无形资产""库存现金""银行存款"等账户的记录分析填列。

7)"投资支付的现金"项目。反映企业取得除现金等价物以外的对其他企业的权益工具、债务工具和合营企业中的权益投资所支付的现金,以及支付的佣金、手续费等交易费用,但取得子公司及其他营业单位支付的现金净额除外。本项目可以根据"可供出售金融资产""持有至到期投资""长期股权投资""库存现金""银行存款"等账户的记录分析填列。

8)"取得子公司及其他营业单位支付的现金净额"项目。反映企业购买子公司及其他营业单位的购买价中以现金支付的部分,减去子公司及其他营业单位持有的现金及现金等价物后的净额。本项目可以根据"长期股权投资""库存现金""银行存款"等账户的记录分析填列。

9)"支付其他与投资活动有关的现金"项目。反映企业除了上述各项以外,支付的其他与投资活动有关的现金流出,如企业购买股票时实际支付的价款中包含的已宣告而尚未领取的现金股利、购买债券时支付的价款中包含的已到期尚未领取的债券利息等。其他现金流出如金额较大,应单列项目反映。本项目可以根据"应收股利""应收利息""库存现金""银行存款"等账户的记录分析填列。

(3)筹资活动产生的现金流量

1)"吸收投资收到的现金"项目。反映企业以发行股票、债券等方式筹集资金实际收到的款项,减去直接支付的佣金、手续费、宣传费、咨询费、印刷费等发行费用后的净额。本项目可以根据"实收资本(或股本)""库存现金""银行存款"等账户的记录分析填列。

2)"借款所收到的现金"项目。反映企业举借各种短期借款、长期借款所收到的现金。本项目可以根据"短期借款""长期借款""库存现金""银行存款"等账户的记录分析填列。

3)"收到的其他与筹资活动有关的现金"项目。反映企业除了上述各项目外,收到的其他与筹资活动有关的现金流入,如接受现金捐赠等。其他现金流入如金额较大的,应单列项目反映。本项目可以根据"库存现金""银行存款""营业外收入"等账户的记录分析填列。

4)"偿还债务所支付的现金"项目。反映企业以现金偿还债务的本金所支付的现金,包括偿还金融企业的借款本金、偿还债券本金等。企业偿还的借款利息和债券利息,在

"分配股利、利润或偿付利息所支付的现金"项目反映,不包括在本项目内。本项目可以根据"短期借款""长期借款""应付债券""库存现金""银行存款"等账户的记录分析填列。

5)"分配股利、利润或偿付利息所支付的现金"项目。反映企业实际支付的现金股利,支付给其他投资单位的利润以及用现金支付的借款利息等。本项目可以根据"应付股利""应付利息""财务费用""库存现金""银行存款"等账户的记录分析填列。

6)"支付其他与筹资活动有关的现金"项目。反映企业除了上述各项目外支付的其他与筹资活动有关的现金流出,如现金捐赠支出、融资租入固定资产的租赁费等。其他现金流出如金额较大的,应单列项目反映。本项目可以根据"营业外收入""长期应付款""库存现金""银行存款"等账户的记录分析填列。

(4)"汇率变动对现金的影响"项目

反映企业外币现金流量折算为人民币时,所采用的现金流量发生日的汇率或平均汇率折算的人民币金额与"现金及现金等价物净增加额"中外币现金净增加额按期末汇率折算的人民币金额之间的差额。

企业在编制现金流量表时,可以逐笔计算外币业务发生的汇率变动对现金的影响,也可根据"现金及现金等价物净增加额"与"营业活动产生的现金流量净额""投资活动产生的现金流量净额""筹资活动产生的现金流量净额"三个项目之和的差额填列。

5. 现金流量表的编制

在具体编制现金流量表时,企业可以根据业务量的大小及复杂程度,采用工作底稿法、T形账户法,或直接根据有关账户的记录分析填列。

(1)工作底稿法

工作底稿法是以工作底稿为手段,以利润表和资产负债表的数据为基础,结合有关账户的记录,对现金流量表的每一项目进行分析并编制调整分录,从而编制现金流量表的一种方法。工作底稿法的具体步骤是:

第一步,将资产负债表的期初数和期末数过到工作底稿的期初数栏和期末数栏。

第二步,对当期业务进行分析并编制调整分录。

第三步,将调整分录过到工作底稿中的相应部分。

第四步,对工作底稿进行试算平衡,借贷合计应当相等。资产负债表项目期初数加减调整分录中的借贷金额以后,应当等于期末数。利润表项目的调整分录借贷金额相抵后的差额,应当与年度利润表的本期金额一致。

第五步,根据工作底稿中的现金流量表项目的期末数,正式编制现金流量表。

(2)T形账户法

T形账户法是以利润表和资产负债表为基础,结合有关账户的记录,对现金流量表的每一项目进行分析并编制调整分录,通过T形账户法编制出现金流量表的一种方法。T形账户法的具体步骤是:

第一步，为所有的非现金项目（包括资产负债表项目和利润表项目）分别开设T形账户，并将各自的期末年初变动数过入各该账户。

第二步，开设一个大的"现金及现金等价物"T形账户，每边分为经营活动、投资活动和筹资活动三个部分，左边记现金流入，右边记现金流出。与其他账户一样，过入期末年初变动数。

第三步，以利润表项目为基础，结合资产负债表，分析每一个非现金项目的增减变动，并据此编制调整分录。

第四步，将调整分录过入各T形账户，并进行核对，该账户借贷相抵后的余额与原先过入的期末期初变动数应当一致。

第五步，根据大的"现金及现金等价物"T形账户编制正式的现金流量表。

（3）分析填列法

分析填列法是直接根据资产负债表、利润表和有关会计账户明细账的记录，分析计算出现金流量表各项目的金额，并据以编制现金流量表的一种方法。这是一种较为简单的方法，在企业业务量较少时较为适用。

第一步，将资产负债表的期初数和期末数过入工作底稿的期初数和期末数栏。

第二步，对当期业务进行分析并编制调整分录。编制调整分录时，要以利润表项目为基础，从"主营业收入"开始，结合资产负债表项目逐一进行分析。

第三步，将调整分录过入工作底稿的相应部分。

第四步，核对调整分录。借贷方合计数均相等，资产负债表项目期初数加减调整分录中的借贷金额也已经等于期末数。

第五步，根据工作底稿中的现金流量表项目部分编制正式的现金流量表。

8.3 财务报告分析

8.3.1 财务分析的概念和目的

1. 财务分析的概念

财务分析是以企业财务报告及其他相关资料为主要依据，对企业的财务状况和经营成果进行评价和剖析，反映企业在运营过程中的利弊得失和发展趋势，从而为改进企业财务管理工作和优化经济决策提供重要的财务信息。财务分析既是对已完成的财务活动的总结，又是财务预测的前提，在财务管理的循环中起着承上启下的作用。

财务报告分析的程序包括：

（1）确定分析目的

分析的目的不同，所分析的内容与重点也会有差异。因此，在进行财务报告分析时，首先应确定分析的目的、分析的内容与重点。

（2）收集分析资料

财务报告分析所用的资料包括：企业财务报告；有关企业经营环境的资料，如反映企业外部的宏观经济形势统计信息、行业情况信息、其他同类企业的经营情况等；有关分析比较标准的资料。对所收集的资料要加以整理，保证资料的真实性。

（3）进行专题分析

按确定的分析内容与重点，选择科学、合理的分析方法进行分析。分析时应按分析要求依次进行企业经营环境与经营特征的分析、财务报表项目及其结构分析、财务能力分析等。

（4）提出分析结论

对专题分析进行总结，并进行综合分析和评价，完成分析报告。通过财务分析可以提出不同的财务决策方案，经过权衡各方案的利弊得失，选择其中最佳财务决策方案，并综合总结财务管理经验，提出改进建议和对策。

2．财务分析的目的

财务报表分析的目的是对企业财务活动的过程和结果进行分析、判断和评价，以作出正确的财务决策。一般可以概括为：评价企业过去的经营业绩，衡量企业目前的财务状况，预测企业未来的发展趋势。

（1）评价企业过去的经营业绩。企业的投资者要作出正确的投资决策，选择合适的投资方向；作为企业的债权人要做出是否提供贷款或赊销的决定；作为经营者要了解企业经营状况的好坏，进而作出正确的经营决策。这些都是要通过对企业财务报表的阅读分析，了解企业在过去的经营期内净利润是多少，投资利润率高低，销售量的大小，现金和营运资金流量的多少等，并将这些数据与本企业历史水平、同行业平均水平进行比较，检验企业的成败得失，从而对企业的经营状况做出正确的评价，为投资者、债权人和企业经营者作出正确的决策提供依据。

（2）衡量企业目前的财务状况。财务状况是指企业的资产结构状况、资本结构状况以及与此相关的企业偿债能力、营运能力、获利能力等。企业财务报表中的数据能概括地反映企业财务状况，但是如果不对这些数据进一步分析，就不能理解这些数据的内在含义，也就不能对企业目前的财务状况做出明确的结论。

财务分析的职能就是揭示这些数据的内在联系，明确各项数据的经济含义，从而正确地评价衡量企业的财务状况和经营风险。

（3）预测企业未来的发展趋势。分析财务报表的目的，更重要的是要了解和预测企业未来的发展趋势。现代经营管理的核心是决策，而决策是针对未来的目标制定方案，并选择合理方案的过程。对未来的发展趋势预测得越准确，则决策成功的机会越大。通过财务报表分析，明确影响企业财务状况的各个因素的作用，明确影响企业未来经济效益的因素，使经营者全面考虑，趋利避害，促使有关因素的最佳组合，从而保证未来决策和经营活动的有效性。

8.3.2 财务分析的内容

1. 偿债能力分析

偿债能力是指企业偿还各种到期债务的能力。偿债能力的高低，是任何与企业有关联的人所关心的重要问题之一。

2. 营运能力分析

营运能力是指企业充分利用现在资源创造社会财富的能力，它是评价企业资产利用程度和营运活力的标志。强有力的营运能力，既是企业获利的基础，又是企业及时足额地偿付到期债务的保证。

3. 盈利能力分析

盈利能力即企业赚取利润和使资金增值的能力，它通常体现为企业收益数额的大小和水平的高低，是企业管理者、投资者和债权人都日益重视和关注的企业经营基本问题之一。盈利能力分析，也称获利能力分析，是综合判断企业经营成果的最主要的分析方法，它主要通过利润表中的有关项目及利润表与资产负债表有关项目之间的联系，来评价企业当期的经营成果和未来的发展趋势。

4. 财务状况的趋势分析

财务状况的趋势分析又称水平分析，是通过对比两期或连续数期财务报告中的相同指标，确定其增减变动的方向、数额和幅度，来说明企业财务状况或经营成果的变动趋势的一种方法。采用这种方法，可以分析引起变化的主要原因、变动的性质，并预测企业未来的发展前景。

公司的财务报表向各种报表使用者提供了反映公司经营情况及财务状况的各种不同数据及相关信息，但对于不同的报表使用者阅读报表时有着不同的侧重点。一般来说，股东都关注公司的盈利能力，如主营收入、每股收益等，但发起人股东或国家股股东则更关心公司的偿债能力，而普通股东或潜在的股东则更关注公司的发展前景。此外，对于不同的投资策略的投资者对报表分析侧重不同，短线投资者通常关心公司的利润分配情况以及其他可作为"炒作"题材的信息，如资产重组、免税、产品价格变动等，以谋求股价的攀升，博得短差。长线投资者则关心公司的发展前景，他们甚至愿意公司不分红，以使公司有更多的资金用于扩大生产规模或公司未来的发展。

8.3.3 财务分析方法

1. 比较分析法

比较分析法也称对比分析法，是通过两个或两个以上相关指标进行对比，确定数量差异，揭示企业财务状况和经营成果的一种分析方法。它是一种用得最多、最广的分析方法。在实际工作中，比较分析法的形式主要有：实际指标与计划指标比较，同一指标纵向比较，同一指标横向比较三种形式。这三种形式分别揭示企业计划完成情况、发展趋势和先进程度。

比较分析法按所采用的比较标准的不同可分为：与本企业历史比，即将不同时期指标相比，也称"趋势分析"；与同类企业比，即与行业平均数或竞争对手比较，也称"横向比较"；与计划或预算比，即实际执行结果与计划指标比较，也称"差异分析"。

比较分析法的主要作用在于揭示绝对数据客观存在的差距，应用比较分析法对同一性质的指标进行比较时，要注意所利用指标的可比性，即用于比较的相关指标在内容范围、时间期限、计算方法等方面应当口径一致。如果相比的指标之间有不可比因素存在，应进行适当调整，然后再进行对比。

2．比率分析法

比率分析法是指利用财务报表中两项相关数值的比率揭示企业财务状况和经营成果的一种分析方法。根据分析的目的和要求不同，比率分析法主要有以下三种：

（1）构成比率分析法。构成比率分析法又称结构比率分析法，是计算某个经济指标的各个组成部分占总体的比重，即部分和整体的比率，进行分析的一种方法。

$$构成比率＝某个组成部分数额/总体数额$$

（2）相关比率分析法。相关比率分析法是通过计算两个性质不完全相同而又相关的指标的比率进行分析的一种方法。利用相关比率指标，可以考查有联系的相关业务安排是否合理。若将企业的流动资产和流动负债进行对比，计算出流动比率，就可以判断企业的短期偿债能力。

（3）效率比率分析法。效率比率分析法是通过计算企业某项经济活动中的所费与所得的比率进行分析的一种方法。它反映投入与产出的关系，利用效率比率指标，可以确定企业得失情况，考查经营成果，评价经济效益。如计算成本利润率、销售利润率、净资产收益率等指标，可以从不同的角度考查企业获利能力的高低。

比率分析法是用相关项目的比率作为指标，揭示了数据之间的内在联系，它们是相对数，这就排除了规模的影响，使不同比较对象建立起可比性，克服了绝对值给人们带来的误区，因此它比比较分析法更具科学性和可比性。财务比率是财务报表分析的基本工具。

3．趋势分析法

趋势分析法是利用财务报表提供的数据资料，将两期或连续数期财务报表中的相同指标进行对比，以揭示企业财务状况和经营成果变动趋势的一种方法。

采用趋势分析法可以揭示企业财务状况和经营成果变动趋势，判断这种变化趋势对企业发展的影响，以预测企业未来的发展前景。

4．因素分析法

因素分析法是用来确定几个相互联系的因素对某个综合财务指标的影响程度的一种分析方法。依据分析指标和影响因素的关系，从数量上确定各因素对指标的影响程度。企业的活动是一个有机整体，每个指标的高低都受若干个因素的影响。因素分析法可以帮助人们抓住主要矛盾，更有说服力地评价经营状况，具体又分为连环替代法和差额分析法。

（1）连环替代法。连环替代法是根据各因素之间的内在依存关系，依次用分析值替代标准值，测定各因素对财务指标的影响。连环替代法的计算程序是：

1）分解指标因素，并确定因素排列顺序。

2）确定分析对象——指标变动的差异。

3）逐次替代因素。每次将其中的一个因素由基期数替换为分析期数，其他因素暂时不变。后面因素的替换均是在前面因素已替换成分析期数的基础上进行的。

4）逐项计算各因素的影响程度。

5）汇总影响结果，验证各因素影响程度计算的正确性。

指标因素关系式：　　　销售收入＝销售数量×销售单价

［例8-1］A公司2018年有关的销售资料见表8-6。

A公司2018年有关的销售资料　　　　　　　　　表8-6

项　目	计划数	实际数
销售数量（件）	5000	6000
销售单价（元）	160	150
销售收入（元）	800000	900000

解：

（1）计算计划销售收入：5000×160＝800000（元）　　　　　　　　〈1〉

（2）确定分析对象：900000－800000＝100000（元）

（3）逐项替代。先替代销售数量指标（假定销售单价不变）：6000×160＝960000（元）

〈2〉

再替代销售单价指标：6000×150＝900000（元）　　　　　　　　　　〈3〉

分析各因素对销售收入的影响程度。

（4）销售数量变动对销售收入的影响：960000－800000＝160000（元）　〈2〉－〈1〉

销售单价变动对销售收入的影响：

900000－960000＝－60000（元）　　　　　　　　　　　　　　　　〈3〉－〈2〉

（5）验证两个因素的共同影响是销售收入增加。

160000－60000＝100000（元）

与分析对象吻合。

（2）差额分析法。差额分析法是指直接用各个因素实际数同计划数的差额来计算各因素对指标变动影响程度的分析方法。

仍以上例为例，分析如下：

由于销售数量变动而影响的销售收入：(6000－5000)×160＝160000（元）

由于销售单价变动而影响的销售收入：6000×(150－160)＝－60000（元）

两因素共同影响，使销售收入发生变动的数额为：160000－60000＝100000（元）

采用因素分析法时，应注意以下几个问题：

1）因素分析的关联性。所确定的构成某个指标的各个因素，必须在客观上存在因果关系，否则计算结果不能说明问题。

2）因素替代的顺序性。首先要正确地排列综合指标各构成因素的排列顺序，并按顺序依次替代，不可随意颠倒，否则，会得出不同的分析结果。在实际工作中，一般将各因素区分为数量指标和质量指标，先替换数量指标，再替换质量指标。如果同时出现几个数量指标和质量指标，应先替换实物量指标，再替换价值量指标。

3）顺序替代的连环性。应用因素分析法在计算每一因素变动的影响时，都是在前一次计算的基础上进行的。只有保持这一连环性，才能使各个因素的影响之和等于所分析指标变动的差异。

4）计算结果的假定性。应用因素分析法计算的各个因素变动的影响数时，是以假定其他因素不变为条件的。因而计算结果具有一定的假定性。

5．综合分析法

为了全面地了解企业的财务状况，经常把企业各项财务指标放在一起进行综合分析。综合分析法是利用财务指标间的内在联系，对企业财务状况进行综合评价的分析方法。综合分析法最常用的方法是杜邦体系分析和财务比率综合评分法，这种综合分析法有利于了解企业财务状况的全貌，以及各项指标之间的相互关系。

8.3.4 财务指标分析

财务指标是指根据财务报表数据计算的反映企业财务状况和经营成果的各种比值。财务指标分析作为一种主要的分析方法，在财务报表分析中发挥着重要的作用。财务指标分析的内容很多，主要包括偿债能力分析、营运能力分析、盈利能力分析和发展能力分析等。

1．财务分析指标结构见表8-7、表8-8。

财务能力指标结构　　　　　　　　　　　　　　表8-7

指标类型	基本指标	修正指标	备注：定性指标
偿债能力状况	资产负债率； 已获利息倍数	流动比率； 速动比率； 现金流动负债率； 长期资产适合率； 经营亏损挂账比率	领导班子基本素质； 产品市场占有率； 基础管理水平； 员工素质； 技术装备水平； 行业影响； 经营发展战略； 长期发展能力预测
营运能力状况	总资产周转率； 流动资产周转率	存货周转率； 应收账款周转率； 不良资产比率； 资产损失率	
盈利能力状况	净资产收益率； 总资产报酬率	资本保值增值率； 销售利润率； 成本费用利润率	
发展能力状况	销售增长率； 资本积累率	总资产增长率； 固定资产成新率； 利润平均增长率； 三年资产平均增长率	

财务分析指标构成　　　　表8-8

偿债能力	资产负债率	公式	资产负债率＝负债总额/资产总额×100%
		作用	衡量企业负债水平及风险程度的重要判断指标
		标准	资产负债率越低越好
	已获利息倍数	公式	已获利息倍数＝息税前利润/利息支出
		作用	反映当期企业经营收益和所需支付的债务利息的多少倍
		标准	国际公认的已获利息倍数为3时较为适当，该指标越高，表明企业债务偿还越有保证
	流动比率	公式	流动比率＝流动资产/流动负债
		作用	流动资产是流动负债的偿还保证，因此该指标越高，表明债权人的安全程度越高
		标准	一般认为2∶1
	速动比率	公式	速动比率＝速动资产/流动负债
		作用	是指流动资产的货币资金、短期投资、应收账款等
		标准	一般认为1∶1
	现金流动负债比率	公式	现金流动负债＝年经营现金流入量/年末流动负债
		作用	从现金流入和流出的动态角度对企业实际偿债能力进行再次修订
		标准	指标越大，表明企业经营活动产生的现金净流入较多，保障企业按时偿还债务的能力越强
营运能力	存货周转率	公式	存货周转率（次/年）＝商品销售成本/平均存货 存货周转期（天/次）＝360/存货周转率
		作用	是评价企业从取得存货、投入生产到销售收回等环节管理状况的指标
		标准	周转越快，表明企业销售能力越强
	应收账款周转率	公式	应收账款周转率＝赊销收入净额/平均应收账款余额 平均收账期（天数）＝360/应收账款周转率
		作用	周转次数越多，或周转天数越少，说明企业催收账款的速度越快，可以减少坏账损失
		标准	流动性强，短期偿债能力强
	流动资产周转率	公式	流动资产周转率＝销售收入净额/平均流动资产总额
		作用	反映了企业流动资产的周转速度
		标准	揭示影响企业资产质量的主要因素
盈利能力	主营业务利润率	公式	主营业务利润率＝利润/主营业务收入净额
		作用	反映销售获利能力，通过考查主营业务利润占利润总额比重的升降，可以发现企业经营状况的稳定性、面临的危险或可能出现的转机
		标准	越高越好
	成本费用利润率	公式	成本费用利润率＝利润总额/成本费用总额
		成本内容	营业成本＝主营业务成本＋主营业务税金及附加＋销售费用＋管理费用＋财务费用＋其他业务成本
		标准	越高越好
	盈余现金保障倍数	公式	盈余现金保障倍数＝经营现金流量/净利润
		作用	表明企业经营活动产生的净利润对现金的贡献程度
		标准	大于1较好

续表

盈利能力	总资产收益率	公式	总资产收益率＝净利润/平均资产总额
		作用	反映企业资产的综合利用效果
		标准	越高越好
	净资产收益率	公式	净资产收益率＝净利润/平均净资产
		作用	反映自有资本获取净收益的能力，是评价企业自有资本及其积累获取报酬水平的最具综合性与代表性的指标
		标准	越高越好
	每股收益	公式	每股收益＝净利润/年末普通股总数
		作用	反映普通股的获利水平
		标准	越高越好
	每股股利	公式	每股股利＝普通股股利总额/年末普通股总额
		作用	反映普通股每股实际获得股利的水平
		标准	对短期持股的股东而言，越高越好
	市盈率	公式	市盈率＝普通股每股市价/普通股每股收益
		作用	反映投资者对上市公司每元净利润愿意支付的价格，可以用来估计股票的投资报酬和风险
		标准	一般认为市盈率小一点为好，但市盈率大小的股票风险却未必小
	每股净资产	公式	每股净资产＝年末股东权益/年末普通股总额
		作用	反应普通股每股账面价值的大小
		标准	越大越好
发展能力	销售增长指标	公式	销售增长率＝本年销售增长额/上年销售总额×100%
		作用	衡量企业经营情况和市场占有能力、预测企业经营业务开拓趋势的重要标志
		标准	指标大于零，表示企业本年的销售（营业）收入有所增长，指标值越高，表明增长速度越快
	总资产增长率	公式	总资产增长率＝本年总资产增长额/年初总资产总额×100%
		作用	是从企业资产总额扩张方面衡量企业的发展能力
		标准	指标越高，表明企业一个经营周期内资产经营规模扩张的速度越快
	利润增长指标	公式	利润总额增长率＝本年利润增长率/上年利润总额×100%
		作用	指标应与销售（营业）增长率指标结合分析，反映企业利润是否随着销售（营业）额的增长呈同步增长趋势

2．指标具体说明

（1）偿债能力分析

企业的偿债能力是指企业对各种到期债务的偿付能力。偿债能力关系到企业的存亡，一旦企业资产运营不当，将面临无法偿还到期债务的问题，往往要比一时的亏损更为危险。所以，无论企业的经营管理者，还是企业的投资人、债权人，都十分重视企业的偿债能力。因此，财务报表分析首先要对企业的偿债能力进行分析。

1）流动比率

流动比率是企业的流动资产与流动负债的比率。它反映的是流动资产与流动负债之间的对比关系，它表示企业每一元流动负债有多少流动资产作为偿还保证，反映企业用可在短期内转变为现金的流动资产偿还到期流动负债的能力。其计算公式为：

$$流动比率 = \frac{流动资产}{流动负债}$$

[例8-2] ××公司2017年年初的流动资产为3140000元，流动负债为1150000元；2018年年末的流动资产为7597580元，流动负债为3536095元，则该公司的流动比率可计算如下：

$$2017年流动比率 = \frac{3140000}{1150000} = 2.73 ；2018年流动比率 = \frac{7597580}{3536095} = 2.15$$

2）速动比率

速动比率是指企业速动资产与流动负债的比率。它反映日常经营财务支付能力的迅速性。它比流动比率更能严格地测验企业短期偿债能力。该指标控制在0.6～1.0之间为恰当。同时也要求不同行业比率不相同。其计算公式为：

$$速动比率 = \frac{速动资产}{流动负债}$$

[例8-3] ××公司2017年年初的流动资产为3140000元，其中，存货为1000000元，流动负债为1150000元；2018年年末的流动资产为7597580元，其中，存货为1480000元，流动负债为3536095元，则该公司的速动比率可计算如下：

$$2017年速动比率 = \frac{3140000-1000000}{1150000} = 1.86；2018年速动比率 = \frac{7597580-1480000}{3536095} = 1.73$$

3）现金流量流动负债比率

现金流量流动负债比率是企业一定时期的经营活动净现金流量与期末流动负债的比率。经营活动净现金流量，一般是指一个年度内由经营活动所产生的现金和准现金的流入量及流出量的差额。其计算公式为：

$$现金流量流动负债比率 = \frac{经营活动净现金流量}{期末流动负债}$$

该比率越大，现金流入对当期债务偿付的保障程度越高，表明企业的流动性越好。

[例8-4] ××公司2017年年末的流动负债为3536095元，经营活动净现金流量为3963380元，则该公司的现金流量流动负债比率可计算如下：

$$2018年现金流量流动负债比率 = \frac{3963380}{3536095} = 1.12$$

4）资产负债率

资产负债率也称为负债比率，是企业负债总额与资产总额的比率，它表明在企业资产总额中债权人资金所占的比重，以及企业资产对债权人权益的保障程度。其计算公式为：

$$资产负债率 = \frac{负债总额}{资产总额}$$

资产负债率是衡量企业负债水平和风险程度的重要财务比率指标,其高低对企业的投资者、债权人和经营者等不同利益主体有不同的影响。对债权人而言,该指标越低债权人的利益保障程度越高。投资者主要考虑投资的回报,所以,当预期的投资收益率高于借债利息率时,投资者希望资产负债率越高越好,以享受负债经营所带来的财务杠杆利益;反之,当预期的投资收益率低于借债利息率时,投资者希望资产负债率越低越好。对经营者而言,既要考虑利用债务的收益性,又要考虑负债经营所带来的财务风险,所以,从企业财务意义上讲,企业经营者总是要权衡利弊得失,将资产负债率保持在一个适度的水平,从而,把企业因筹资产生的风险控制在适当的程度。

[例8-5] ××公司2017年年初的资产总额为7140000元,负债总额为2950000元;2018年年末的资产总额为12204900元,负债总额为5815495元,该公司的资产负债率可计算如下:

$$2017年资产负债率 = \frac{2950000}{7140000} = 0.41;2018年资产负债率 = \frac{5815495}{12204900} = 0.476$$

5)利息保障倍数

利息保障倍数也称为已获利息倍数,它反映企业息税前利润为所需支付利息的多少倍,一般要大于1,是指企业经营业务收益与利息费用的比率,用以衡量偿付借款利息的能力。其计算公式为:

$$利息保障倍数 = \frac{息税前利润}{利息费用} 或 = \frac{税前利润+利息费用}{利息费用} 或 = \frac{税后利润+所得税+利息费用}{利息费用}$$

[例8-6] ××公司利润表中,2017年年税前利润为550000元,利息费用为5000元;第二年年税前利润为1811500元,利息费用为2600元,则该公司的利息保障倍数可计算如下:

$$2017年利息保障倍数 = \frac{550000+5000}{5000} = 111;$$

$$2018年利息保障倍数 = \frac{1811500+2600}{2600} = 697.73$$

(2)营运能力分析

营运能力分析是对企业运用资产进行生产经营活动能力的分析,实际上是资产利用效率的分析。营运能力是指企业对有限资源的利用能力,它是衡量企业整体经营能力高低的一个重要方面,营运能力的高低,对企业的偿债能力和盈利能力都有着非常重大的影响。反映企业营运能力的主要财务比率指标包括流动资产周转率、应收账款周转率、存货周转率、固定资产周转率和总资产周转率。

1)流动资产周转率

流动资产周转率是指企业一定时期内的销售收入与流动资产平均余额的比率,它反映企业流动资产在一定时期内(通常为一年)的周转次数。其计算公式为:

$$流动资产周转率 = \frac{销售收入}{流动资产平均余额}$$

$$流动资产平均余额 = \frac{期初流动资产 + 期末流动资产}{2}$$

流动资产周转率反映流动资产的周转速度和使用效率。这个指标的周转次数越多，表明周转速度越快，流动资产利用效率越高，会相对节约流动资金，等于相对扩大了资产投入，增强企业盈利能力。

流动资产周转率也可以用周转天数表示，其计算公式为：

$$流动资产周转天数 = \frac{计算期天数}{流动资产周转次数} = \frac{360}{流动资产周转次数}$$

周转天数越少，说明周转速度越快，效果则越好；反之，周转天数越多，则说明周转速度越慢，资产盈利能力降低。

[例8-7] ××公司2017年年初的流动资产总额为3140000元，年末流动资产总额为7597580元，2017年销售收入为4000000元，则该公司2017年流动资产周转率计算如下：

$$流动资产周转率 = \frac{4000000}{(3140000 + 7597580) \div 2} = 0.75（次）；$$

$$流动资产周转天数 = \frac{360}{0.75} = 480（天）$$

2）应收账款周转率

应收账款是企业流动资产的重要组成部分。表明该资产从投入到收回经历过程，经历一次循环所需时间，也反映出企业管理应收账款方面的效率。

应收账款周转率是反映应收账款周转速度的指标，它有两种表示方法，一种是应收账款周转次数，就是年度内应收账款转为现金的平均次数，它说明应收账款流动的速度；另一种是用时间表示的周转速度叫应收账款周转天数，也叫平均应收账款回收期或平均收现期，它表示企业从取得应收账款的权利到收回款项、转换为现金所需要的时间。其计算公式为：

$$应收账款周转率 = \frac{赊销收入净额}{应收账款平均余额}；应收账款周转天数 = \frac{360}{应收账款周转次数}$$

$$赊销收入净额 = 销售收入 - 现销收入 - 销售退回、折让、折扣$$

$$应收账款平均余额 = \frac{期初应收账款 + 期末应收账款}{2}$$

一般来说，应收账款周转率越高，平均收账期越短，说明应收账款的收回越快。

应收账款的周转速度与企业采取的信用政策密切相关。企业应根据实际情况，确定合理的信用政策，并加强货款催收，减少长期欠账，以尽可能地提高应收账款的周转速度。

[例8-8] ××公司2017年年初的应收账款余额为540000元，年末应收账款余额为90000元，2017年销售收入净额为4000000元，则该公司的2017年的应收账款周转率可计算如下：

$$应收账款周转次数 = \frac{4000000}{(540000 + 90000) \div 2} = 12.7（次）；$$

$$应收账款周转天数 = \frac{360}{12.7} = 28（天）$$

3）存货周转率

在企业流动资产中，存货所占的比重较大。它反映企业对存货资产的营运能力和管理效率的财务比率，注意不同行业比率不相同。存货的流动性将直接影响企业的流动比率，因此，必须特别重视对存货流动性的分析。存货的流动性，一般用存货周转率指标来反映，存货周转率是指一定时期内企业销货成本与存货平均余额间的比率。该财务比率也有两种表示方法，即存货周转次数和存货周转天数。其计算公式为：

$$存货周转率（次数）= \frac{主营业务成本}{平均存货余额}$$

$$存货周转天数 = \frac{360}{存货周转率}$$

式中，主营业务成本来自利润表，存货平均余额来自资产负债表中的"期初存货"与"期末存货"的平均数。

一般情况下，企业存货周转率越高越好，存货周转率越高，周转次数越多，周转天数越少，表明存货周转速度越快，资产流动性越强。提高存货周转率可以提高企业的变现能力，而存货周转速度越慢则变现能力越差。

[例8-9] ××公司2017年年初的存货余额为1000000元，年末存货余额为1480000元，2017年主营业务成本为2000000元，则该公司2017年的存货周转率计算如下：

$$存货周转次数 = \frac{2000000}{(1000000+1480000) \div 2} = 1.61（次）; \quad 存货周转天数 = \frac{360}{1.61} = 224（天）$$

（3）盈利能力分析

盈利能力是企业运用其所支配的经济资源开展经营活动，从中获取利润的能力，或者说是企业资金增值的能力。

盈利能力是企业生存和发展的基本条件，不论股东、债权人还是企业管理人员，都非常关心企业的盈利能力，因为企业盈利会使股东获得资本收益，会使债权人的权益有保障，会提升管理者的经营业绩。

企业的资产、负债、所有者权益、收入、费用和利润等会计要素有机统一于资金运动过程，并通过筹资、投资活动取得收入和补偿成本费用，从而实现利润目标。

1）成本费用利润率

成本费用利润率是企业利润总额与成本费用总额的比率。该比率越高，说明企业为获取收益而付出的代价较小，经济效益较好。因此，该比率不仅可以用来评价企业获利能力的高低，还可以评价企业对成本费用的控制能力和经营管理水平。其计算公式为：

$$成本费用利润率 = \frac{利润总额}{成本费用总额}$$

[例8-10] ××公司2017年利润总额为550000元,主营业务成本为1100000元,营业税金及附加为50000元,期间费用为220000,其他业务成本为5000元,则该公司2017年的成本费用利润率计算如下:

$$成本费用利润率 = \frac{550000}{1100000+50000+220000+5000} = 40\%$$

2)总资产收益率

总资产收益率又称总资产报酬率,是反映企业资产综合利用效果的指标,也是衡量企业利用债权人和所有者资金所取得盈利的重要指标。总资产收益率反映企业资产利用的综合效果。该比率越高,表明资产利用的效率越高;反之,则表明资产的利用效率越低。其计算公式为:

$$总资产收益率 = \frac{净利润}{平均资产总额}$$

$$平均资产总额 = \frac{期初总资产+期末总资产}{2}$$

[例8-11] ××公司2017年年初资产总额为7140000元,年末资产总额为12204900元,2017年净利润为1203805元,则该公司的2017年的总资产收益率计算如下:

$$总资产收益率 = \frac{1203805}{(7140000+12204900) \div 2} = 12.45\%$$

3)净资产收益率

净资产收益率也叫股东权益净利率,净资产收益率是能够概括衡量企业综合经营业绩的指标,是杜邦分析体系的起始指标(详见下文杜邦财务分析体系)。该指标越高,企业自有资本获取收益的能力越强,运营效率越好,对企业投资人权益的保证程度越高。是企业净利润与企业净资产的比率,计算公式为:

$$净资产收益率 = \frac{净利润}{平均净资产}$$

$$平均净资产 = \frac{期初所有者权益+期末所有者权益}{2}$$

[例8-12] ××公司2018年年初所有者权益为4190000元,年末所有者权益为6389405元,2018年净利润为1203805元,则该公司2018年的净资产收益率可计算如下:

$$净资产收益率 = \frac{1203805}{(4190000+6389405) \div 2} = 22.76\%$$

4)每股收益

每股收益是指普通股每股净利润。每股收益值越高,企业获利能力越强,每股所得利润越多。同时,每股收益还是确定企业股票价格的主要参考指标。其计算公式为:

$$每股收益 = \frac{净利润 - 优先股股利}{普通股股数}$$

[例8-13] ××公司2018年年度净利润为1203805元，假设该公司普通股平均为600000股，未发行优先股，则该公司2018年的每股收益可计算如下：

$$每股收益 = \frac{1203805}{600000} = 2.01（元）$$

5）每股股利

每股股利是股利总额与流通在外的普通股股数的比值。每股股利也是衡量股份公司获利能力的指标。该指标值越高，股本获利能力越强，对投资者越有吸引力，企业的财务形象越好。其计算公式为：

$$每股股利 = \frac{股利总额}{普通股股数}$$

[例8-14] ××公司2018年拟发放现金股利720000元，则该公司普通股每股股利可计算如下：

$$每股股利 = \frac{720000}{600000} = 1.2（元）$$

6）市盈率

市盈率是普通股每股市价与每股收益的比率。该比率是反映股票投资价值的一个重要的参考指标，它反映投资人对每元净利润所愿支付的价格。市盈率越高，表明市场对公司的发展前景越看好，但市盈率过高，也意味着该股票有较高的投资风险。注意不同行业比率不相同。其计算公式为：

$$市盈率 = \frac{普通股每股市价}{普通股每股收益}$$

[例8-15] ××公司股票市场价格为32.16元，该股票每股收益为2.01元，则该公司的市盈率可计算如下：

$$市盈率 = \frac{32.16}{2.01} = 16$$

7）每股净资产

每股净资产是普通股权益除以流通在外的普通股股数。每股净资产是决定股票市场价格的重要因素。该指标的高低，说明企业股票投资价值和发展潜力的大小，间接地表明企业获利能力的大小。其计算公式为：

$$每股净资产 = \frac{期末股东权益}{期末普通股数}$$

[例8-16] ××公司2018年年末股东权益总额为6389405元，则该公司2018年的每股净资产可计算如下：

$$每股净资产=\frac{6389405}{600000}=10.65（元）$$

一项财务比率通常只能反映和评价企业某一方面的财务状况，单独分析任何一项财务比率指标，都难以全面地对企业的财务状况和经营成果做出评价。

8.3.5 财务综合分析

要想对企业的财务状况和经营成果有一个总的评价，就必须对企业的财务状况进行综合性的分析与评价。综合分析的主要方法有杜邦财务分析法和财务比率综合评分法。

1. 杜邦财务分析体系

该指标体系是美国杜邦公司最先利用分析净资产报酬率的指标体系，所以称为杜邦财务分析体系。杜邦财务分析体系就是利用各项主要的财务比率之间的关系，来综合分析企业财务状况的一种有效方法。杜邦财务分析体系也称为杜邦财务分析法，是指根据各主要财务比率指标之间的内在联系，建立财务分析指标体系，综合分析企业财务状况的方法。

净资产收益率是一个综合性最强的财务比率，是杜邦财务分析体系的核心，它既反映所有者投入资金的获利能力，也反映企业筹资、投资、资产运营等活动的效率。该指标的高低取决于总资产净利率和权益乘数。

杜邦财务分析体系以净资产收益率为核心，即：

$$净资产收益率=\frac{净利润}{净资产}\times\frac{营业收入}{总资产}\times\frac{总资产}{净资产}$$

$$=销售净利率\times总资产周转率\times权益乘数$$

$$销售净利率=\frac{净利润}{营业收入}$$

$$总资产周转率=\frac{营业收入}{总资产}$$

$$权益乘数=\frac{总资产}{净资产}=\frac{总资产}{总资产-总负债}=\frac{1}{1-资产负债率}$$

从以上关系式中可以分析产品销售、生产成本与费用、销售利润、各种资产运营效率与资产周转率、企业资本结构等因素对净资产利润率的影响，通过分析改进和协调这些经营活动，使企业净资产报酬率达到最好水平。

净资产收益率的高低首先取决于总资产收益率，而总资产收益率又受销售净利率和总资产周转率两个指标的影响。销售净利率越大，总资产收益率越大；总资产周转率越大，总资产收益率越大；而总资产收益率越大，则净资产收益率越大。

销售净利率实际上反映了企业净利润与销售收入的关系。要提高销售净利，必须从两个方面进行：一方面提高销售收入，另一方面降低各种成本费用。

总资产周转率是反映运用资产获取销售收入能力的指标。对总资产周转率的分析，则须对影响资产周转的各因素进行分析。除了对资产结构是否合理进行分析外,还可以通过流动资产周转率、存货周转率、应收账款周转率等有关各资产组成部分使用效率指标的分析,判明影响资产周转速度的主要问题出在哪里。

权益乘数反映企业所有者权益与总资产的关系,它对净资产收益率具有倍率影响。该指标主要受资产负债率的影响,负债比例越大,权益乘数就越高,说明企业的负债程度较高,给企业带来了较多的财务杠杆利益,同时也给企业带来了较大的风险。

在杜邦财务分析体系中,净资产收益率分解为两因素乘积和三因素乘积,可以和因素分析法结合起来分析。例如,用因素分析法,分别分析总资产周转率、权益乘数对净资产收益率影响的程度。

总之,净资产收益率是一个综合性极强的指标。它变动的原因涉及企业生产经营活动的方方面面,与企业的资本结构、销售规模、成本费用水平、资产的合理配置和利用密切相关,这些因素构成了一个系统,只有协调好系统内各因素的关系,才能使净资产收益率达到最大,才能实现企业价值最大化的理财目标。

[例8-17] 根据企业财务报表信息,计算某公司净资产收益率、总资产净利率和销售净利率,并验证三者的关系。

某公司简要会计报表(万元) 表8-9

财务项目	年初数	年末数	财务项目	年初数	年末数
资产	8000	10000	利润表项目		
负债	4500	6000	营业收入		20000
所有者权益	3500	4000	净利润		500

解:

(1)净资产收益率=净利润/平均净资产×100%

$$=500\div[(3500+4000)\div 2]\times 100\%=13.33\%$$

(2)总资产利润率=净利润/平均资产总额

$$=500\div[(8000+10000)\div 2]\times 100\%=5.56\%$$

(3)销售净利率=净利润/营业收入或主营业务收入×100%

$$=500\div 20000\times 100\%=2.5\%$$

(4)总资产周转率=营业收入/平均资产总额×100%

$$=20000\div[(8000+10000)\div 2]\times 100\%=2.22(次)$$

(5)权益乘数=1/(1-资产负债率)×100%

$$=1\div\{1-[(4500+6000)\div 2]\div[(8000+10000)\div 2]\}=2.4$$

(6)净资产收益率=销售净利率×总资产周转率×权益乘数

$$=2.5\%\times 2.22\times 2.4=13.32\%$$

2. 财务比率综合评分法

财务比率综合评分法最早是在20世纪初由亚历山大·沃尔提出来的，所以也称为沃尔评分法。沃尔评分法是选定企业若干重要的财务比率，然后根据财务比率的重要程度计算相应的分数，而对企业财务状况进行分析的一种方法。该种方法将流动比率、净资产负债率、存货周转率、应收账款周转率、净资产周转率等财务比率用线性关系结合起来，分别给定各自的分数比重，然后将实际比率与标准比率进行比较，据以确定各项指标的得分和全体指标的合计分数，从而对企业的信用水平做出评价。

运用沃尔评分法进行财务状况分析，其具体步骤为：

（1）选定财务比率指标

选择评价企业财务状况的财务比率指标时，一般要选择能够代表企业财务状况的重要指标。由于企业的盈利能力、偿债能力和营运能力等指标可以概括企业基本财务状况，所以，可从中分别选择若干具有代表性的重要比率。

（2）确定财务比率指标的重要性权数

根据各项财务比率指标的重要程度，确定其重要性权数。各项比率指标的重要程度的判定，一般可根据企业的经营状况、管理要求、企业所有者、经营者和债权人的意向综合确定，但其重要性系数之和应等于100。

（3）确定各项财务比率指标的标准值

各财务比率指标的标准值是指各项财务比率指标在本企业现实条件下最理想的数值，但也应考虑到各种实际情况，以及可预见的损失，否则标准过高难以实现，会挫伤企业全体员工的积极性。通常，财务比率指标的标准值可以根据本行业的平均水平，经过适当调整确定。

（4）计算企业一定时期内各项财务比率指标的实际值

（5）计算各财务比率指标实际值与标准值的比率，即关系比率

其计算公式为：　　　　关系比率＝实际值÷标准值

（6）计算各项财务比率指标的得分并进行加总

其计算公式为：　　　　比率指标得分＝重要性系数×关系比率

各项财务比率指标综合得分若超过100，说明企业财务状况良好；若综合得分为100或接近100，说明企业财务状况基本良好；若综合得分低于100且有较大差距，则说明企业财务状况较差，企业应查明原因，并积极采取措施加以改善。需要指出的是，评分时需要规定各种财务比率指标评分值的上限和下限，即最高评分值和最低评分值，以免个别指标的异常，给总评分造成不合理的影响。上限一般定为正常评分值的1.5倍，下限一般定为正常评分值的0.5倍。

本章小结

本章主要介绍财务报告编制方法,利用财务报告中的数据进行企业偿债能力、营运能力、盈利能力、发展能力的指标分析,掌握各种指标计算方法和衡量标准。

基础练习

一、单选题

1. 在下列财务分析主体中,必须高度关注企业资本的保值和增值状况的是(　　)。
   A. 短期投资者　　　　　　　　B. 企业债权人
   C. 企业所有者　　　　　　　　D. 税务机关

2. 采用趋势分析法时,应注意的问题不包括(　　)。
   A. 指标的计算口径必须一致　　B. 衡量标准的科学性
   C. 剔除偶发性项目的影响　　　D. 运用例外原则

3. 关于衡量短期偿债能力的指标说法正确的是(　　)。
   A. 流动比率较高时说明企业有足够的现金或存款用来偿债
   B. 如果速动比率较低,则企业没有能力偿还到期的债务
   C. 与其他指标相比,用现金流动负债比率评价短期偿债能力更加谨慎
   D. 现金流动负债比率＝现金/流动负债

4. 长期债券投资提前变卖为现金,将会(　　)。
   A. 对流动比率的影响大于对速动比率的影响
   B. 对速动比率的影响大于对流动比率的影响
   C. 影响速动比率但不影响流动比率
   D. 影响流动比率但不影响速动比率

5. 收回当期应收账款若干,将会(　　)。
   A. 增加流动比率　　　　　　　B. 降低流动比率
   C. 不改变速动比率　　　　　　D. 降低速动比率

6. 假设业务发生前速动比率大于1,偿还应付账款若干,将会(　　)。
   A. 增大流动比率,不影响速动比率　　B. 增大速动比率,不影响流动比率
   C. 增大流动比率,也增大速动比率　　D. 降低流动比率,也降低速动比率

7. 如果企业的应收账款周转率高,则下列说法不正确的是(　　)。
   A. 收账费用少　　　　　　　　B. 短期偿债能力强
   C. 收账迅速　　　　　　　　　D. 坏账损失率高

8. 下列说法正确的是（　　）。

　　A. 企业通过降低负债比率可以提高其净资产收益率

　　B. 速动资产过多会增加企业资金的机会成本

　　C. 市盈率越高，说明投资者对于公司的发展前景看好，所以市盈率越高越好

　　D. 在其他条件不变的情况下，用银行存款购入固定资产会引起总资产报酬率降低

9. 不影响净资产收益率的指标包括（　　）。

　　A. 流动比率　　　　　　　　B. 营业净利率

　　C. 资产负债率　　　　　　　D. 总资产净利率

10. 在杜邦财务分析体系中，综合性最强的财务比率是（　　）。

　　A. 净资产收益率　　　　　　B. 总资产净利率

　　C. 总资产周转率　　　　　　D. 权益乘数

二、判断题

1.（　　）在财务分析中，将通过对比两期或连续数期财务报告中的相同指标，以说明企业财务状况或经营成果变动趋势的方法称为水平分析法。

2.（　　）速动比率用于分析企业的短期偿债能力，所以，速动比率越大越好。

3.（　　）尽管流动比率可以反映企业的短期偿债能力，但有的企业流动比率较高，却有可能出现无力支付到期的应付账款的情况。

4.（　　）盈余现金保障倍数不仅反映了企业获利能力的大小，而且反映了获利能力对偿还到期债务的保证程度。

5.（　　）在其他条件不变的情况下，权益乘数越小，企业的负债程度越高，财务风险越大。

三、计算题

1. 某公司流动资产由速动资产和存货构成，年初存货为170万元，年初应收账款为150万元，年末流动比率为200%，年末速动比率为100%，存货周转率为4次，年末流动资产余额为300万元。一年按360天计算。

要求：

（1）计算该公司流动负债年末余额；

（2）计算该公司存货年末余额和年平均余额；

（3）计算该公司本年营业成本；

（4）假定本年赊销净额为1080万元，应收账款以外的其他速动资产忽略不计，计算该公司应收账款周转天数。

2. 2019年年初的负债总额1500万元，股东权益是负债总额的2倍，年资本积累率30%，2019年年末的资产负债率40%，负债的年均利率为5%。2013年实现净利润900万元，所得税率25%。2019年年末的股份总数为600万股（普通股股数年内无变动），普通股市价为15元/股。（计算结果保留两位小数）

要求：

（1）计算2019年年初的股东权益总额、资产总额、年初的资产负债率；

（2）计算2019年年末的股东权益总额、负债总额、资产总额、产权比率；

（3）计算2019年的总资产净利率、权益乘数（使用平均数计算）、平均每股净资产、基本收益、市盈率。

附　录

复利终值系数表　附表1-1
复利现值系数表　附表1-2
年金终值系数表　附表1-3
年金现值系数表　附表1-4

复利终值系数表　　　　　　　附表1-1

期数	1%	2%	3%	4%	5%	6%	7%	8%	9%	10%
1	1.0100	1.0200	1.0300	1.0400	1.0500	1.0600	1.0700	1.0800	1.0900	1.1000
2	1.0201	1.0404	1.0609	1.0816	1.1025	1.1236	1.1449	1.1664	1.1881	1.2100
3	1.0303	1.0612	1.0927	1.1249	1.1576	1.1910	1.2250	1.2597	1.2950	1.3310
4	1.0406	1.0824	1.1255	1.1699	1.2155	1.2625	1.3108	1.3605	1.4116	1.4641
5	1.0510	1.1041	1.1593	1.2167	1.2763	1.3382	1.4026	1.4693	1.5386	1.6105
6	1.0615	1.1262	1.1941	1.2653	1.3401	1.4185	1.5007	1.5869	1.6771	1.7716
7	1.0721	1.1487	1.2299	1.3159	1.4071	1.5036	1.6058	1.7138	1.8280	1.9487
8	1.0829	1.1717	1.2668	1.3686	1.4775	1.5938	1.7182	1.8509	1.9926	2.1436
9	1.0937	1.1951	1.3048	1.4233	1.5513	1.6895	1.8385	1.9990	2.1719	2.3579
10	1.1046	1.2190	1.3439	1.4802	1.6289	1.7908	1.9672	2.1589	2.3674	2.5937
11	1.1157	1.2434	1.3842	1.5395	1.7103	1.8983	2.1049	2.3316	2.5804	2.8531
12	1.1268	1.2682	1.4258	1.6010	1.7959	2.0122	2.2522	2.5182	2.8127	3.1384
13	1.1381	1.2936	1.4685	1.6651	1.8856	2.1329	2.4098	2.7196	3.0658	3.4523
14	1.1495	1.3195	1.5126	1.7317	1.9799	2.2609	2.5785	2.9372	3.3417	3.7975
15	1.1610	1.3459	1.5580	1.8009	2.0789	2.3966	2.7590	3.1722	3.6425	4.1772
16	1.1726	1.3728	1.6047	1.8730	2.1829	2.5404	2.9522	3.4259	3.9703	4.5950
17	1.1843	1.4002	1.6528	1.9479	2.2920	2.6928	3.1588	3.7000	4.3276	5.0545
18	1.1961	1.4282	1.7024	2.0258	2.4066	2.8543	3.3799	3.9960	4.7171	5.5599
19	1.2081	1.4568	1.7535	2.1068	2.5270	3.0256	3.6165	4.3157	5.1417	6.1159
20	1.2202	1.4859	1.8061	2.1911	2.6533	3.2071	3.8697	4.6610	5.6044	6.7275
21	1.2324	1.5157	1.8603	2.2788	2.7860	3.3996	4.1406	5.0338	6.1088	7.4002
22	1.2447	1.5460	1.9161	2.3699	2.9253	3.6035	4.4304	5.4365	6.6586	8.1403
23	1.2572	1.5769	1.9736	2.4647	3.0715	3.8197	4.7405	5.8715	7.2579	8.9543
24	1.2697	1.6084	2.0328	2.5633	3.2251	4.0489	5.0724	6.3412	7.9111	9.8497
25	1.2824	1.6406	2.0938	2.6658	3.3864	4.2919	5.4274	6.8485	8.6231	10.835
26	1.2953	1.6734	2.1566	2.7725	3.5557	4.5494	5.8074	7.3964	9.3992	11.918
27	1.3082	1.7069	2.2213	2.8834	3.7335	4.8223	6.2139	7.9881	10.245	13.110
28	1.3213	1.7410	2.2879	2.9987	3.9201	5.1117	6.6488	8.6271	11.167	14.421
29	1.3345	1.7758	2.3566	3.1187	4.1161	5.4184	7.1143	9.3173	12.172	15.863
30	1.3478	1.8114	2.4273	3.2434	4.3219	5.7435	7.6123	10.063	13.268	17.449
40	1.4889	2.2080	3.2620	4.8010	7.0400	10.286	14.975	21.725	31.409	45.259
50	1.6446	2.6916	4.3839	7.1067	11.467	18.420	29.457	46.902	74.358	117.39
60	1.8167	3.2810	5.8916	10.520	18.679	32.988	57.946	101.26	176.03	304.48

续表

期数	12%	14%	15%	16%	18%	20%	24%	28%	32%	36%
1	1.1200	1.1400	1.1500	1.1600	1.1800	1.2000	1.2400	1.2800	1.3200	1.3600
2	1.2544	1.2996	1.3225	1.3456	1.3924	1.4400	1.5376	1.6384	1.7424	1.8496
3	1.4049	1.4815	1.5209	1.5609	1.6430	1.7280	1.9066	2.0972	2.3000	2.5155
4	1.5735	1.6890	1.7490	1.8106	1.9388	2.0736	2.3642	2.6844	3.0360	3.4210
5	1.7623	1.9254	2.0114	2.1003	2.2878	2.4883	2.9316	3.4360	4.0075	4.6526
6	1.9738	2.1950	2.3131	2.4364	2.6996	2.9860	3.6352	4.3980	5.2899	6.3275
7	2.2107	2.5023	2.6600	2.8262	3.1855	3.5832	4.5077	5.6295	6.9826	8.6054
8	2.4760	2.8526	3.0590	3.2784	3.7589	4.2998	5.5895	7.2058	9.2170	11.703
9	2.7731	3.2519	3.5179	3.8030	4.4355	5.1598	6.9310	9.2234	12.167	15.917
10	3.1058	3.7072	4.0456	4.4114	5.2338	6.1917	8.5944	11.806	16.060	21.647
11	3.4785	4.2262	4.6524	5.1173	6.1759	7.4301	10.657	15.112	21.199	29.439
12	3.8960	4.8179	5.3503	5.9360	7.2876	8.9161	13.215	19.343	27.983	40.038
13	4.3635	5.4924	6.1528	6.8858	8.5994	10.699	16.386	24.759	36.937	54.451
14	4.8871	6.2613	7.0757	7.9875	10.147	12.839	20.319	31.691	48.757	74.053
15	5.4736	7.1379	8.1371	9.2655	11.974	15.407	25.196	40.565	64.359	100.71
16	6.1304	8.1372	9.3576	10.748	14.129	18.488	31.243	51.923	84.954	136.97
17	6.8660	9.2765	10.761	12.468	16.672	22.186	38.741	66.461	112.14	186.28
18	7.6900	10.575	12.376	14.463	19.673	26.623	48.039	85.071	148.02	253.34
19	8.6128	12.056	14.232	16.777	23.214	31.948	59.568	108.89	195.39	344.54
20	9.6463	13.744	16.367	19.461	27.393	38.338	73.864	139.38	257.92	468.57
21	10.804	15.668	18.822	22.575	32.324	46.005	91.592	178.41	340.45	637.26
22	12.100	17.861	21.645	26.186	38.142	55.206	113.57	228.36	449.39	866.67
23	13.552	20.362	24.892	30.376	45.008	66.247	140.83	292.30	593.20	1178.7
24	15.179	23.212	28.625	35.236	53.109	79.497	174.63	374.14	783.02	1603.0
25	17.000	26.462	32.919	40.874	62.669	95.396	216.54	478.90	1033.6	2180.1
26	19.040	30.167	37.857	47.414	73.949	114.48	268.51	613.00	1364.3	2964.9
27	21.325	34.390	43.535	55.000	87.260	137.37	332.96	784.64	1800.9	4032.3
28	23.884	39.205	50.066	63.800	102.97	164.84	412.86	1004.3	2377.2	5483.9
29	26.750	44.693	57.576	74.009	121.50	197.81	511.95	1285.6	3137.9	7458.1
30	29.960	50.950	66.212	85.850	143.37	237.38	634.82	1645.5	4142.1	10143
40	93.051	188.88	267.86	378.72	750.38	1469.8	5455.9	19427	66521	*
50	289.00	700.23	1083.7	1670.7	3927.4	9100.4	46890	*	*	*
60	897.60	2595.9	4384.0	7370.2	20555	56348	*	*	*	*

注：*＞99999。

复利现值系数表

期数	1%	2%	3%	4%	5%	6%	7%	8%	9%	10%
1	0.9901	0.9804	0.9709	0.9615	0.9524	0.9434	0.9346	0.9259	0.9174	0.9091
2	0.9803	0.9612	0.9426	0.9246	0.9070	0.8900	0.8734	0.8573	0.8417	0.8264
3	0.9706	0.9423	0.9151	0.8890	0.8638	0.8396	0.8163	0.7938	0.7722	0.7513
4	0.9610	0.9238	0.8885	0.8548	0.8227	0.7921	0.7629	0.7350	0.7084	0.6830
5	0.9515	0.9057	0.8626	0.8219	0.7835	0.7473	0.7130	0.6806	0.6499	0.6209
6	0.9420	0.8880	0.8375	0.7903	0.7462	0.7050	0.6663	0.6302	0.5963	0.5645
7	0.9327	0.8706	0.8131	0.7599	0.7107	0.6651	0.6227	0.5835	0.5470	0.5132
8	0.9235	0.8535	0.7894	0.7307	0.6768	0.6274	0.5820	0.5403	0.5019	0.4665
9	0.9143	0.8368	0.7664	0.7026	0.6446	0.5919	0.5439	0.5002	0.4604	0.4241
10	0.9053	0.8203	0.7441	0.6756	0.6139	0.5584	0.5083	0.4632	0.4224	0.3855
11	0.8963	0.8043	0.7224	0.6496	0.5847	0.5268	0.4751	0.4289	0.3875	0.3505
12	0.8874	0.7885	0.7014	0.6246	0.5568	0.4970	0.4440	0.3971	0.3555	0.3186
13	0.8787	0.7730	0.6810	0.6006	0.5303	0.4688	0.4150	0.3677	0.3262	0.2897
14	0.8700	0.7579	0.6611	0.5775	0.5051	0.4423	0.3878	0.3405	0.2992	0.2633
15	0.8613	0.7430	0.6419	0.5553	0.4810	0.4173	0.3624	0.3152	0.2745	0.2394
16	0.8528	0.7284	0.6232	0.5339	0.4581	0.3936	0.3387	0.2919	0.2519	0.2176
17	0.8444	0.7142	0.6050	0.5134	0.4363	0.3714	0.3166	0.2703	0.2311	0.1978
18	0.8360	0.7002	0.5874	0.4936	0.4155	0.3503	0.2959	0.2502	0.2120	0.1799
19	0.8277	0.6864	0.5703	0.4746	0.3957	0.3305	0.2765	0.2317	0.1945	0.1635
20	0.8195	0.6730	0.5537	0.4564	0.3769	0.3118	0.2584	0.2145	0.1784	0.1486
21	0.8114	0.6598	0.5375	0.4388	0.3589	0.2942	0.2415	0.1987	0.1637	0.1351
22	0.8034	0.6468	0.5219	0.4220	0.3418	0.2775	0.2257	0.1839	0.1502	0.1228
23	0.7954	0.6342	0.5067	0.4057	0.3256	0.2618	0.2109	0.1703	0.1378	0.1117
24	0.7876	0.6217	0.4919	0.3901	0.3101	0.2470	0.1971	0.1577	0.1264	0.1015
25	0.7798	0.6095	0.4776	0.3751	0.2953	0.2330	0.1842	0.1460	0.1160	0.0923
26	0.7720	0.5976	0.4637	0.3607	0.2812	0.2198	0.1722	0.1352	0.1064	0.0839
27	0.7644	0.5859	0.4502	0.3468	0.2678	0.2074	0.1609	0.1252	0.0976	0.0763
28	0.7568	0.5744	0.4371	0.3335	0.2551	0.1956	0.1504	0.1159	0.0895	0.0693
29	0.7493	0.5631	0.4243	0.3207	0.2429	0.1846	0.1406	0.1073	0.0822	0.0630
30	0.7419	0.5521	0.4120	0.3083	0.2314	0.1741	0.1314	0.0994	0.0754	0.0573
35	0.7059	0.5000	0.3554	0.2534	0.1813	0.1301	0.0937	0.0676	0.0490	0.0356
40	0.6717	0.4529	0.3066	0.2083	0.1420	0.0972	0.0668	0.0460	0.0318	0.0221
45	0.6391	0.4102	0.2644	0.1712	0.1113	0.0727	0.0476	0.0313	0.0207	0.0137
50	0.6080	0.3715	0.2281	0.1407	0.0872	0.0543	0.0339	0.0213	0.0134	0.0085
55	0.5785	0.3365	0.1968	0.1157	0.0683	0.0406	0.0242	0.0145	0.0087	0.0053

续表

期数	12%	14%	15%	16%	18%	20%	24%	28%	32%	36%
1	0.8929	0.8772	0.8696	0.8621	0.8475	0.8333	0.8065	0.7813	0.7576	0.7353
2	0.7972	0.7695	0.7561	0.7432	0.7182	0.6944	0.6504	0.6104	0.5739	0.5407
3	0.7118	0.6750	0.6575	0.6407	0.6086	0.5787	0.5245	0.4768	0.4348	0.3975
4	0.6355	0.5921	0.5718	0.5523	0.5158	0.4823	0.4230	0.3725	0.3294	0.2923
5	0.5674	0.5194	0.4972	0.4761	0.4371	0.4019	0.3411	0.2910	0.2495	0.2149
6	0.5066	0.4556	0.4323	0.4104	0.3704	0.3349	0.2751	0.2274	0.1890	0.1580
7	0.4523	0.3996	0.3759	0.3538	0.3139	0.2791	0.2218	0.1776	0.1432	0.1162
8	0.4039	0.3506	0.3269	0.3050	0.2660	0.2326	0.1789	0.1388	0.1085	0.0854
9	0.3606	0.3075	0.2843	0.2630	0.2255	0.1938	0.1443	0.1084	0.0822	0.0628
10	0.3220	0.2697	0.2472	0.2267	0.1911	0.1615	0.1164	0.0847	0.0623	0.0462
11	0.2875	0.2366	0.2149	0.1954	0.1619	0.1346	0.0938	0.0662	0.0472	0.0340
12	0.2567	0.2076	0.1869	0.1685	0.1372	0.1122	0.0757	0.0517	0.0357	0.0250
13	0.2292	0.1821	0.1625	0.1452	0.1163	0.0935	0.0610	0.0404	0.0271	0.0184
14	0.2046	0.1597	0.1413	0.1252	0.0985	0.0779	0.0492	0.0316	0.0205	0.0135
15	0.1827	0.1401	0.1229	0.1079	0.0835	0.0649	0.0397	0.0247	0.0155	0.0099
16	0.1631	0.1229	0.1069	0.0930	0.0708	0.0541	0.0320	0.0193	0.0118	0.0073
17	0.1456	0.1078	0.0929	0.0802	0.0600	0.0451	0.0258	0.0150	0.0089	0.0054
18	0.1300	0.0946	0.0808	0.0691	0.0508	0.0376	0.0208	0.0118	0.0068	0.0039
19	0.1161	0.0829	0.0703	0.0596	0.0431	0.0313	0.0168	0.0092	0.0051	0.0029
20	0.1037	0.0728	0.0611	0.0514	0.0365	0.0261	0.0135	0.0072	0.0039	0.0021
21	0.0926	0.0638	0.0531	0.0443	0.0309	0.0217	0.0109	0.0056	0.0029	0.0016
22	0.0826	0.0560	0.0462	0.0382	0.0262	0.0181	0.0088	0.0044	0.0022	0.0012
23	0.0738	0.0491	0.0402	0.0329	0.0222	0.0151	0.0071	0.0034	0.0017	0.0008
24	0.0659	0.0431	0.0349	0.0284	0.0188	0.0126	0.0057	0.0027	0.0013	0.0006
25	0.0588	0.0378	0.0304	0.0245	0.0160	0.0105	0.0046	0.0021	0.0010	0.0005
26	0.0525	0.0331	0.0264	0.0211	0.0135	0.0087	0.0037	0.0016	0.0007	0.0003
27	0.0469	0.0291	0.0230	0.0182	0.0115	0.0073	0.0030	0.0013	0.0006	0.0002
28	0.0419	0.0255	0.0200	0.0157	0.0097	0.0061	0.0024	0.0010	0.0004	0.0002
29	0.0374	0.0224	0.0174	0.0135	0.0082	0.0051	0.0020	0.0008	0.0003	0.0001
30	0.0334	0.0196	0.0151	0.0116	0.0070	0.0042	0.0016	0.0006	0.0002	0.0001
35	0.0189	0.0102	0.0075	0.0055	0.0030	0.0017	0.0005	0.0002	0.0001	*
40	0.0107	0.0053	0.0037	0.0026	0.0013	0.0007	0.0002	0.0001	*	*
45	0.0061	0.0027	0.0019	0.0013	0.0006	0.0003	0.0001	*	*	*
50	0.0035	0.0014	0.0009	0.0006	0.0003	0.0001	*	*	*	*
55	0.0020	0.0007	0.0005	0.0003	0.0001	*	*	*	*	*

注：* ＜0.0001。

年金终值系数表

附表1-3

期数	1%	2%	3%	4%	5%	6%	7%	8%	9%	10%
1	1.0000	1.0000	1.0000	1.0000	1.0000	1.0000	1.0000	1.0000	1.0000	1.0000
2	2.0100	2.0200	2.0300	2.0400	2.0500	2.0600	2.0700	2.0800	2.0900	2.1000
3	3.0301	3.0604	3.0909	3.1216	3.1525	3.1836	3.2149	3.2464	3.2781	3.3100
4	4.0604	4.1216	4.1836	4.2465	4.3101	4.3746	4.4399	4.5061	4.5731	4.6410
5	5.1010	5.2040	5.3091	5.4163	5.5256	5.6371	5.7507	5.8666	5.9847	6.1051
6	6.1520	6.3081	6.4684	6.6330	6.8019	6.9753	7.1533	7.3359	7.5233	7.7156
7	7.2135	7.4343	7.6625	7.8983	8.1420	8.3938	8.6540	8.9228	9.2004	9.4872
8	8.2857	8.5830	8.8923	9.2142	9.5491	9.8975	10.260	10.637	11.029	11.436
9	9.3685	9.7546	10.159	10.583	11.027	11.491	11.978	12.488	13.021	13.580
10	10.462	10.950	11.464	12.006	12.578	13.181	13.816	14.487	15.193	15.937
11	11.567	12.169	12.808	13.486	14.207	14.972	15.784	16.646	17.560	18.531
12	12.683	13.412	14.192	15.026	15.917	16.870	17.889	18.977	20.141	21.384
13	13.809	14.680	15.618	16.627	17.713	18.882	20.141	21.495	22.953	24.523
14	14.947	15.974	17.086	18.292	19.599	21.015	22.551	24.215	26.019	27.975
15	16.097	17.293	18.599	20.024	21.579	23.276	25.129	27.152	29.361	31.773
16	17.258	18.639	20.157	21.825	23.658	25.673	27.888	30.324	33.003	35.950
17	18.430	20.012	21.762	23.698	25.840	28.213	30.840	33.750	36.974	40.545
18	19.615	21.412	23.414	25.645	28.132	30.906	33.999	37.450	41.301	45.599
19	20.811	22.841	25.117	27.671	30.539	33.760	37.379	41.446	46.019	51.159
20	22.019	24.297	26.870	29.778	33.066	36.786	40.996	45.762	51.160	57.275
21	23.239	25.783	28.677	31.969	35.719	39.993	44.865	50.423	56.765	64.003
22	24.472	27.299	30.537	34.248	38.505	43.392	49.006	55.457	62.873	71.403
23	25.716	28.845	32.453	36.618	41.431	46.996	53.436	60.893	69.532	79.543
24	26.974	30.422	34.427	39.083	44.502	50.816	58.177	66.765	76.790	88.497
25	28.243	32.030	36.459	41.646	47.727	54.865	63.249	73.106	84.701	98.347
26	29.526	33.671	38.553	44.312	51.114	59.156	68.677	79.954	93.324	109.18
27	30.821	35.344	40.710	47.084	54.669	63.706	74.484	87.351	102.72	121.10
28	32.129	37.051	42.931	49.968	58.403	68.528	80.698	95.339	112.97	134.21
29	33.450	38.792	45.219	52.966	62.323	73.640	87.347	103.97	124.14	148.63
30	34.785	40.568	47.575	56.085	66.439	79.058	94.461	113.28	136.31	164.49
40	48.886	60.402	75.401	95.026	120.80	154.76	199.64	259.06	337.88	442.59
50	64.463	84.579	112.80	152.67	209.35	290.34	406.53	573.77	815.08	1163.9
60	81.670	114.05	163.05	237.99	353.58	533.13	813.52	1253.2	1944.8	3034.8

续表

期数	12%	14%	15%	16%	18%	20%	24%	28%	32%	36%
1	1.0000	1.0000	1.0000	1.0000	1.0000	1.0000	1.0000	1.0000	1.0000	1.0000
2	2.1200	2.1400	2.1500	2.1600	2.1800	2.2000	2.2400	2.2800	2.3200	2.3600
3	3.3744	3.4396	3.4725	3.5056	3.5724	3.6400	3.7776	3.9184	4.0624	4.2096
4	4.7793	4.9211	4.9934	5.0665	5.2154	5.3680	5.6842	6.0156	6.3624	6.7251
5	6.3528	6.6101	6.7424	6.8771	7.1542	7.4416	8.0484	8.6999	9.3983	10.146
6	8.1152	8.5355	8.7537	8.9775	9.4420	9.9299	10.980	12.136	13.406	14.799
7	10.089	10.731	11.067	11.414	12.142	12.916	14.615	16.534	18.696	21.126
8	12.300	13.233	13.727	14.240	15.327	16.499	19.123	22.163	25.678	29.732
9	14.776	16.085	16.786	17.519	19.086	20.799	24.713	29.369	34.895	41.435
10	17.549	19.337	20.304	21.322	23.521	25.959	31.643	38.593	47.062	57.352
11	20.655	23.045	24.349	25.733	28.755	32.150	40.238	50.399	63.122	78.998
12	24.133	27.271	29.002	30.850	34.931	39.581	50.895	65.510	84.320	108.44
13	28.029	32.089	34.352	36.786	42.219	48.497	64.110	84.853	112.30	148.48
14	32.393	37.581	40.505	43.672	50.818	59.196	80.496	109.61	149.24	202.93
15	37.280	43.842	47.580	51.660	60.965	72.035	100.82	141.30	198.00	276.98
16	42.753	50.980	55.718	60.925	72.939	87.442	126.01	181.87	262.36	377.69
17	48.884	59.118	65.075	71.673	87.068	105.93	157.25	233.79	347.31	514.66
18	55.750	68.394	75.836	84.141	103.74	128.12	195.99	300.25	459.45	700.94
19	63.440	78.969	88.212	98.603	123.41	154.74	244.03	385.32	607.47	954.28
20	72.052	91.025	102.44	115.38	146.63	186.69	303.60	494.21	802.86	1298.8
21	81.699	104.77	118.81	134.84	174.02	225.03	377.46	633.59	1060.8	1767.4
22	92.503	120.44	137.63	157.42	206.34	271.03	469.06	812.00	1401.2	2404.7
23	104.60	138.30	159.28	183.60	244.49	326.24	582.63	1040.4	1850.6	3271.3
24	118.16	158.66	184.17	213.98	289.49	392.48	723.46	1332.7	2443.8	4450.0
25	133.33	181.87	212.79	249.21	342.60	471.98	898.09	1706.8	3226.8	6053.0
26	150.33	208.33	245.71	290.09	405.27	567.38	1114.6	2185.7	4260.4	8233.1
27	169.37	238.50	283.57	337.50	479.22	681.85	1383.1	2798.7	5624.8	11198
28	190.70	272.89	327.10	392.50	566.48	819.22	1716.1	3583.3	7425.7	15230
29	214.58	312.09	377.17	456.30	669.45	984.07	2129.0	4587.7	9802.9	20714
30	241.33	356.79	434.75	530.31	790.95	1181.9	2640.9	5873.2	12941	28172
40	767.09	1342.0	1779.1	2360.8	4163.2	7343.9	22729	69377	207874	609890
50	2400.0	4994.5	7217.7	10436	21813	45497	195373	819103	*	*
60	7471.6	18535	29220	46058	114190	281733	*	*	*	*

注：＊＞99999。

年金现值系数表　　　　　附表1-4

期数	1%	2%	3%	4%	5%	6%	7%	8%	9%	10%
1	0.9901	0.9804	0.9709	0.9615	0.9524	0.9434	0.9346	0.9259	0.9174	0.9091
2	1.9704	1.9416	1.9135	1.8861	1.8594	1.8334	1.8080	1.7833	1.7591	1.7355
3	2.9410	2.8839	2.8286	2.7751	2.7232	2.6730	2.6243	2.5771	2.5313	2.4869
4	3.9020	3.8077	3.7171	3.6299	3.5460	3.4651	3.3872	3.3121	3.2397	3.1699
5	4.8534	4.7135	4.5797	4.4518	4.3295	4.2124	4.1002	3.9927	3.8897	3.7908
6	5.7955	5.6014	5.4172	5.2421	5.0757	4.9173	4.7665	4.6229	4.4859	4.3553
7	6.7282	6.4720	6.2303	6.0021	5.7864	5.5824	5.3893	5.2064	5.0330	4.8684
8	7.6517	7.3255	7.0197	6.7327	6.4632	6.2098	5.9713	5.7466	5.5348	5.3349
9	8.5660	8.1622	7.7861	7.4353	7.1078	6.8017	6.5152	6.2469	5.9952	5.7590
10	9.4713	8.9826	8.5302	8.1109	7.7217	7.3601	7.0236	6.7101	6.4177	6.1446
11	10.3676	9.7868	9.2526	8.7605	8.3064	7.8869	7.4987	7.1390	6.8052	6.4951
12	11.2551	10.5753	9.9540	9.3851	8.8633	8.3838	7.9427	7.5361	7.1607	6.8137
13	12.1337	11.3484	10.6350	9.9856	9.3936	8.8527	8.3577	7.9038	7.4869	7.1034
14	13.0037	12.1062	11.2961	10.5631	9.8986	9.2950	8.7455	8.2442	7.7862	7.3667
15	13.8651	12.8493	11.9379	11.1184	10.3797	9.7122	9.1079	8.5595	8.0607	7.6061
16	14.7179	13.5777	12.5611	11.6523	10.8378	10.1059	9.4466	8.8514	8.3126	7.8237
17	15.5623	14.2919	13.1661	12.1657	11.2741	10.4773	9.7632	9.1216	8.5436	8.0216
18	16.3983	14.9920	13.7535	12.6593	11.6896	10.8276	10.0591	9.3719	8.7556	8.2014
19	17.2260	15.6785	14.3238	13.1339	12.0853	11.1581	10.3356	9.6036	8.9501	8.3649
20	18.0456	16.3514	14.8775	13.5903	12.4622	11.4699	10.5940	9.8181	9.1285	8.5136
21	18.8570	17.0112	15.4150	14.0292	12.8212	11.7641	10.8355	10.0168	9.2922	8.6487
22	19.6604	17.6580	15.9369	14.4511	13.1630	12.0416	11.0612	10.2007	9.4424	8.7715
23	20.4558	18.2922	16.4436	14.8568	13.4886	12.3034	11.2722	10.3711	9.5802	8.8832
24	21.2434	18.9139	16.9355	15.2470	13.7986	12.5504	11.4693	10.5288	9.7066	8.9847
25	22.0232	19.5235	17.4131	15.6221	14.0939	12.7834	11.6536	10.6748	9.8226	9.0770
26	22.7952	20.1210	17.8768	15.9828	14.3752	13.0032	11.8258	10.8100	9.9290	9.1609
27	23.5596	20.7069	18.3270	16.3296	14.6430	13.2105	11.9867	10.9352	10.0266	9.2372
28	24.3164	21.2813	18.7641	16.6631	14.8981	13.4062	12.1371	11.0511	10.1161	9.3066
29	25.0658	21.8444	19.1885	16.9837	15.1411	13.5907	12.2777	11.1584	10.1983	9.3696
30	25.8077	22.3965	19.6004	17.2920	15.3725	13.7648	12.4090	11.2578	10.2737	9.4269
35	29.4086	24.9986	21.4872	18.6646	16.3742	14.4982	12.9477	11.6546	10.5668	9.6442
40	32.8347	27.3555	23.1148	19.7928	17.1591	15.0463	13.3317	11.9246	10.7574	9.7791
45	36.0945	29.4902	24.5187	20.7200	17.7741	15.4558	13.6055	12.1084	10.8812	9.8628
50	39.1961	31.4236	25.7298	21.4822	18.2559	15.7619	13.8007	12.2335	10.9617	9.9148
55	42.1472	33.1748	26.7744	22.1086	18.6335	15.9905	13.9399	12.3186	11.0140	9.9471

续表

期数	12%	14%	15%	16%	18%	20%	24%	28%	32%	36%
1	0.8929	0.8772	0.8696	0.8621	0.8475	0.8333	0.8065	0.7813	0.7576	0.7353
2	1.6901	1.6467	1.6257	1.6052	1.5656	1.5278	1.4568	1.3916	1.3315	1.2760
3	2.4018	2.3216	2.2832	2.2459	2.1743	2.1065	1.9813	1.8684	1.7663	1.6735
4	3.0373	2.9137	2.8550	2.7982	2.6901	2.5887	2.4043	2.2410	2.0957	1.9658
5	3.6048	3.4331	3.3522	3.2743	3.1272	2.9906	2.7454	2.5320	2.3452	2.1807
6	4.1114	3.8887	3.7845	3.6847	3.4976	3.3255	3.0205	2.7594	2.5342	2.3388
7	4.5638	4.2883	4.1604	4.0386	3.8115	3.6046	3.2423	2.9370	2.6775	2.4550
8	4.9676	4.6389	4.4873	4.3436	4.0776	3.8372	3.4212	3.0758	2.7860	2.5404
9	5.3282	4.9464	4.7716	4.6065	4.3030	4.0310	3.5655	3.1842	2.8681	2.6033
10	5.6502	5.2161	5.0188	4.8332	4.4941	4.1925	3.6819	3.2689	2.9304	2.6495
11	5.9377	5.4527	5.2337	5.0286	4.6560	4.3271	3.7757	3.3351	2.9776	2.6834
12	6.1944	5.6603	5.4206	5.1971	4.7932	4.4392	3.8514	3.3868	3.0133	2.7084
13	6.4235	5.8424	5.5831	5.3423	4.9095	4.5327	3.9124	3.4272	3.0404	2.7268
14	6.6282	6.0021	5.7245	5.4675	5.0081	4.6106	3.9616	3.4587	3.0609	2.7403
15	6.8109	6.1422	5.8474	5.5755	5.0916	4.6755	4.0013	3.4834	3.0764	2.7502
16	6.9740	6.2651	5.9542	5.6685	5.1624	4.7296	4.0333	3.5026	3.0882	2.7575
17	7.1196	6.3729	6.0472	5.7487	5.2223	4.7746	4.0591	3.5177	3.0971	2.7629
18	7.2497	6.4674	6.1280	5.8178	5.2732	4.8122	4.0799	3.5294	3.1039	2.7668
19	7.3658	6.5504	6.1982	5.8775	5.3162	4.8435	4.0967	3.5386	3.1090	2.7697
20	7.4694	6.6231	6.2593	5.9288	5.3527	4.8696	4.1103	3.5458	3.1129	2.7718
21	7.5620	6.6870	6.3125	5.9731	5.3837	4.8913	4.1212	3.5514	3.1158	2.7734
22	7.6446	6.7429	6.3587	6.0113	5.4099	4.9094	4.1300	3.5558	3.1180	2.7746
23	7.7184	6.7921	6.3988	6.0442	5.4321	4.9245	4.1371	3.5592	3.1197	2.7754
24	7.7843	6.8351	6.4338	6.0726	5.4509	4.9371	4.1428	3.5619	3.1210	2.7760
25	7.8431	6.8729	6.4641	6.0971	5.4669	4.9476	4.1474	3.5640	3.1220	2.7765
26	7.8957	6.9061	6.4906	6.1182	5.4804	4.9563	4.1511	3.5656	3.1227	2.7768
27	7.9426	6.9352	6.5135	6.1364	5.4919	4.9636	4.1542	3.5669	3.1233	2.7771
28	7.9844	6.9607	6.5335	6.1520	5.5016	4.9697	4.1566	3.5679	3.1237	2.7773
29	8.0218	6.9830	6.5509	6.1656	5.5098	4.9747	4.1585	3.5687	3.1240	2.7774
30	8.0552	7.0027	6.5660	6.1772	5.5168	4.9789	4.1601	3.5693	3.1242	2.7775
35	8.1755	7.0700	6.6166	6.2153	5.5386	4.9915	4.1644	3.5708	3.1248	2.7777
40	8.2438	7.1050	6.6418	6.2335	5.5482	4.9966	4.1659	3.5712	3.1250	2.7778
45	8.2825	7.1232	6.6543	6.2421	5.5523	4.9986	4.1664	3.5714	3.1250	2.7778
50	8.3045	7.1327	6.6605	6.2463	5.5541	4.9995	4.1666	3.5714	3.1250	2.7778
55	8.3170	7.1376	6.6636	6.2482	5.5549	4.9998	4.1666	3.5714	3.1250	2.7778

参考文献

［1］中华人民共和国国务院. 物业管理条例（2018年修正）［Z］. 2018.
［2］中华人民共和国国家发展改革委，中华人民共和国建设部. 物业服务收费管理办法［Z］. 2003.
［3］中华人民共和国财政部，中华人民共和国建设部. 住宅专项维修资金管理办法［Z］. 2007.
［4］张绣君. 财务管理实务［M］. 北京：机械工业出版社，2020.
［5］裴更生，熊晴海. 新编财务管理实训［M］. 4版. 大连：大连理工大学出版社，2014.
［6］肖凌. 财务管理实务［M］. 2版. 厦门：厦门大学出版社，2021.
［7］王丽敏. 建筑企业财务管理［M］. 北京：中国建筑工业出版社，2008.
［8］陈维萍. 财务报表分析在企业财务管理中的应用研究［J］. 今日财富：中国知识产权，2019（11）：120.
［9］张惠忠. 企业财务管理［M］. 大连：东北财经大学出版社，2018.
［10］刘娥平. 企业财务管理［M］. 北京：科学出版社，2019.